CW00828498

1 MONTH OF
FREE
READING

at

www.ForgottenBooks.com

By purchasing this book you are eligible for one month membership to ForgottenBooks.com, giving you unlimited access to our entire collection of over 1,000,000 titles via our web site and mobile apps.

To claim your free month visit:

www.forgottenbooks.com/free981364

* Offer is valid for 45 days from date of purchase. Terms and conditions apply.

ISBN 978-0-332-66610-5
PIBN 10981364

This book is a reproduction of an important historical work. Forgotten Books uses
state-of-the-art technology to digitally reconstruct the work, preserving the original format
whilst repairing imperfections present in the aged copy. In rare cases, an imperfection in
the original, such as a blemish or missing page, may be replicated in our edition. We do,
however, repair the vast majority of imperfections successfully; any imperfections that
remain are intentionally left to preserve the state of such historical works.

Forgotten Books is a registered trademark of FB &c Ltd.
Copyright © 2018 FB &c Ltd.
FB &c Ltd, Dalton House, 60 Windsor Avenue, London, SW19 2RR.
Company number 08720141. Registered in England and Wales.

For support please visit www.forgottenbooks.com

Ao seu am.º conselheiro José d'Almeida

A HISTORIA ECONOMICA

VOLUME I

EDADE ANTIGA

ADRIANO ANTHERO

A HISTORIA ECONOMICA

VOLUME I

EDADE ANTIGA

PORTO

TYP. DE A. J. DA SILVA TEIXEIRA, SUCCESSORA

Rua da Cancella Velha, 70

1905

LIBRARY

AUG 1 1 1969

UNIVERSITY OF TORONTO

HC
21
A59
v.1

A HISTORIA ECONOMICA

—

INTRODUCÇÃO

Objecto da historia economica. — Factores economicos. — Situação, superficie, aspecto, clima, população, productos, industrias, communicações. — Influencia de cada um d'elles. — Divisão da historia economica. — Methodo applicavel ao seu estudo. — Falta de subsidios, sobretudo na historia antiga e na edade média.

A historia economica estuda a influencia que os factores economicos exercem e têm exercido ou sobre a sociedade, em geral, ou sobre qualquer paiz ou região, em particular, conforme essa historia é universal ou particular. E os factores economicos principaes são — a situação, a superficie, o aspecto, o clima, a população, os productos, as industrias e as communicações.

Assim, a posição ou situação de qualquer paiz, ao pé do mar, ao pé das montanhas, ao pé dos povos civilisados, ou, pelo contrario, isolado n'este convivio do progresso, em summa, a sua situação, conforme os accidentes geographicos e os phenomenos sociaes, determina, mais ou menos, o seu desenvolvimento.

A sua superficie, comprehendendo a longitude e latitude, com respeito á metropole e ás colonias, e importando uma condição essencial da grandeza do territorio,` e portanto da abundancia dos productos e da arena do trabalho, tem uma influencia capital na economia de qualquer paiz.

O aspecto d'uma região não implica sómente com a phantasia dos habitantes, com a imaginação poetica dos indigenas; antes, pela influencia necessaria do ar, da luz, das montanhas, das brumas e temporaes, e emfim, por esse cosmorama permanente do solo e do céo, actua poderosamente na civilisação de qualquer povo.

Determina muitas vezes habitos peculiares, como succede nos povos nomadas; accentua a preponderancia de certas industrias, como nos filhos das montanhas; e, mesmo no espirito dos habitantes, exerce a fascinação e o influxo dos grandes quadros. É por isso que o habitante da Europa meridional, sempre debaixo de uma sementeira de estrellas e de flocos de luz, tendo perante os olhos o abysmo azul d'um céo insondavél, e, em volta do estrado, a laçaria das rosas e das veigas, não póde ter, em regra, a alma sombria e pesada dos habitantes das brumas e dos nevoeiros. Pelo contrario, o espirito ideal e o coração alegre perdem-se abstractos n'esse vago indefinido da natureza, ao passo que a atmosphera de chumbo dos Inglezes os torna por indole concretos e utilitarios.

Isto mesmo demonstra a influencia do clima, que depende tambem de varios accidentes, como são, por exemplo: a latitude e altitude d'um logar, a sua inclinação geral, as suas montanhas, a orientação, a visinhança das aguas, a natureza geologica do solo, o grão de cultura e producção, os ventos dominantes.

«A influencia do clima, diz Gustave le Bon, tinha já sido notada no tempo de Hypocrates. É certo, de um modo geral, que um clima secco e frio desenvolve a energia e aptidão para o trabalho e fortifica a vontade. Um clima quente e morno produz a preguiça, o gosto do repouso, os prazeres faceis, e o aborrecimento de todo o trabalho.»

E, se este factor economico produz tão notavel preponderancia nos homens, determina principalmente a producção mais com-

pativel com as differentes zonas climatolo-
gicas.

A população distingue-se pela raça, lingua,
religião, governo e costumes. E o seu estudo,
em qualquer Estado, abrangendo os habitantes
da metropole, das ilhas e das colonias, e portanto a administração colonial, o augmento ou
diminuição da população e as causas que
n'isso influem, importa egualmente o estudo
da colonisação, da emigração e da immigração.

Alguns d'esses elementos, como a raça, têm
perdido a sua importancia, n'este baralhar cosmopolita de factores economicos e na tendencia geral que vae confundindo as origens e cor-
tando os isolamentos.

A religião, embora se faça ainda sentir fortemente sobre o desenvolvimento de alguns
paizes, perdeu tambem nos povos civilisados
a preponderancia dos tempos religiosos e me-
taphysicos. Mas a lingua e a fórma do governo
são ainda um grande adminiculo da civilisação.

Pelo seu lado, a colonisação, a emigração e
immigração, o modo de a regular, dirigir ou
combater, e a fórma de aproveitar os seus recursos ou neutralisar os seus inconvenientes, cons-
tituem modernamente alguns dos mais altos
problemas economicos dos Estados.

Seria ocioso demonstrar a influencia que os productos de uma região exercem sobre ella, ou sejam materiaes, de qualquer dos tres reinos da natureza, ou immateriaes, provenientes da simples manifestação incorporea da actividade humana.

As industrias dividem-se em industrias de occupação, extractivas, agricolas, transformadoras, commerciaes e liberaes, segundo a fórma por que se exercem, e os auxiliares que empregam.

Assim, a industria de occupação depende d'um simples acaso e d'uma simples apprehensão. Embora a occupação de terrenos esteja quasi posta de lado, nos paizes civilisados, ha ainda a occupação de coisas abandonadas, de thesouros descobertos, e muitos outros casos, em que esta industria póde ser exercida.

Nas industrias extractivas, ha já o trabalho humano, mais ou menos aturado, arrancando do solo, das arvores ou do mar os productos espontaneos.

Na industria agricola, a par do trabalho do homem, ha o grande auxiliar da terra, collaborando, ainda mais poderosamente do que elle, e servindo, por assim dizer, de maquina interna,

para transformar a materia prima na reproducção de outros generos eguaes.

Na industria transformadora, apparece, como
elemento primordial, a materia prima fornecida
espontaneamente pela natureza, ou pela força
agricola do solo ; e, como factor, o trabalho do
homem, pelo instrumento dos seus braços ou
pelo instrumento das fabricas e officinas.

A transportadora serve de mediadora entre
o productor e o consumidor, pagando-se unicamente do trabalho manual e das despezas de
transporte.

Quando o mediador entre o productor e o
consumidor faz d'essa mediação uma mercan-
cia, pagando-se não só do trabalho manual e
despezas de transporte, mas tambem do proprio facto da mediação, como constitutivo de
um officio independente d'aquelles outros misteres, dá-se a industria commercial. E, porque o commercio se divide em activo e passivo,
conforme um paiz compra muito mais ou menos
do que vende, e em commercio de importação,
exportação e de transito, conforme se refere aos
generos vindos dos paizes estrangeiros ou das
colonias, ou áquelles que são mandados para
fóra do paiz, ou que simplesmente o atravessam,
vem a industria commercial a comprehender

o estudo dos portos, sob o seu aspecto economico, e o dos centros de negocio, mercados, · exposições, moeda, credito e relações internacionaes e coloniaes.

Finalmente, as industrias liberaes consistem na simples exploração do desenvolvimento e intelligencia especulativa do individuo.

A classificação que fica exposta, não corresponde rigorosamente á terminologia usual de muitos economistas, que separam a agricultura e o commercio da denominação geral d'industria. E convem fixar esta observação; porque tambem nos veremos forçados algumas vezes a fallar, em separado e distinctamente, da agricultura e commercio, para melhor classificação das materias e mais vantajosa subdivisão dos factores economicos.

É axiomatica a influencia do movimento industrial. O valor dos productos do solo, a capacidade individual, as vantagens da situação e do clima, emfim todos os recursos de um paiz ficarão esterilisados, se não forem consagrados n'essa magica harmonia que rebenta das fabricas e officinas. E pôde dizer-se que o echo do trabalho é hoje o hymno sacrosanto que Deus prescreveu para o accordamento civilisador de todos os povos.

Finalmente, pelo que respeita ás communicações terrestres ou ferro-viarias, fluviaes, lacustres ou maritimas, a influencia d'esse factor
nos destinos d'um povo é egualmente pal-
pavel.

A historia economica, pois, tem de estudar
a influencia d'estes diversos factores; e por
isso o methodo que o historiador deve seguir,
está fatalmente determinado por elles.

A historia economica, considerada no seu
conjuncto, abraça as quatro grandes épocas da
humanidade. A da primeira, denominada historia da edade antiga, vae desde o principio
do mundo até á queda do imperio romano do
occidente. A da segunda, denominada historia
da edade média, comprehende o periodo que
decorreu desde ahi até á descoberta da Ame-
rica. A da terceira, chamada historia dos
tempos modernos, comprehende o intervallo
que se seguiu até á revolução franceza. Finalmente, a da quarta, denominada historia da
edade contemporanea, vem desde a revolução
franceza, e está ainda correndo, até que outro

grande abalo social marque uma outra balisa extrema que o feche.

As nações não passam, afinal, de agrupamentos de familias; e, da mesma fórma que, no centro de cada lar, o abalo geral da sociedade perturba a economia domestica, tambem, n'um paiz qualquer, os accidentes geraes da ordem politica ou da ordem social influem poderosamente no progresso da agricultura, das artes, da industria e do commercio. Por isso mesmo, o methodo mais conveniente para o estudo da historia economica, deve começar por expôr em *vitrine* a evolução geral, politica e social, de cada época; visto que essa evolução determina, em grande parte, a influencia e transformação dos factores economicos; e seguir depois, com a adaptação do estudo respectivo a cada um dos mesmos factores e a cada um dos paizes commerciaes.

Na época antiga, na edade média e nos tempos modernos, como veremos, o commercio e a industria não tinham o caracter solidario da historia contemporanea. Cada povo labutava como a crisalida no circulo do seu

isolamento, trabalhando por conta exclusiva
dos seus interesses, e tendo apenas uma influencia indirecta sobre a civilisação geral.
É certo que, afinal, a lei providencial da historia apanhava, como n'um orgão universal, essas
notas soltas da grande orchestra do progresso;
e ellas chegavam, d'esse modo, a vibrar uniso-
nas no coração da humanidade. Mas, em todo
o caso, era preciso para isso uma elaboração
lenta e um processo à *posteriori*. Assim, n'essas
edades, a par do estudo geral de cada época,
pôde e deve fazer-se em separado o estudo
particular de cada um dos povos que tiveram
então figura predominante.

Mas, na edade contemporanea, o commercio
e a industria têm, como dissemos, uma corrente cosmopolita, solidaria e indivisivel, que
faz estremecer, ao mesmo tempo, como a
corda magnetica, todos os recantos do universo. A crise da Inglaterra, por exemplo,
actua logo no resto do mundo; a destruição
dos algodoeiros dos Estados-Unidos chega logo,
como o *gulf-stream,* aos confins da Europa. E,
por outro lado, se, em qualquer das épocas
anteriores, os povos notaveis pelo commercio
eram poucos, e eram restrictos os factos da
sua vida economica, na edade contemporanea,

quasi todos os paizes tomaram honrosa-
mente o seu logar, n'este festim maravilhoso
que tem por cándelabros as fornalhas das officinas, por orchestra o sussurro dos volantes e
o restrugir das machinas, por oleo santo o
suor dos operarios, e por hostia consagrada a
mercadoria. De modo que, na época contemporanea, seria inconveniente, emquanto ao methodo, e incompativel, emquanto ás proporções
do nosso trabalho, examinar isoladamente cada
um d'esses povos.

Por isso, ao passo que, nas outras épocas,
havemos de tratar da historia social e politica
de cada paiz commercial, relacionada com a
sua vida economica, de modo a combinar o
methodo analytico com o methodo synthetico,
na edade contemporanea, seguiremos o syn-
chronismo compativel com a natureza d'este
estudo.

Exposto assim o systema do nosso trabalho,
vamos encetar a ardua tarefa que nos impo-
zemos.

Escasseiam os subsidios para o estudo da
historia economica, especialmente nos tempos

antigos e da edade média. Os livros que existem sobre a materia, são, por vezes, contradictorios e confusos; e, em nenhum d'elles, se acompanha ordenadamente a influencia especial de cada factor economico, de modo a poder guiar-nos no systema que vamos adoptar. Contamos por isso que os estudiosos, e os que sabem por experiencia propria as difficuldades de qualquer trabalho historico consciencioso, relevarão as faltas e lacunas d'este livro.

Cremos sinceramente que alguma coisa aproveitará com elle a mocidade estudiosa, e que o nosso paiz não ficará deshonrado. Para incentivo d'esta empreza, basta-nos essa consolação.

CAPITULO I

Idéa geral do movimento economico na edade antiga

Apparecimento do commercio. — Primeiros povos onde se manifestou : Indios, Assyrios, Babylonios, Persas, Egypcios, Judeus, Arabes, Phenicios, Carthaginezes, Gregos e Romanos. — Caracter economico de cada um d'elles. — Tardio andamento do commercio nos primitivos tempos. — Quaes os productos principaes do commercio antigo. — Limitação da área commercial — Desenvolvimento primitivo da industria. — Phases do trabalho humano. — Homens livres, escravos e libertos. — Quaes as industrias que mais se desenvolveram. — Elementos das trocas. — Moeda e transformação por que passou. — Communicações terrestres da antiguidade. — Caravanas. — Communicações maritimas. — Navegação. — Descoberta das monsões. — Falta da segurança individual e da garantia dos contractos. — Influencia das leis romanas. — Colonisação do mundo antigo.

Nos tempos primitivos, não podia existir o commercio nas suas multiplices relações, porque não existia ainda o systema complexo das trocas, nem a serie quasi infinita de necessidades sociaes, nem a convivencia dos povos que o determinassem. Não se sabe a época precisa em que elle appareceu,. nem onde começou a exercer-se; mas suppõe-se que a exploração principiou pela India, por ser tambem lá que

primeiramente appareceram e se começaram a
aproveitar os productos mais proprios para as
transacções mercantis d'esses tempos, como
pedras preciosas, ouro, especiarias, drogas, tecidos de seda, linho e lã, e materias tinturiaes.

A falta de noticias exactas sobre a historia
primitiva, os erros geographicos dos escriptores antigos, e o cuidado com que alguns povos
d'essa época, e dos mais importantes — os Phenicios e os Carthaginezes — escondiam todas as
circumstancias do seu trafico e da sua exploração, concorreram egualmente, para que esta
incerteza sobre a origem do commercio se es-
tendesse tambem ao seu desenvolvimento. E é
por isso mesmo que só apparecem noções pre-
cisas a tal respeito, quando a historia antiga
se foi apurando.

Sabe-se, em todo o caso, que, desde remota
origem, um commercio passivo existiu em grão
importante na India; que tambem a Assyria, a
Babylonia, a Persia, o Egypto entraram muito
cedo na carreira mercantil, estabelecendo as
suas relações principaes com aquelle outro
paiz; e que o movimento economico acompa-
nhou o desenvolvimento e grandeza politica
das nações que preponderaram n'esta edade,
como foram os Indios, Assyrios, Babylonios,

Persas, Egypcios, Arabes, Judeus, Phenicios, Carthaginezes, Gregos e Romanos.

Ora a India, em cuja designação geral se comprehendia muitas vezes a China, ficou sequestrada dos outros povos, nas suas relações politicas, sociaes e militares; e toda essa vasta região limitou-se a viver uma vida local, fazendo apenas um commercio passivo, afastada das guerras internacionaes, que agitaram o resto da humanidade.

Pelo contrario, os Assyrios, Babylonios e Persas, andaram continuamente em luctas sangrentas, especulando com a sorte dos vencidos, e enriquecendo-se pela defraudação das conquistas. Mas, a par d'isso, aquelles primeiros povos, pela feracidade do seu sólo, pela vantagem da sua situação, e pelo seu desenvolvimento, fizeram da Mesopotamia uma das regiões mais industriaes e commerciaes do mundo antigo.

Os Egypcios, dotados de um solo fertilissimo, que lhes abria os thesouros da abundancia, desprovidos, porém, de madeira que fomentasse as construcções maritimas, e mais propensos á paz do que á guerra, viveram principalmente uma vida interna, isolada, cheia de abundancia, de luxo e de grandeza.

Os Judeus, collocados na passagem das correntes commerciaes, mas prejudicados economicamente pela religião que professavam, tiveram, ainda assim, embora modestamente, o seu logar no mundo mercantil.

Os Arabes e Phenicios fizeram excepção á tendencia cruel e devastadora d'esta época, entregando-se principalmente ás explorações do trabalho e da industria.

Os Carthaginezes alliaram o genio commercial e industrial dos Phenicios ás pugnas ensanguentadas e ás ambições conquistadoras dos outros povos.

Os Gregos, recopilando em si toda a civilisação d'esse tempo; creados no meio das ondas, e portanto com o coração aberto ás explorações maritimas; formando, pela sua posição geographica, o elo entre a Asia e a Europa; irmãos, pelo sangue, das raças orientaes, mas temperados, pelo clima, n'uma outra doçura de costumes: os Gregos estavam destinados pela natureza a realisar, como realisaram, a transformação quasi completa do mundo antigo. E essa visinhança cosmopolita do mar, insinuando as relações com o resto da humanidade; essa transformação da barbaria, trazendo o gosto pelas artes pacificas e pelas commodidades da habitação; essa concentração de todas as luzes d'aquelle tempo; e uma tendencia innovadora pelo progresso: deviam fazer d'esse povo o mais commercial e mais desenvolvido d'esta época.

Finalmente, os Romanos foram os conquistadores dos outros povos, sujeitando ao carro do seu triumpho a liberdade, o commercio e a industria dos paizes conquistados, para viverem da sua exploração. Mas deram á sociedade o grande concurso das leis, com que asseguraram os contractos e a propriedade, e o das estradas, com que favoreceram as communicações. Se não eram industriaes por indole, desenvolveram comtudo o commercio e a industria, pela grandeza da sua capital e necessidade de a abastecerem, pelo adiantamento e irradiação das suas leis, e pelo alargamento das communicações. Os povos vencidos e conquistados tinham, certamente, de trabalhar para o ventre enorme da metropole, que tudo absorvia; mas essa mesma exploração redundava em benefício do progresso economico geral.

Assim, na edade antiga, cuidou-se principalmente da guerra e da conquista. Cada paiz ou se defendia da invasão dos mais fortes, ou tratava de sujeitar os mais fracos. E essa lucta permanente, que, nos principios d'este periodo, os povos da Asia tiveram entre si, levou depois a propria Asia a luctar com a Europa, nas guerras persicas; e acabou por atrellar todas as nações ao carro triumphante dos Romanos.

A vida politica, pois, dos povos antigos era geralmente avessa ao desenvolvimento commercial. A revolução e a guerra são de ordinario as causas mais ruinosas do progresso social; e acresce que a conquista e exploração do vencedor, nas sociedades primitivas, só terminava, em geral, sugando-se todo o alento dos vencidos.

Demais, a par da vida politica, a antiga organisação social contrariava egualmente o desenvolvimento economico. A escravidão entrára nos costumes e nas leis, como necessidade impreterivel dos abastados e apanagio dos guerreiros; e, mesmo entre os homens livres, havia uma odiosa distincção de classes, que impedia o franco exercicio do commercio e da industria, e que fazia considerar essas profissões, como indignas d'um cidadão benemerito.

É claro por isso que o desenvolvimento economico tinha de marchar vagarosamente, acorrentado a todas estas prisões.

O numero dos productos commerciaes era tambem muito menor que o d'hoje; já porque a difficuldade das communicações não permittia que se transportassem para longe senão os objectos indispensaveis á vida, ou os de menor peso e d'um grande valor especifico; e já porque as necessidades e exigencias da civilisação eram muito mais limitadas.

O ferro, por exemplo, além de ser pouco empregado na edade antiga, que o não sabia trabalhar, era muito pesado, para poder transportar-se com proveito; o arroz e o assucar tinham muito pequeno valor especifico, para compensarem as despezas de um longo trajecto;

o proprio vinho e azeite não comportavam o dispendio das caravanas [1].

No estudo especial de cada paiz, veremos que productos constituiam particularmente a sua riqueza; mas, emquanto aos productos principaes do commercio internacional, eram elles o ouro, a prata, as pedras preciosas, os cereaes, os fructos, as madeiras mais selectas, a seda, a lã, o algodão, as pelliças, os perfumes, a purpura, as outras substancias tinturiaes, o marfim, as perolas, o nacar e os escravos.

A purpura era a côr extrahida de um mollusco chamado murex, que abundava nas costas da Syria, e constituiu sob os Phenicios um ramo importante do trafico internacional. O commercio d'essa mercadoria passou dos Phenicios tambem para os Gregos e Carthaginezes; e, por fim, á proporção que os molluscos foram desapparecendo dos mares da Syria, pois que era precisa uma grande quantidade, para fazer uma pequena porção de tinta, e á propor-

---

[1] Heeren, *De la Politique et du Commerce des Peuples de l'antiquité*, traduzido em francez por W. Suckau, vol. I. — Scherer, *Histoire du Commerce de toutes les nations*, traduzido em francez e annotado por Henri Richelot e Charles Vogel, vol. I.

ção que se foram espalhando e applicando as cores vegetaes, foi decrescendo esse trafico, até que desappareceu de todo.

* * *

Eram tambem muito limitadas as regiões onde se exercia, activa ou passivamente, o commercio; porque, afinal, até os Romanos, o mundo antigo estava reduzido, nas suas relações externas — á Italia Meridional, á Grecia, ao resto da bacia do Mediterraneo, á Asia Menor, á Phenicia, á Mesopotamia, á Persia, ao Egypto até o paiz dos Ethiopicos, á India. Só com os Romanos, é que a Gallia, toda a Hespanha, e os outros paizes explorados por elles, entraram no movimento mercantil, resultante d'essa exploração.

O desenvolvimento da industria depende do augmento das necessidades reaes ou artificiaes que a estimulem, e da organisação do trabalho que a deixe respirar livremente. Por isso não podia ella attingir grande desenvolvimento nos primeiros tempos.

Só quando a sociedade passou das necessidades naturaes para as necessidades artificiaes, e que o luxo se foi alargando, é que a industria encontrou o estimulo sufficiente para o seu progresso. Mas, como dissemos, a organisação do trabalho não a deixou respirar livremente.

Com effeito, a primeira phase do trabalho devia ser naturalmente a caçadora e pescadora : territorio sem dono e simples industria extractiva rudimentar.

A segunda phase devia ser a exploração pastoril, que já suppõe a propriedade commum; mas onde a applicação do esforço humano, limitado á simples creação do gado, é tambem ainda rudimentar.

Succedeu-lhe a fórma cultivadora, onde existia já a propriedade familiar e a industria agricola respectiva.

Por fim, quando foi augmentando o movimento da população, quando se foi adquirindo o amor das commodidades, e se alargou o dominio das necessidades, e que por isso a riqueza e o luxo começaram a preponderar, é que brotou abundantemente a actividade industrial. Mas repetimos novamente: a escravidão ou sujeição dos trabalhadores não a deixava respirar livremente.

Havia por certo na edade antiga tambem o trabalho livre, isolado ou associado, a par do trabalho dos libertos e dos escravos; e, no Egypto e na Grecia, appareceu até a servidão da gleba. Mas a classe trabalhadora era, em geral, olhada com desprezo, e por isso os escravos e libertos é que exerciam de ordinario o mister de operarios.

A escravidão provinha da guerra, da conquista, da pirataria, do nascimento, das leis criminaes que a impunham por castigo; das leis civis, em casos determinados, por exemplo, quando o pae podia vender o proprio filho; e até do contracto, quando os proprios homens livres se vendiam.

A condição dos libertos não era muito melhor que a dos escravos. Repellidos por toda a parte, como se tivessem ainda gravado o estigma da escravidão, viam-se de ordinario sujeitos a continuar debaixo do poder ou dependencia do seu antigo senhor, para serem alimentados e protegidos contra o desprezo geral.

Quasi todos os trabalhos eram feitos por

elles e pelos escravos. O trabalho livre era a principio reservado sómente para as industrias mais leves, e que demandavam mais intelligencia. Mas, pela molleza e depravação que foi invadindo os cidadãos, estas mesmas industrias passaram para os escravos e libertos.

Tratando especialmente de cada povo, encontraremos n'um ou n'outro ponto differentes excepções a esta regra geral; mas, em todo o caso, foi este o caracter predominante da época, relativamente á organisação do trabalho [1].

As industrias que mais se desenvolveram, foram a esculptura, a architectura e pintura, a tecelagem, a tinturaria, a vidraria, o trabalho em metal, especialmente em objectos de ouro e de bronze, a fabricação de moveis de madeira.

A proposito das industrias, vem de molde fallar aqui, de um modo geral, da moeda e do credito, por serem elementos indispensaveis

[1] Fernando Garrido, *Las classes trabajadoras*.

do commercio, e por isso terem o seu logar proprio na industria commercial; sem prejuizo das noções especiaes que teremos de apresentar, relativamente a alguns paizes, quando d'elles tratarmos especialmente.

Na edade antiga, a moeda foi passando por differentes phases, na sua evolução economica.

Primeiramente, serviam de elemento das trocas os metaes em simples barras, blocos ou anneis, ou transformados em quaesquer utensilios, pesando-se como qualquer outra mercadoria. Os imperios da Assyria, Chaldea e Egypto atravessaram assim milhares de annos.

Não havia ainda nem o cunho, nem o nome da auctoridade que assegurasse a exactidão do peso e a pureza do titulo. Em cada transacção, pesava-se o metal, para se dar em troca da mercadoria que se reputava equivalente. E, muitas vezes, para conseguir a equivalencia, pelo menos approximada, tinha de se cortar alguma coisa ao metal, ou de se accrescentar á porção que d'elle se offerecia.

Depois d'essa primeira phase, os metaes foram ainda empregados em pedaços irregulares, emquanto á fórma e figura, mas já com peso fixo. De modo que já se dispensava a balança, a não ser para verificação do peso, e já de antemão se ia estabelecendo a equivalencia das mercadorias. Trouxe isto a creação de pequenos pesos, para se accommodarem aos pequenos valores.

Seguiu-se outra phase, em que o governo marcava o dinheiro com a punção ou cunho official. Este melhoramento realisou-se no seculo VII antes de Christo; foi devido aos Lydios, segundo as melhores auctoridades; e desde então o uso da moeda, assim marcada ou designada, espalhou-se por todo o mundo antigo.

Nos primeiros tempos d'esta phase, ainda as moedas eram simples barras de metal puncionadas officialmente; mas, depois, para frisar bem o cunho da auctoridade e difficultar a falsificação, a fórma tornou-se mais caracteristica e significativa, cobrindo toda a face do dinheiro, a principio, em baixo relevo, e, depois, em alto relevo.

Os metaes adoptados geralmente foram o ouro, a prata e o cobre; mas havia tambem dinheiro de outros metaes, e até de substancias não metallicas, que correspondiam á moeda fiduciaria.

Assim, na Lydia houve moedas de electro. Dionisio de Syracusa cunhou moedas de estanho, para uso do seu reino. O Digesto menciona tambem, como dinheiro falso, moedas de estanho fabricadas pelos Romanos. Havia egualmente moedas de chumbo. No Egypto usavam-se tambem moedas de vidro; e esse uso continuou, ainda depois que os Egypcios passaram para o dominio dos Bysantinos e dos Arabes. Na Grecia houve moedas fabricadas de terra cote, e, em Carthago, de sola, que representavam valores fiduciarios.

O mundo antigo possuiu tambem muito cedo titulos ou symbolos fiduciarios, correspondentes ás letras de cambio; assim como possuiu intermediarios das transacções, que correspondiam, embora imperfeitamente, aos nossos banqueiros. E dizemos titulos ou symbolos fiduciarios; porque eram passados ou gravados, conforme o systema dos differentes povos que d'elles usavam, e as respectivas épocas, não só em papel, mas tambem em laminas de terra cote, em sola, e ainda n'outras substancias. Veremos isso mais detidamente a seu tempo.

Assim, os Assyrios, nos seculos IX a VII antes de Christo, serviram-se de titulos fiduciarios feitos de terra cote, onde se gravava a obrigação.

Esses titulos affectavam fórmas diversas, e continham differentes formulas, conforme o emprego a que eram destinados.

Havia-os, contendo simples obrigações de credito chirografarias; havia-os com clausula penal, para o caso do devedor não cumprir; e, finalmente, havia-os, contendo o mandato do pagamento de uma certa quantia de um logar para o outro. Este mandato equivalia a uma letra, e era frequentemente empregado. O acceite e o indosso suppriam-se por um acto especial á parte, que certificava a negociação do mandato.

Os Chinezes tambem empregaram letras commerciaes, 800 annos antes de Christo. E, além dos Assyrios e Chinezes, este systema fiduciario foi-se propagando pelos outros povos.

A razão de se adoptar esse instrumento de credito e esse elemento das transacções foi a mesma que, mais tarde, na edade media, fez adoptar as letras de cambio — o perigo e difficuldade de transportar grandes quantidades de moeda metallica, atravez de regiões inhospitas, infestadas de ladrões. Mas, por isso mesmo que as circumstancias sociaes trouxeram a necessidade das letras mercantis, appareceu tambem a profissão das entidades intermediarias, especie de banqueiros, que descontavam esses titulos [1].

Na historia de cada paiz, examinaremos as communicações particulares de cada povo. Mas o estudo das communicações internacionaes, ou antes o estudo dos grandes caminhos economicos da antiguidade, tem o seu logar proprio n'esta apreciação geral.

Como já dissemos, o abastecimento dos productos da India constituia uma das fontes essenciaes do commercio. E, como tambem mostraremos, os grandes centros de população d'onde partia a impulsão economica da antiguidade, e onde vinham entrepôr-se, para se espalharem no mundo conhecido, os productos de todos os paizes civilisados, foram especial-

---

[1] Lenormant, Monnais et Médailles. — Noel, *Histoire du commerce*, vol. I. — William Ridgeway, *The origin of metallic currency and weight standards.*

mente Ninive, Babylonia, Tyro, Alexandria, Corintho, Carthago, Roma e Marselha. A esses centros corresponderam seis dos principaes povos que, embora por processos differentes, elevaram o commercio tão alto quanto o permittiam os tempos em que viveram: os Assyrios e Babylonios, os Egypcios, os Phenicios, os Gregos, os Carthaginezes e os Romanos. E por isso o estudo dos grandes caminhos commerciaes d'esta época resume-se em indagar as grandes arterias que communicavam aquelles centros entre si, e todos elles com a India.

A rudeza e perigo d'esses tempos não permittia, em geral, o transporte isolado; e dizemos, em geral, porque, na India, por excepção, o commercio e o transporte terrestre fazia-se de ordinario isoladamente. No resto, era principalmente, por meio de caravanas, que se effectuavam as importações e exportações.

Como estas caravanas tinham de percorrer grandes espaços inhospitos e sujeitos a ladrões, embora ellas se compuzessem de muitos individuos de genios heterogeneos, o perigo e a necessidade commum sujeitava-as a uma direcção ou commando superior, que mantinha a ordem e dirigia a expedição. De distancia em distancia, e, no deserto, ordinariamente nos oasis, havia estações indispensaveis, onde os compradores e vendedores se encontravam com frequencia.

N'essas estações, construiam-se hoteis, hoje conhecidos por caravanserralhos. Estabeleciam-se tambem quasi sempre colonias consagradas a qualquer divindade, debaixo de cuja protecção se fazia o commercio; e muitos d'esses logares se tornaram alvo de piedosas peregrinações.

Quando as caravanas partiam da China, vinham dar a Bactre (Balck) e a Maracanda (Samarcanda): cidades essas comprehendidas hoje na grande Bukaria, e que constituiam então as primeiras estações, depois do longo e penoso trajecto do Thibet e do deserto de Cobi. As mercadorias que lá chegavam, não continuavam todas o seu caminho. Uma grande parte ficava mesmo em Bactre ou Maracanda, entrepostos bem situados, onde os povos da Asia se vinham fornecer.

De Bactre ou Maracanda, algumas das caravanas caminhavam para o norte, afim de ganharem ou o Oxus (Djihum) ou o Yaxarte (Sihum), que antigamente desembocavam no mar Caspio; e, por qualquer d'esses rios, demandavam este mar. Chegadas ahi, navegavam até attingirem a foz do Araxes (Kur); e, subindo por elle, seguiam por terra até Phasis (Rion), rio da Colchida. Depois, descendo por esse rio, penetravam no mar Negro, abaixo da cidade de Phasis (Poti), d'onde seguiam para Bysancio, ou para as cidades gregas espalhadas nas cos-tas.

Outras das caravanas que chegavam a Bactre e Maracanda, caminhavam para o oeste, afim de tocarem, pela Asia Menor, o littoral do Mediterraneo e mar Negro, cujas cidades florescentes eram os entrepostos naturaes dos productos da Asia destinados á Europa e Africa.

E ainda outras, no tempo da grandeza de Ninive e Babylonia, saiam para estas cidades, atravez de Ecbatana; ou, no tempo do predominio da Persia, tambem para Suza, sua capital.

Vice-versa, as caravanas que da Asia occidental se dirigiam a Bactre ou Macaranda, seguiam qualquer d'esses ultimos caminhos.

As mercadorias que iam da India para o occidente, subiam ordinariamente o Indo ou o Ganges, e atravessavam o Hindo-Kusch ou Caucaso Indiano, ás costas de bêstas de carga, até tomarem o Oxus ou o Yaxarte.

Para se ir de Babylonia, Ninive ou Suza, para a India, havia um caminho mais breve, sem necessidade de tocar em Bactre ou Maracanda. Atravessava-se a Mesopotamia até Ecbatana, Ragés, Portas Caspias (gargantas de Dariel), unica passagem aberta d'este lado entre o oriente e occidente. De lá, por Hecatompyla, na Parthia, por Alexandria, na Aria, por Prophtasia, Harachote, e Orthospana, alcançava-se o Indo, depois de uma viagem de seiscentas leguas.

Para se ir da India á China, subia-se até o deserto de Cobi. A Torre de Pedra ou throno de Salomão, nos desfiladeiros do Bolor, montanhas de Kaschgar, formava, como ainda hoje fórma, a *etape* das caravanas que iam da India á China. De Kaschgar, continuava-se atravez do deserto por Kotan e Aksu, para chegar a Sedschu, na fronteira da China.

Um outro caminho mais curto, que da India ia dar á China, tinha por ponto de partida a cidade indiana de Palibothra (Patna[1]), e atra-

---

[1] Eliseu Reclus, *Géographie Universelle — Inde*, pag. 311. — Heeren, *De la politique et du commerce des peuples de l'antiquité*, versão do allemão por W. Suckau, vol. III, pag. 328. — Scherer, *ob. citada*, nota dos traductores, vol. I, pag. 50.

vessava as altas cadeias das montanhas do Thibet. Na vinda da China, as mercadorias trazidas por esta via desciam o Ganges até o mar; e de lá se espalhavam, ao longo das costas de Coromandel, até Limyrica — o mercado extremo da India.

A Asia era tambem atravessada por um outro caminho, que, das cidades gregas situadas no mar Negro, conduzia, pelos montes Uraes, até os Aggrippeenos ou Kalmukos, na grande Tartaria.

As caravanas que traficavam entre a Arabia e a Phenicia, paravam em Petra, na Arabia septentrional; e de lá alcançavam o Libano, e d'ahi a Phenicia.

As que faziam o trajecto da Persia á Babylonia, dirigiam-se, umas pela Lydia até Suza; outras, pela Phenicia, atravessando Palmyra, no deserto, Tamsaque sobre o Eufrates, e o muro medico; e ainda outras, pela Syria, percorrendo a Mesopotamia. Passavam o Eufrates em Antemusia; desciam a Edessa por Bambica; e atravessavam as landes dos Scenitas ou nomadas, indo tocar Scene, a 60 milhas de Seleucia, sobre o Tigre.

Para penetrar no interior da Africa, as caravanas partiam de Thebas, a fim de alcança-

rem o oasis de Jupiter Ammon, caravanser-
ralho elevado entre a Nigricia e a Africa septentrional; e ahi recebiam os productos da
Ethiopia e das tribus nomadas, e os transportavam pelo Nilo para o Egypto[1].

De Roma seguiam estradas para todos os
pontos do imperio. A que se dirigia á Germania,
costeava o lago Como, atravessava o collo de
Septimer, e de lá ia dar ao lago Constança.

As que communicavam com as Gallias, iam
bater a Leão (Ludgunum), pelo monte S. Ber-
nardo; e de lá partia uma que ia dar a Saintes
e Bordeaux, outra ao Rheno, outra á Mancha,
pelo paiz dos Rèmes (Reims), dos Bellovaques
(Beauvaisis) e dos Ambianos (Amiennois). Uma
quarta ia dar a Arles, onde se bifurcava, para
tocar Narbona e Marselha.

Esta ultima via, que costeava o littoral, cor-
tava o Rhodano, na ponte de Arles, e atravessava os Pyrenéos, no collo de Pertus. Era o
grande caminho terrestre da Italia para a Hespanha[2].

---

[1] Noel, *Histoire du Commerce du Monde.* — Heyd,
Histoire du Commerce du Levante, traducção franceza. —
Scherer, *ob. citada.*

[2] Pigeonneau, *Histoire du Commerce de la France,*
pag. 27.

Além d'essa, communicava com a peninsula iberica uma outra, que partia de Milão e atravessava os Alpes Cotianos e a Gallia Narbonense, continuando por Gerona, Barcellona, Tarragona, Lerida, Saragoça, Calahora e Leon, e prolongando-se por Galliza até Merida [1].

Os caminhos maritimos estavam limitados ao mar da India, golfo Persico, mar Vermelho, mar Caspio, mar Negro e Mediterraneo.

Os productos da India que vinham dar ao golfo Persico, tocavam depois por terra algum dos entrepostos já mencionados, Babylonia, Ninive ou Suza; porque a subida pelo Eufrates ou pelo Tigre era muito difficil e trabalhosa. E d'alli eram conduzidas por caravanas ao seu destino.

As mercadorias que vinham para o Egypto, pelo mar Vermelho, eram de ordinario descarregadas em Aden; e d'ahi levadas, geralmente, em navios phenicios, judeus ou arabes, mas com

---

[1] Lafuente, *Historia de Hespanha,* vol. I.

especialidade n'estes ultimos, cujos marinheiros conheciam muito bem os perigos d'aquelle mar, até Aidah, na costa occidental, d'onde seguiam para Alexandria.

A navegação era costeira, porque a falta de pontos de mira e de instrumentos de precisão obrigava os marinheiros a evitarem as correntes e a não se afastarem da terra, durante a viagem. Por isso, até á morte de Augusto Cesar, apezar dos progressos realisados por este principe, em todos os ramos da actividade commercial, a difficuldade das communicações maritimas não permittia que o occidente auferisse das relações com o extremo oriente o proveito que poderia tirar.

Uma grande parte das mercadorias que vinham da India para a Europa, tomava o caminho do norte. Como já dissemos, subiam o Indo, ou o Ganges; atravessavam o Indo-Kusch, em bestas de carga; embarcavam sobre o Oxus ou Yaxarte; atravessavam o mar Caspio; entravam nas aguas do Araxes; e, transportadas por terra até o rio Phase, penetravam no

Ponto Euxino ou mar Negro, abaixo da cidade de Phasis.

Uma descoberta, porém, devida ao acaso, como quasi todas as descobertas, veiu modificar esse estado de coisas, tornando mais faceis as communicações maritimas, e portanto mais accessiveis as relações internacionaes.

Essa descoberta foi a das monsões.

Sob o imperador Claudio, oitenta annos depois da conquista do Egypto, o governo romano, para acabar com as vexações que os Arabes do mar Vermelho faziam aos negociantes e armadores de navios, organisou uma expedição contra elles, que os obrigou a pagar um tributo annual para o fisco imperial. A cobrança d'esse tributo foi incumbida a um cidadão romano, Annius Plocanus, que tratou de o receber, por meio dos seus libertos. Um d'esses libertos commetteu a imprudencia de se afastar da costa e de se aventurar ao largo; e o vento levou-o, sem elle poder resistir, em pleno mar até á Taprobana. Os navegadores estudaram então o phenomeno, e um d'estes, Hyppalus, em differentes experiencias, pôde verificar a periodicidade dos ventos.

O novo caminho das Indias, que o commercio devia seguir, d'ahi por diante, durante mil quatrocentos annos, estava descoberto. A navegação não ficou desde então circumscripta ás costas; e a travessia do mar Vermelho pôde effectuar-se, sem apprehensões e com uma rapidez desconhecida. Esse mar, semeado de escolhos, que os navios tinham até ahi muita difficuldade em percorrer, foi sulcado de embarcações, que navegavam sem obstaculo para as Indias. Por isso tambem os marinheiros deram ao vento que produzia semelhante maravilha, o nome do seu inventor — Hyppalus [1].

A navegação, porém, não podia deixar de ser unicamente costeira, porque os barcos d'essa época não tinham capacidade, para aguentarem as vicissitudes do mar largo.

A mais antiga fórma de embarcação foi a jangada, que se empregou ao longo das costas e nos lagos e rios. Mais tarde, vieram os remos, as velas e o leme; e depois a canoa feita do tronco d'arvores, ou de pelles de animaes.

---

[1] Noel, *obr. citada.*

Os Phenicios desenvolveram, por seu turno, a construcção; e inventaram a ancora, formada a principio d'uma pedra, e, em seguida, d'um só colchete de ferro, a que Anacharsis juntou mais outro gancho. Inventaram tambem o velame, a sonda e o lastro. Começaram a estudar os astros, para se guiarem na conducção dos navios, não passando comtudo dos mais triviaes phenomenos. E, apezar de tudo isso, o mundo antigo só pôde chegar á construcção dos navios de guerra, chamados galeras, obliquas e compridas, que podiam levar duzentos a trezentos homens; e aos navios do commercio, mais largos e mais curtos do que as galeras, e que tinham de ordinario um só mastro e um pequeno numero de velas estreitas.

E a simplicidade e imperfeição d'estas construcções, a falta de bussola, a carencia de conhecimentos meteorologicos e de elementos precisos de sondagem, prejudicavam a navegação, a ponto de que as viagens se faziam, geralmente, só de dia.

Faltava tambem n'este primeiro periodo a segurança dos cidadãos e a garantia legal dos contractos. O negociante precisava de defender á mão armada as mercadorias; e era nullo ou quasi nullo o apoio da lei para as reclamações contestadas. Só os Romanos, n'essa parte, com os seus esforços em assegurar as communicações terrestres e destruir os piratas, e com a sua pronunciada tendencia, para legislarem sobre todos os negocios da vida, contribuiram efficazmente para a extirpação de semelhantes embaraços.

Não havia nos povos antigos o systema de colonisação contemporanea, que, segundo Leroy-Beaulieu, consiste na acção methodica d'um povo civilisado sobre outro de civilisação inferior.

As chamadas colonias eram, geralmente, colmeias, que saíam da mãe patria, e, estabelecendo-se n'uma outra região, se constituiam autonomas, ficando apenas subordinadas á metropole, pelos laços da lingua, religião, costumes e commercio. Mas nem por isso se tornavam muitas vezes menos productivas, porque

Os Ph[e]cios desenvolveram, por seu turno, a
[navega]ção; e inventaram a ancora, formada a
princip[io] d'uma pedra, e, em seguida, d'um só
colchet[e] de ferro, a que Anacharsis juntou
mais o[ut]ro gancho. Inventaram tambem o velame, [s]onda e o lastro. Começaram a estudar os [a]stros, para se guiarem na conducção
dos navi[o]s, não passando comtudo dos mais
triviaes [p]henomenos. E, apezar de tudo isso
[o] mun[do] [an]tigo só pôde chegar á construc[ção]
dos nav[io]s de guerra, chamados galeras,
[estrei]quas e [c]ompridas, que podiam levar
[cen]tos a tr[e]zentos homens; e aos navio[s de com-]
mercio, [m]ais largos e mais curto[s que as]
galeras, [q]ue tinham de ordinar[io um mas-]
tro e um pequeno numero de [remos.]
[A sim]plicidade e imperf[eição das cons-]
trucções, [a] falta de bussol[a, de co-]
nhecime[nt]os meteorolog[icos]
precisos e sondagem, [a]
[navega]ção, a pôto de que [gene-]
ralmente [s]ó de [di]a [navegavam]

contractos. O negociante precisava de defender á mão armada as mercadorias; era n
ou quasi nullo o apoio da lei para r
ções contestadas. Só os Romanos, n
com os seus esforços em assegura as
municações terrestres e destruir os
com a sua pronunciada tendencia,
larem sobre todos os negocios de d
tribuiram efficazmente para a extirp
melhantes embaraços.

e-
Oy-
a. —
ca. —

vimento
reiros ti-
quellas res-
ponderantes
eda. — Com-

Não havia nos povos an
colonisação contemporanea,
roy-Beaulieu, consiste
d'um povo civilisado

bitada por
residianos da
a ainda algumas
arvaas, da raça
e os Gshistas, de

cendo-se

tr

o remota que se não
escriptors calculam
quinhentos nnos, antes
rientaes diviiram-se em
s: — a dos Iraianos, que

era principalmente com a metropole que tinham as ligações politicas e as relações economicas.

O commercio antigo, pois, foi, limitado, emquanto aos povos, emquanto aos productos e
emquanto ás regiões; e bem assim, com respeito
á intensidade das transacções. E, como fica
exposto, concorreram para isso a falta de civilisação, a reducção das necessidades, a agitação das guerras e das conquistas, a difficuldade das communicações, o atrazo da navegação, e a carencia de leis e segurança individual.

CAPITULO·II

Os Indios.

A India foi primitivamente habitada por
tres populações principaes: os Dravidianos, da
raça caucasica, de que existem ainda algumas
tribus, ao sul do Dekan; os Varvaras, da raça
negra, vindos da Papuasia; e os Cushistas, de
côr parda.

Mas, n'uma época muito remota, que se não
pôde fixar, e que alguns escriptores calculam
em dois mil a mil e quinhentos annos, antes
de Christo, os Aryas orientaes dividiram-se em
duas grandes familias:—a dos Iranianos, que

se conservaram sensivelmente na mesma região onde todos estavam quando unidos; e — a dos Hindus, que se dirigiram para o sudoeste, na direcção do valle de Cabul, e, passando o Indo, se estenderam por toda a peninsula [1].

É a época da divisão da população indiana em quatro castas. A primeira, constituida pelos brahmanes, compunha-se da parte mais distincta dos Aryas, e formava a classe dos sacerdotes e legisladores. A segunda, denominada dos ksattryas, era formada pelos guerreiros. A terceira, a dos vaycias, ou banianos, compunha-se dos agricultores, negociantes, industriaes e artistas; e subdividia-se em diversos ramos, conforme os differentes officios. Finalmente, a dos sudras era formada pelos eternos servidores das tres classes superiores, ás quaes deviam illimitada sujeição e obediencia.

Os individuos d'uma casta que contrahissem casamento n'outra, formavam uma especie de casta inferior, designada pelo nome de *Varnazan-Kara*, e eram olhados com desprezo.

Abaixo das ultimas divisões, ficavam ainda

---

[1] Consiglieri Pedroso, *As grandes Epocas da Historia Universal.* — Seignobos, *Histoire de la Civilisation dans l'Antiquité.* — Cesar Cantu, *Historia Universal*, vol. I.

os parias ou tchandalas, cujos membros viviam na maior abjecção. Não podiam habitar nas cidades, villas e povoações, ou nas suas visinhanças. Tudo o que tocassem, ficava impuro : até a propria agua em que se projectasse a sua sombra. Bastava fital-os, para se ficar maculado. E, se apparecessem na estrada, na occasião em que passasse algum brahmane, eram perseguidos, afim de que os sacerdotes não respirassem o mesmo ar que elles respiravam [1].

Esta divisão das castas e esta ignominia dos parias foi consagrada na religião dos Hindus e nas suas leis — o codigo de Manu. E tambem a religião consignava, como ainda consigna, outros preceitos ou principios, cuja influencia em breve apreciaremos.

Um d'elles é a metempsycose, renascimento ou transmigração das almas, pelo qual os espiritos passam d'uns corpos aos outros.

Por essa doutrina, quando morre qualquer homem, a sua alma, se é boa, sobe para o céo, a gozar da bemaventurança; e, se é má, cae

---

[1] Cesar Cantu, *Historia Universal*, traduzida em portuguez por Antonio Ennes, vol. I. — Wilson, *Les Réligions actuelles*. — Consiglieri Pedroso, *obr. cit.* — Luiz Figuier, *As Raças Humanas*, traduzido por Abilio Lobo, pag. 344.

n'um dos vinte e oito infernos, onde é tortu-
rada. Mas nenhuma d'ellas fica eternamente
n'esta situação; e, pelo contrario, recomeçam
vida nova n'outro corpo. As más entram em
qualquer animal impuro, como por exemplo um
cão, um asno, ou mesmo n'uma planta; e, n'esse
estado, podem novamente elevar-se ou novamente decair. As boas transmigram no corpo
dos homens justos.

E essa viagem atravez dos corpos continúa,
até que o espirito, depurando-se cada vez mais,
chegue á ultima perfeição, em que fica ao
nivel de Brahma — a divindade, ou se absorve
n'ella.

Outro preceito é o da cremação das viuvas, por morte dos maridos.

E havia tambem, consagradas pelo fanatismo,
festas barbaras, como a de Jagrenate, em que
o carro da divindade passava por cima dos fa-
naticos, ensanguentando as rodas nos corpos
que lhe serviam d'estrado, e que ficavam esma-
gados debaixo das rodas.

No momento da invasão, e por muito tempo
depois d'ella, os Aryas, em vez de formarem
um só Estado, conservaram-se divididos em
varias tribus; e, n'esta situação, se encontrava toda a India, quando Alexandre Ma-

gno a conquistou. Mas, depois da morte do conquistador, o paiz recuperou a liberdade, unindo-se debaixo d'uma dymnastia nacional — a dos *Moryas*; e d'ahi passou para o poder de outra dymnastia, tambem nacional — a *dos Sungas*, que a governou quasi até o fim da edade antiga.

Cinco seculos, porém, antes de Christo, um novo missionario tinha prégado uma nova religião — o buddhismo, que, proclamando a egualdade de todas as classes, e portanto a abolição das castas, fizera uma revolução social profunda. Os Brahmanes moveram-lhe, desde logo, uma guerra violenta, chegando a extirpal-a da peninsula; por fórma que os numerosos buddhistas foram prégal-a para Ceylão, Indo-China, Thibet, China e Japão. Mas, ainda assim, não ficou de todo perdida a influencia d'essa nova doutrina na sociedade indiana; e um dos reis da dymnastia dos Moryas, Acoka (263-227, antes de Christo), d'ella se serviu, para fomentar o desenvolvimento do reino, mesmo sob o ponto de vista economico [1].

---

[1] Raffy, *Répétitions écrites d'Hist. Univ.* — Consiglieri Pedroso, *obr. cit.* — Cesar Cantu, *obr. cit.* — Weber, *Hist. Universelle,* traduzida por Delfim d'Almeida. — Seignobos, *obr. cit.*

Já nos tempos antigos, a India estava, pouco mais ou menos, encerrada nos mesmos limites em que está hoje. Separada por isso da Persia e do Occidente pelas montanhas do Iran, tinha tambem, a cortarem-lhe a passagem para o oeste e para o norte, as grandes montanhas do Bolor e Hymalaia. Ao sul, o mar das Indias, insidioso e arriscado, pelas monsões e pelos tufões, formava outra barreira para os seus habitantes. E a China, a antiga Séres, estendia-se, além do grande platô, na vasta planicie do seu actual territorio, até o mar, isolada por essa maneira do resto do mundo conhecido.

N'estas condições, sómente a necessidade é que obrigaria os povos de tão vasta região a transporem as barreiras naturaes e irem demandar n'outra parte as provisões indispensaveis á vida.

Mas, por um lado, o seu sólo era já então feracissimo; a irrigação natural, e mesmo a artificial por meio de canaes, era abundante; e a natureza espalhára por todo elle os generos mais apreciaveis á vida.

Por outro lado, os Indios começaram muito cedo a exercer e sobresair em differentes ramos industriaes, como tecidos de lã, de seda, de linho e d'algodão, e objectos preparados ou embutidos de marfim e de nacar. E esses artigos, ao passo que lhes satisfaziam as necessidades do vestuario e do luxo, attraíam a concorrencia dos estrangeiros.

Já isto devia fazer da India um paiz de commercio passivo. Mas accresce que o trafico internacional em paizes estrangeiros demanda arrojo d'animo, largueza de vistas e audacia de especulação; e a religião brahmanica tolhia o desafogo dos espiritos.

E, de facto, a divisão das castas aferrolhava cada membro da sociedade na orbita da sua classe; e, demais a mais, na casta dos Vaycias, ainda havia muitas subdivisões, que importavam outras tantas categorias.

Além d'isso, a doutrina da metempsychose determinava o fatalismo. Como, por essa doutrina, o espirito de cada individuo, depois da sua morte, vae formar a alma d'outros seres, o Indio fanatico suppunha-se determinado por uma força estranha que n'elle imperava; e a influencia d'essa supposição quebrava-lhe o animo, e tirava-lhe a actividade para reagir. Os

proprios vicios eram considerados como effeito
d'esse dominio; e de modo que, se o individuo,
mesmo dentro da sua casta, se conservava
n'um estado de inferioridade ou de abjecção
que o rebaixava, é porque a alma que se andava
penitenciando dentro do seu corpo, tinha o estigma da condemnação. D'ahi o luto da cons-
ciencia, o terror da vida, o abatimento da actividade e dignidade pessoal.

Diz Consiglieri Pedroso: «Quantas vezes o
hindu não parou interdicto em frente do animal, por elle irreflectidamente frechado na floresta, com medo de ouvir o ultimo gemido de
algum amigo querido, ou o derradeiro adeus
d'algum parente condemnado pelos peccados
de uma vida precedente a revestir a fórma
d'essa creatura inferior?! É porque, na doutrina
brahmanica e perante o dogma da transmigração, todo o universo se apresentava para o
hindu, não animado com a vida bemfazeja,
que, mesmo n'alguns systemas pantheistas,
palpita como a grande e exuberante alma da
creação, mas povoado com os mil espectros
pavorosos de infinitos condemnados a eternas
penas, cujo contacto elle devia cuidadosamente
evitar, para não lhes acerbar os atrozes soffri-
mentos.

«Assim, para qualquer parte que o pobre hindu se voltasse, para o individuo das castas inferiores, para o animal, e até para a floresta que eternamente se balouçava com um gemido plangente, ou para a pedra que parecia dolorosamente interrogal-o na sua perpetua mudez, sempre julgava vêr uma alma em pena, bradando-lhe que a soccorresse! O mundo, assim visto atravez do prisma de tão desesperadora doutrina, devia parecer apenas um vasto cemiterio, atravessado pelas sombras lividas de uma procissão de suppliciados, ou então um lugubre carcere d'onde a espaços se soltasse uma dolorida e funebre imprecação!» [1]

Finalmente, a cremação das viuvas, e as festas barbaras como a de Jagrenate, em que o carro da divindade esmagava os devotos que se lhe deitavam no caminho, usos cohibidos, ha muito, pelos Inglezes, mas em pleno vigor n'esta primeira época da humanidade, abatiam o animo e perturbavam a felicidade da familia.

Tudo isto não podia deixar de tolher a actividade dos Hindus e prejudicar-lhes o genio aventureiro, aferrolhando-os n'uma posição es-

---

[1] Consiglieri Pedroso, *obr. cit.*

tacionaria de commerciantes internos e passivos.

Vendiam ou trocavam dentro do seu territorio o excesso dos productos proprios, e os sobejos das suas industrias especiaes; iam por vezes directamente á China, em demanda das pelliças e do betel, quando os Chinezes lh'os não traziam; e nada mais.

Havia na India grande abundancia de mineraes—ferro, ouro, prata, pedras preciosas, que os povos d'esta região exploravam activamente e de que, em geral, faziam grande exportação. E ao pé das pedras preciosas, figuravam tambem as perolas, como outro producto de grande exploração.

O solo, como já dissemos, era feracissimo [1]. O trigo commum, o *bosporo* ou trigo miudo, o milho commum, o milho miudo, o ar-

---

[1] « Nas planicies da India chega-se a fazer cinco colheitas por anno; e as collinas, cobertas de palmeiras, ananazes, canelleiras, arvores de pimenta, de vinhas, de roseiras sempre floridas, amadurecem tres vezes no anno os fructos mais exquisitos. »—Cesar Cantu, *Historia Universal, cit. obr.*

roz[1], os legumes, as fructas, o algodão, o linho,
o canhamo, a lã, a canna d'assucar[2], as especiarias como a canella e a pimenta, as materias tinturiaes como o anil, cochenilha e lacca,
e as madeiras especiaes, abundavam na India[3].

O gado bovideo é que não estava em proporção com os grandes recursos do territorio,
porque o preconceito da metempsychose prejudicava a alimentação da carne, e portanto a
industria pecuaria.

É certo que todas as especies bovinas eram
tidas no maior apreço. As leis de Manu con-
sideravam até como crime que se matasse
qualquer d'ellas[4]. Mas, se d'ahi provinha a
abundancia de gado para a agricultura, faltava
o estimulo da reproducção e da engorda para

---

[1] Era muito grande a cultura do arroz. O Ramayana
diz que, entre todos os alimentos, é este producto o que occupa o primeiro logar.

[2] Os Indios extraiam o succo da canna sacharina, com
que adoçavam a comida, e o guardavam em amphoras.

[3] Heeren, *De la Politique et du Commerce des Peuples de l'antiquité, obr. cit.* vol. I, pag. 121.

[4] Du Mesnil-Marigny, *Histoire de l'Economie Politique
des Anciens Peuples.*

o talho, o que necessariamente devia prejudicar em absoluto a propagação do producto.

O genero equideo escasseiava tambem, sobretudo na parte occidental, porque lhe não era propicio o clima [1].

Em compensação, nas montanhas septentrionaes, no paiz de Bolor, perto de Cachemira, havia numerosos rebanhos de ovelhas, carneiros e cabras, que faziam a riqueza d'essa região. E havia tambem muitos elephantes, que serviam de animaes de carga.

Havia tambem por todo o paiz uma bella especie de cães de caça, que constituia um importante ramo de commercio para os paizes estrangeiros.

Pelo que respeita á industria e commercio, se as circumstancias especiaes da India conservavam os seus habitantes na situação passiva de que já fallámos, e se a religião brahmanica lhes avassallava o animo e quebrava a energia para as grandes emprezas, é tambem

---

[1] Heyd, *Histoire du Commerce du Levant au moyen âge,* vol. II. pag. 135.

certo que ella continha alguns preceitos favoraveis á economia interna do paiz.

O trabalho era respeitado. Os sacerdotes proclamavam bem alto que a ociosidade representava a mãe dos vicios, e que por isso devia ser punida. As profissões industriaes e commerciaes eram consideradas tão honrosas que os proprios brahmanes não se vexavam de as exercer. Se elles proprios não cultivavam a terra, é que, prégando a metempsychose, não queriam dar a morte a uma serie d'animaes que o solo abriga, e dentro dos quaes se acoitavam outros tantos espiritos; mas isso não impedia que a agricultura estivesse desenvolvida, e que fosse exercida pelos vaycias, com todo o cuidado [1].

Da mesma forma, as peregrinações aos logares santos, como Benares, Ozena, Ellora, recommendadas pelos sacerdotes, convertiam-se tambem em caravanas de mercadores, que faziam d'esses logares entrepostos mercantis.

Por outro lado, tambem o codigo de Manu regulamentava a industria e o commercio, tendendo a fiscalisar a qualidade e o preço dos

---

[1] Du Mesnil-Marigny, *obr. citada.*

productos, a prevenir as fraudes, e a proteger a riqueza nacional.

Assim, um dos seis collegios que tinham a seu cargo a administração de cada cidade, occupava-se dos vendedores a retalho, inspeccionando os pesos e medidas, taxando os preços dos generos agricolas, marcando e annunciando por signaes as horas em que deviam effectuar-se as transacções, e determinando as quantidades que o productor podia vender.

Outro collegio presidia ao mercado dos objectos d'arte; fazia annunciar egualmente as horas da venda por signaes convencionaes; e obrigava os vendedores, sob pena de multa, a não confundirem os artigos novos com os velhos, e a expol-os por isso em separado.

Da mesma fórma, o preço dos productos industriaes devia ser fixado, de cinco em cinco dias, ou, pelo menos, em cada quinzena, por um rescripto real, segundo as alterações que a offerta e procura traziam ao valor dos salarios e das materias primas.

O rei não só podia prohibir a importação e exportação de qualquer producto, mas até arrogar-se o monopolio de qualquer genero. E as transgressões d'este preceito eram tão rigorosamente punidas que o castigo podia ir até á

confiscação dos bens do negociante que trafi-
casse em algum d'esses artigos exceptuados.
N'este sentido, era prohibida com a pena de
morte a exportação da semente do sirgo; e a
seda fiada ou tecida pagava fortes direitos de
saída.

A exportação do trigo era egualmente prohibida.

Algumas d'estas prescripções deviam aproveitar ao desenvolvimento da industria e commercio, n'essa edade, em que, regra geral, era
mais efficaz a prevenção dos abusos e a tutella
antecipada dos contractantes do que a inde-
mnisação posterior dos prejuizos, ou o castigo
tardio das fraudes. Outras, como as impostas ao
dominio particular e á circulação dos productos, deviam influir desfavoravelmente no augmento da riqueza e no desenvolvimento economico. Mas, qualquer que fosse a antino-
mia de umas e outras, é certo que os Indios começaram muito cedo a sobresair em
differentes ramos d'industria, tal era a abundancia das materias primas especiaes que possuiam, e a paciencia e pericia particular de que
eram dotados.

Foi assim que se tornaram muito notaveis
nos tecidos de seda, linho, algodão, lã e de

cascas d'arvores [1]; nos objectos feitos ou embutidos de nacar ou marfim, que ainda hoje lhes são peculiares; nos bordados d'ouro e prata, e em differentes artefactos d'esses metaes, como brincos e braceletes, que eram muito usados; no aço, que exportavam em grande quantidade; e no papel de algodão, que data na India de uma época muito remota [2].

*

* *

Os habitantes das montanhas entregavam-se especialmente ao trabalho dos metaes e dos tecidos, emquanto que os da planicie se dedicavam sobretudo á cultura dos generos alimenticios e dos productos tinturiaes ou industriaes, indispensaveis á fabricação dos tecidos.

Esta diversidade de productos, cuja permuta se achava prescripta pela natureza, reclamava grandes mercados, que se faziam, em geral, nos logares afamados de santidade, onde

---

[1] Eram caracteristicas as mussellinas e casimiras, muito flexiveis, de grande finura e de grande variedade de côres e delicados desenhos.

[2] Du Mesnil-Marigny, *obr. citada,* pag. 102.

affluiam tambem os devotos, como Benares, Ellora e Ozena. Ahi se juntavam as caravanas dos
mercadores com a romaria dos crentes; e,
muitas vezes, umas e outras se confundiam no
mesmo pensamento commercial e religioso, vi-
vificando tambem as regiões por onde passavam.

m uanto ao commercio maritimo, era feito
principalmente pelos Arabes e Phenicios, que,
umas vezes, desembarcavam as mercadorias
nos portos que os differentes paizes tinham no
Mar Vermelho, por exemplo, Berenice, Myos-
Hormos e Arsinoé, do Egypto, e Ailath e Aziomgaber, da Judea. E, outras vezes, as transportavam pelo golfo Persico, levando-as d'ahi ou
para a Babylonia, pelo Eufrates, ou para a Phenicia, que ficava nos confins da parte septentrional d'este golfo [1].

Como já dissemos, nem todos os productos
indianos eram compativeis com o primitivo tra-

---

[1] Du Mesnil-Marigny, *obr. citada,* pag. 122.

fico internacional; porque alguns eram muito pesados, para poderem ser transportados, e outros tinham pouco valor especifico, para compensarem as despezas do transporte.

Assim, os principaes objectos de exportação eram as perolas; as pedras preciosas; o ouro; os magnificos estofos e outros tecidos de seda, lã e algodão; o almiscar, o nardo, o cravo, a pimenta e outras especies, que eram tão apreciadas como o ouro[1]; diversas substancias tinturiaes, como a lacca, o anil, o pau sandalo; xarope d'assucar; preciosos artefactos de coco, nacar e marfim; cães de caça, de que a Babylonia, a Assyria e a Persia faziam grande consumo; escravos, especialmente as bellas escravas da India[2].

Os objectos de importação eram em menor escala; porque os Indios, como tambem fizemos vêr, tinham nos recursos interiores

---

[1] No mundo antigo, como depois aconteceu na edade media, as especies eram tão apreciadas como o ouro; porque, de harmonia com os habitos sociaes, eram quasi que indispensaveis, para condimentar a alimentação das pessoas ricas.

[2] Du Mesnil-Marigny, *obr. citada*, vol. I. — Heeren, *obr. citada*, vol. I. — Noel, *obr. citada*, vol. I. — Scherer, *obr. citada*, vol. I.

quasi tudo que era preciso, para supprir o seu luxo e as suas necessidades.

Mas, ainda assim, vinham da Arabia incenso e mhyrra, de que elles faziam grande consumo, tanto nas solemnidades religiosas, como nas festas e casas dos particulares. Importavam muito vinho de palma, da Mesopotamia. A Persia, Assyria e Babylonia mandavam-lhes cavallos. A Phenicia fornecia-lhes tecidos de purpura.

Vinham da China as pelliças e o betel. Recebiam tambem metaes preciosos da Babylonia e Assyria, não obstante a abundancia d'ouro que tinham no seu solo e a exportação que d'elle faziam; d'onde se vê que, já nos povos antigos, se dava o phenomeno actual de um paiz ser, conjuntamente, importador e exportador de um mesmo producto [1]. É que os estrangeiros saldavam principalmente com ouro as outras mercadorias que levavam da India.

---

[1] Bandrillart, *Hist. du Luxe,* vol. I, pag. 347.

As regiões que exploraram o commercio indiano foram especialmente a Assyria, a Babylonia, a Persia, o Egypto, a Arabia, a propria Judea, durante o periodo da sua grandeza; e,
quando começou a navegação dos Phenicios,
algumas regiões da Grecia e do Mediterraneo.
Depois da conquista d'Alexandre, emprehende-
ram tambem esse commercio as cidades gregas do mar Negro [1].

Como centros mercantis, preponderavam
as cidades de Palibothra, Patala (Hyderabad),
Ozena (Oudjein), Barygasa (Beroach), Tagara,
Pluthana, Ellora, Benares, Muziris (Manga-

---

[1] Lenormant, *obr. citada.* — Alberto Conrado, *O Commercio e a Navegação na Historia.* — Letourneau, *L'evolution
du commerce dans les diverses races humaines.* — Du Mesnil-
Marigny, *obr. citada,* vol. I.

lore), Nelcynda (Nelicéran), e Taprobana (Ceylão).

Palibothra, a capital do paiz de Prazil, ficava áquem do Ganges, na confluencia d'esse rio com o Erannoboas (Sone), e no logar hoje occupado por Patna. Estava fortificada e fechada por muros, com sessenta e quatro portas.

Patala ficava na extremidade septentrional do delta do Indo. Era a capital do paiz chamado Patalina, que comprehendia esse delta, e que Alexandre submetteu ao seu dominio; e, como hoje acontece com Hyderabad, edificada sobre as suas ruinas, dominava toda essa região. Aquelle monarca embellezou-a muito, e n'ella construiu uma cidadella, um porto e um arsenal.

A cidade de Ozena, residencia real, ao norte da peninsula, era frequentada todos os annos por grande numero de peregrinos e mercadores; e constituia tambem um dos primeiros centros do commercio interno e externo. Ahi se reuniam, com os productos do seu trafico, especialmente mussellinas, pannos, ágatas, os negociantes das regiões superiores. Barygaza era o seu porto.

Tagara, no Dekan, encerrava um santuario afamado, que attraía muitos romeiros e nego-

ciantes; concorrendo tambem para isso a visinhança d'Ellora, famosa por seus templos sub-
terraneos, ou grutas sagradas, que eram muito
visitadas.

Pluthana, tambem no Dekan, era outro
mercado importante.

Benares, o centro religioso do brahmanismo,
tornou-se egualmente um importante centro
commercial.

Taprobana, capital da ilha do mesmo nome,
era o grande repositorio da canella e das
perolas.

Todas essas cidades, pois, constituiam os
centros predominantes do commercio indiano,
e era ahi que as caravanas e os mercadores
vinham dar.

Os Indios nem tinham marinha, nem estimulo ou necessidade que provocasse a sua
construcção. Esperavam, por isso, com a fertilidade do seu solo e a especialidade das suas
industrias, que os recoveiros do mundo antigo,
na fermentação do progresso, e no labutar mercantil que impelle os povos mais activos, fossem carregar-lhes parte dos thesouros, para
vivificarem com elles as regiões menos favorecidas.

N'este paiz, não houve durante muito tempo dinheiro amoedado. Foi Alexandre Magno que o introduziu. Até então, o ouro servia como elemento da permuta, mas em barras, ou pedaços irregulares.

Nem obsta que o codigo de Manu falle de moedas d'ouro, chamadas *soberanos,* de moedas de prata, appellidadas *machecas,* e de moedas de cobre, com a denominação de *panas;* porque eram pedaços de metal irregular, sem a punção ou cunho official, e sem qualquer dos caracteres peculiares ao dinheiro [1].

Já apontámos as communicações geraes por onde se fazia o commercio da India [2].

[1] Du Mesnil-Marigny, *obr. citada,* vol. I, pag. 151.
[2] Pag. 19 e 20.

Essas communicações estavam entrelaçadas em parte com as da China; e por isso, a proposito d'umas, é conveniente apontar as outras. Para novamente frizarmos este ponto, aqui as expomos todas em resumo.

A China communicava com o resto da Asia, e de lá com o mundo conhecido, pelo caminho que vinha dar a Balk ou Maracanda, e que d'ahi seguia as differentes direcções já indicadas a pag. 19. E communicava directamente com a India, por um outro caminho que, passando pelo Thibet, tinha por ponto essencial a cidade indiana de Palibothra (Patna), na margem do Ganges, d'onde os mercadores desciam por esse rio até o mar.

A India communicava com o norte da Asia por um caminho que, partindo de Taxila, ia dar áquelle outro centro de Palibothra, e ahi se cruzava com a estrada que, da China, se dirigia ás cidades de Balck ou Samarcanda. Communicava com a Assyria, Babylonia e Persia, pela estrada que, d'essas mesmas cidades de Balck e Samarcanda, vinha bater em Orthospana (Portospana) e Prophtasia; mas, n'esta parte, quando se vinha da Babylonia, da Assyria ou da Persia, era preferivel a communicação fluvial do Tigre e do Eufrates, alliada á navegação costeira.

A conducção do commercio externo da India fazia-se principalmente por terra, com o systema das caravanas, e por esses caminhos tradicionaes, que ainda se conservam. Era feita de ordinario ás costas de cavallos e d'elephantes.

Internamente, o transporte das mercadorias fazia-se não só por caravanas, mas tambem, com frequencia, por mercadores isolados; e a navegação fluvial é que mais a facilitava. O Indo, o Ganges e os respectivos affluentes constituiam grandes arterias de circulação economica; e havia muitos canaes artificiaes que os communicavam.

Em todo o caso, havia tambem estradas bem construidas, que eram reparadas com cuidado [1].

Resumindo o que fica exposto, podemos dizer que a India, dotada d'um solo maravilhoso,

---

[1] Du Mesnil-Marigny, *obr. citada*, vol. I, pag. 123.

que ministrava aos seus habitantes os generos indispensaveis á vida; guardando no seu seio os metaes preciosos e grande copia d'outros mineraes; abundando em materiaes de construcção; repleta egualmente de pedras preciosas, para satisfazer ás veleidades do luxo e attrair a cubiça dos estrangeiros; dispondo de tantos e tantos elementos propicios á sua subsistencia e grandeza: não tinha a impellil-a ao commercio externo o aguilhão da necessidade ou a carencia de recursos.

Mesmo internamente, a divisão das castas, e algumas das restricções industriaes e commerciaes, prejudicavam a economia nacional.

Mas, em compensação, a educação, paciencia e pericia especial dos Indios, na fabricação dos tecidos luxuosos e outros objectos d'adorno; a profusão de materias primas das mais apreciaveis, e até o monopolio de algumas d'ellas, como por exemplo, o anil, a seda e as especiarias, que ainda então se não exploravam no occidente; a precisão que os estrangeiros tinham d'esses productos e d'esses artefactos singulares: despertavam a attenção dos outros povos, que por isso demandavam com avidez as mercadorias de tão vasta região.

Por tudo isso, a India foi o paiz maravilhoso que fascinava n'um reverbero infinito os mercadores do velho mundo. E o fluxo e refluxo das caravanas que a demandavam, tornou-se a fonte mais inexhaurivel da transfusão mercantil [1].

---

[1] Temos fallado da India, propriamente dita. E, embora, n'um sentido mais largo, ella seja, algumas vezes, designada por escriptores antigos, como comprehendendo tambem a China, nem por isso nos occupâmos especialmente dos Chinezes; porque, além d'elles terem desempenhado então um papel muito menos importante, ha poucas noticias sobre o seu movimento economico, n'este periodo.

Sabe-se que estavam desenvolvidos na agricultura, e que tinham tambem um certo desenvolvimento artistico e litterario e uma civilisação relativamente adiantada. Possuiam systema proprio de pesos e medidas; e, embora não cunhassem dinheiro, empregavam já letras de cambio, como instrumentos de credito. Mas, isolando-se ainda mais do que os Indios, limitavam o seu commercio externo á exportação das sedas e betel, que eram proprios do seu solo, e das pelliças, que recebiam do norte; e, guardavam-se quanto possivel, das relações com os outros paizes, a não ser com a India.

Em todo o caso, no segundo volume d'esta obra, tratando da edade media, teremos occasião de fallar particularmente d'esse paiz; e ahi faremos um quadro retrospectivo, a respeito d'elle, para prender os antecedentes com os consequentes.

CAPITULO III

Os Assyrios, Babylonios ou Chaldeos

Situação da Assyria e Babylonia. — Accidentes politicos da sua
historia. — Sua cultura intellectual. — Natureza do solo. —
Productos. — Industria. — Commercio. — Importação e exportação. — Moeda. — Centros principaes. — Communicações. —
Barragem do Tigre. — Conclusão.

A Assyria e a Babylonia ou Chaldea occupavam a Mesopotamia, que comprehendia o valle
do Tigre e do Eufrates, ficando a primeira ao
norte e a segunda ao sul.

A Assyria, encostada ao semi-circulo das
montanhas, cuja altura se eleva na parte septentrional, tinha por essa razão um solo menos fertil, porém mais abundante de mineraes do que
a Babylonia; emquanto que esta, occupando o
forte da vasta planura e o grosso dos terrenos
d'alluvião, preponderava na capacidade productiva do terreno. Ambas viviam do Tigre e do
Eufrates, como o Egypto do Nilo; mas a va-
riação caprichosa da corrente d'aquelles rios, a

impetuosidade extraordinaria do Tigre e os trasbordamentos incertos e indefinidos do Eufrates, exigiam dos habitantes um cuidado assiduo de canalisação, uma continuada syndicancia sobre os desregramentos da corrente. E d'essa tarefa dependeu a sorte d'aquellas regiões. A prova é que, desde o momento em que se destruiram os canaes e os diques, as inundações converteram esses terrenos em serie de pantanos mortiferos; e, desde que a desarvorisação e abandono deixaram açoriar os rios, tornou-se tudo n'um deserto. Segundo o testemunho de Herodoto, cada semente ahi se reproduzia duzentas e trezentas vezes, e hoje só se reproduzem os miasmas da podridão.

Á natureza do solo e á vivificação do Tigre e do Eufrates juntaram aquelles paizes a fortuna da sua posição, porque estavam no caminho obrigado para o commercio do extremo oriente com o Egypto, Ethiopia e Europa. E foram certamente essas tres circumstancias que levaram a Assyria e a Chaldea a um grão de esplendor que maravilhou o mundo antigo.

Mas nem por isso aquelles povos deram treguas ao genio guerreiro e á ambição conquistadora, que, segundo já vimos, determinou, em

grande parte, a rotação social d'esta época.
Umas vezes, eram elles que se chocavam em lucta carniceira, de modo que entre si tivessem
alternadamente o predominio; outras vezes, era
a conquista e vassallagem da Armenia, Phenicia, Syria, Palestina e Arabia, que preoccu-
pava os seus exercitos; e, ainda outras vezes,
a lucta com os Egypcios e com os Medas.

Depois que os Persas, sob Cyro, conquistaram o imperio chaldeo, que já n'essa data avas-
sallara os Assyrios, a prosperidade da sua capital, Babylonia, e de toda a região decaiu consideravelmente. Raiou-lhes ainda posteriormente
a esperança d'um completo resurgimento, no
tempo de Alexandre, que pensou em estabelecer n'essa cidade o imperio de toda a Asia;
mas a morte prematura do grande conquistador
aniquilou este projecto, e a Chaldea passou
rapidamente ao simples dominio da historia.

Em todo o decurso da sua grandeza, sempre a espectativa e a agitação das guerras imperou n'estes povos. Mas, apezar d'essa preoccupação anti-economica, a Assyria e Babylonia .

occuparam um dos primeiros logares no commercio do mundo antigo.

A sua cultura intellectual sobresaía á de quasi todos os paizes. Sabiam a arte da escripta, substituindo o papel por taboletas de argilla, onde inscreviam os caracteres cuneiformes da sua lingua; possuiam bibliothecas; esmeravam-se no estudo da astronomia, meteorologia e mathematica; usavam um systema regular de pesos e medidas; e tinham tambem, nas artes industriaes e nas relações sociaes, um desenvolvimento superior ao de quasi todos os povos d'essa época.

* * *

A Assyria abundava em productos mineraes: ferro, prata, chumbo, antimonio, cobalto, pedras preciosas, alabastro, grés, basalto, marmore.

Pelo contrario, a Chaldea era muito pobre, n'esse ponto de vista. Ahi até escasseavam de todo as substancias lithoides [1]; de modo que a

1 Gustave le Bon, *obr. cit.*

pedra para as edificações vinha das regiões septentrionaes, pelo Eufrates. Mas a natureza resarcira um pouco essa falta, porque havia nos arredores da Babylonia uma argilla vermelha excellente, que fazia as vezes de cal, e que, depois de cozida nos fornos, se tornava tão dura e tenaz que até as ruinas dos muros construidos com ella têm resistido á acção do tempo e conservado intactas as suas inscripções cuneiformes [1]. E perto da cidade de Is (Hit), que ficava alguns kilometros acima da Babylonia, nas margens de um ribeiro do mesmo nome, havia tambem fontes abundantes de naphta, que os Babylonios e Assyrios egualmente empregavam como cal ou cimento.

O solo da Mesopotamia, além de ser regado pelo Eufrates e pelo Tigre, era sulcado de muitos canaes, guarnecidos de diques, e que serviam, uns, para communicar os dois rios, e ou-

---

[1] Heeren, obr. cit., vol. 1.

tros, para a irrigação dos terrenos. Havia tambem lagos naturaes, que os habitantes tornaram tão uteis como os canaes, engrandecendolhes a capacidade, por meio de escavações profundas, e conduzindo para lá as aguas dos rios, por meio de comportas.

Tinha havido muitos pantanos ao norte do Eufrates; mas, para que este rio se não extravasasse por elles, os Chaldeos defenderam-lhe as margens, por meio de diques, até que os terrenos pantanosos se foram, pouco a pouco, deseccando e convertendo em terra aproveitavel.

Um systema de engenhos e maquinas, muito espalhado, colhia a agua dos rios, lagos e canaes, e a vertia nos campos. A elevação do clima e a seccura do solo tornavam necessaria esta irrigação; e tudo isso dava logar a uma producção extraordinaria.

Como já dissemos, uma semente de trigo ou de cevada produzia duzentas, e, algumas vezes, trezentas. As folhas tinham ordinariamente quatro dedos de largura. O milho commum dava-se prodigiosamente. O milho miudo e o sezamo cresciam tambem n'uma altura descommunal. A abundancia dos cereaes era enorme.

Na Assyria, havia bastante arvoredo, e as

arvores da zona temperada misturavam-se com as palmeiras.

Mas, na Babylonia, o luxo da vegetação limitava-se ás plantas. As arvores eram muito raras; e toda a região era destituida de madeira. N'esse genero, possuia unicamente os cyprestes, que se aproveitavam para a construcção dos predios e das embarcações.

Não existiam oliveiras, nem figueiras [1]. E havia apenas, em grande quantidade, tamareiras e palmeiras, cujos fructos eram aproveitados, para fazer o mel de tamara e o vinho de palma.

A vide cultivava-se unicamente na Assyria, como planta fructeira. O vinho que se fabricava em ambas as regiões, era o de palma. O azeite que se gastava, era o do sezamo [2].

Em toda a Mesopotamia, havia muito gado domestico; e abundavam especialmente os cavallos, para cuja creação e desenvolvimento contribuia a cavallaria militar, a que sempre attenderam muito os reis assyrios e babylonios, bem como os persas, depois da conquista.

---

[1] Gustave le Bon, *obr. cit.*

[2] Herodoto, vol. I, pàg. 193. — Maspero, *Histoire ancienne des Peuples de l'Orient.*

E abundava egualmente o gado muar para os transportes.

A industria metallurgica exercia-se com grande esplendor em alguns productos, como nas estatuas de bronze ; nas armas brancas ; e na fabricação de objectos d'ornato — joias, bracelletes, collares, cadeias d'ouro, anneis, brincos, annillas para a parte superior dos braços, e sinetes: tanto mais que todos estes artigos tinham um consumo extraordinario.

Assim, as estatuetas de bronze entravam como requisito indispensavel do aceio e do luxo nas casas dos nobres. As armas brancas tinham a satisfazer as requisições dos exercitos numerosos. As joias e objectos d'ornato, braceletes, annillas, collares, brincos, auneis, cadeias d'ouro, eram profusamente usados pelas mulheres e até pelos homens. O sinete, n'esses tempos em que geralmente se não sabia escrever, era requisito indispensavel, para sellar e assignar qualquer escripto ; e os raros individuos que o não tinham, gravavam com as unhas da mão um signal particular.

E, para maior consumo de todos esses

productos, accrescia ainda o costume de lançar grande profusão d'elles nos alicerces de qualquer edificação importante.

Os Assyrios e Babylonios sabiam preparar o aço. Não ligavam o ouro nem a prata; mas batiam-nos, aproveitando-os n'esse estado, até para revestir as paredes interiores das casas ricas.

Os instrumentos agricolas, charruas, machadas, fonces, eram tambem fabricados em abundancia, embora rudemente, porque a fertilidade do solo dispensava a perfeição.

A preparação dos tijolos de varias côres estava muito adeantada, como devia acontecer n'uma região que suppria d'esse modo a carencia da pedra.

A ceramica e a vidraria, embora já existisse na Mesopotamia o polychromismo, é que não attingira o grau de perfeição correspondente ás outras industrias.

A par d'esse desenvolvimento nas artes derivadas do reino mineral, os Babylonios e Assyrios foram eminentes na fabricação de moveis, alguns de madeiras preciosas, incrustadas de marfim.

Mas sobretudo a industria textil attingiu um desenvolvimento enorme, concorrendo para isso o luxo dos vestuarios, dos adornos domesticos e o movimento d'exportação.

Com effeito, o vestuario commum das mu-
lberes compunha-se d'uma tunica de linho até
os pés; por cima, outra de lã ou de seda, e
depois um manto branco. As pessoas ricas andavam calçadas com simples sandalias; e per-
fumavam todo o corpo. Os homens traziam a
cabeça coberta d'uma mitra; em vez das sandalias, calçavam tambem botas até os joelhos
como os militares; e usavam ordinariamente
d'uma bengala ou d'um pau, guarnecido de
qualquer ornato ou figura, na parte superior.
E, n'este modo de trajar e vestir, o luxo subia
de requinte, conforme a riqueza de cada um,
e entrava nos habitos geraes com a molleza da
corrupção [1].

Os tapetes eram tambem um dos principaes artigos da moda oriental; pois que se deitavam no soalho das casas ricas, e serviam
para decorar os harens dos grandes e os sa-
lões dos reis. Em nenhuma parte, se fabricavam com maior magnificencia e maior viveza
de côres que na Babylonia, representando ordinariamente animaes maravilhosos da India,

---

[1] Gustave le Bon, *obr. cit.*

como o griffo [1] e outras differentes figuras; e o seu uso era geral, tanto no paiz como na Persia. Até alguns santuarios e tumulos eram adornados com elles; e, além do soalho, os leitos e as cadeiras dos nobres estavam cobertos de dois ou de tres.

Por isso a industria textil acompanhava, com os artigos de seda, com os tecidos finos de linho e lã, e com os enfeites vistosos e variados, o esplendor de tanta riqueza.

Preparava-se tambem muita agua perfumada, cujo uso era geral, e se tornava necessario por causa do clima.

A esculptura e pintura estavam egualmente desenvolvidas; e já os Babylonios e Assyrios conheciam algumas das côres mineraes. E a architectura, por seu lado, conseguiu levantar, simplesmente com tijolo, esses palacios e cidades monumentaes, cujos restos, graças ás investigações de Botha e M. Place, ainda nos attestam o grande desenvolvimento d'aquelles povos [2].

---

[1] A fabula representava o griffo com garras de leão, de fronte vermelha, cabeça e bico d'aguia, pescoço azul e azas brancas.

[2] Lanier, *L'Asie*, 1.ª parte.

Já alludimos á posição da Mesopotamia, tão apropriada ao commercio.

Situada entre a India e o Mediterraneo, de forma a tornar-se o entreposto das mercadorias do oriente que se transportavam para o occidente; proxima do golfo. Persico e do mar das Indias — os grandes caminhos abertos aos povos navegadores; communicando pelos seus grandes rios, Eufrates e Tigre, com os paizes do mar Negro e do mar Caspio: dotada assim d'uma situação tão vantajosa, devia tornar-se naturalmente o *rendez-vous* de todos os commerciantes. Por isso mesmo, nem as devastações dos conquistadores, nem o jugo tão pesado do despotismo asiatico, poderam apagar totalmente o brilho da sua nacionalidade e a grandeza do seu commercio, que apenas se eclipsavam por espaços.

*   *

A importação principal d'estes povos consistia em seda, pedras preciosas, ouro, lacca e outras materias tinturiaes ; ebano e outras madeiras preciosas da India; e cães de raça grande, tambem da India, que as familias assyrias e babyloneas creavam em casa.

Esses cães eram muito proprios para a caça dos animaes ferozes, batendo-se até com os leões ; e por isso eram muito apreciados, não só no paiz, mas tambem na Persia, para onde se exportavam, porque a caça constituia então um dos principaes *sports* d'esses povos. E era moda trazer grande numero d'elles nos passeios, nas viagens e nas guerras.

Os Assyrios e Babylonios importavam tambem perfumes e especies da Arabia, de que se fazia um consumo extraordinario, como já dissemos; perolas do golfo Persico ; marfim da Ethiopia; estofos da Persia ; materiaes de construcção, e madeiras da Armenia. E elles proprios iam muitas vezes procurar directamente esses productos [1].

A exportação consistia nos objectos d'arte, principalmente moveis, estatuas de bronze, ta-

---

[1] Heeren, *obr. citada*, vol. I. — Gustave le Bon, *Les Premières Civilisations.* —Seignobos, *Hist. de la Civilisation dans l'antiquité.* — Noel, *obr. citada.* — Scherer, *obr. citada.*

petes, tecidos de lã e de linho; no vinho de palma e cavallos que eram mandados para a India; e nos taes cães de caça, de que os Persas faziam grande consumo.

Esta importação e exportação dava logar a um trafico importante com os povos commerciantes d'essa época, especialmente com a Persia; já porque os nobres d'este imperio adornavam os seus palacios com os objectos de arte da Chaldea; e já porque os monarchas residiam com toda a sua côrte, uma grande parte do anno, em Babylonia, onde os satrapas desenvolviam um luxo verdadeiramente real. Por causa d'isso, a região situada entre essa cidade e Suza, a capital dos Persas, tornou-se a mais povoada e a melhor cultivada da Asia. Uma grande estrada unia as duas capitaes, n'uma distancia equivalente a vinte dias de caminho; e tão importante era essa estrada que por ella podia transitar commodamente um exercito, com a respectiva bagagem.

Demais, a Chaldea tinha no golfo Persico uma colonia importante, em Gherra.

Os Gherrenses, embora habitassem um paiz esteril, eram compensados pela visinhança da Arabia Feliz, abundante de perfumes, e pelo commercio da India; por forma que foram re-

putados os povos mais ricos da terra. Provi-
nha-lhes a riqueza exactamente dos productos
da peninsula arabica, das perolas do mar Vermelho, dos artigos do commercio indiano: objectos esses que, em parte, eram transportados
por meio de caravanas para o occidente, mas
que, n'outra parte, iam directamente augmentár
o commercio de Babylonia.

Toda esta riqueza e exploração mercantil
dos Gherrenses teve depois como competidores os Phenicios, que estabeleceram tambem
no golfo Persico as colonias de Tylos, Aradius,
Dedan. Mas os Chaldeos é que não perderam
com isso; e, pelo contrario, continuaram a
aproveitar os recursos de Gherra, e a explorar
o cómmercio das colonias phenicias, especialmente as madeiras e algódão, que abundavam
em Tylos, obtendo assim uma dupla fonte de
riqueza.

＊　＊

Os centros principaes da industria e do
commercio foram, além das capitaes — Ninive
e principalmente Babylonia, Borsippa, Sippar,
Aghadé, Erahk e Ur.

Babylonia, occupando uma extensão de 576

kilometros quadrados, ficava situada nas duas
margens do Eufrates, que a dividia em duas partes, reunidas por uma ponte construida de pedra, com soalho de madeira que se podia levantar para impedir a passagem. As margens
do rio, eram calcetadas a tijolo. D'um lado da
cidade, elevava-se o palacio do rei, e, d'outro
lado, o templo de Baal ou Belus. Toda ella estava rodeada de um alto fosso, cheio de agua ;
e havia depois uma grande muralha, seguindo-se mais outro muro, que defendia a cidade.
No interior do palacio dos reis, havia os jardins suspensos, que constituiam uma das sete
maravilhas do 'mundo. Com as ruas traçadas
a cordel, com os seus magestosos edificios e
jardins, occupando uma extensão de 576 kilometros quadrados, Bàbylonia, foi uma das mais
bellas e grandiosas cidades dos tempos antigos [1].

Ninive foi duas vezes fundada, no sitio da
actual Mossul [2], e duas vezes arruinada. A
primitiva cidade era já faustosa e grande, mas

---

[1] Bandrillart, *Hist. du Luxe,* vol. I. — Heeren, *obr. citada.*

[2] ·E. Reclus, *Nouvelle Géographie Universelle: Asie antérieure,* pag. 424.

nem sequer ha fragmentos das suas ruinas. Destruida completamente pelos Medas, 789 annos antes de Christo, só resta d'ella a tradição da sua grandeza, do seu luxo, da sua immoralidade, e da effeminação do seu ultimo rei — Assourhkous, o classico Sardanapalo.

Mas, 44 aunos depois d'isso, restabeleceu-se um segundo imperio assyrio, e com elle uma segunda Ninive, que egualou a primeira em luxo e grandeza, mas que foi definitivamente destruida pelos Medas e pelos Babylonios, 606 annos antes de Christo.

Alguns kilometros distante de Ninive, ficava a pequena cidade de Korsabad ou Khos-robat, que era, segundo a expressão de M. Perrot, a Versailles d'um Luiz XIV assyrio.

Borsippa, fundada por Semiramis, nas visinhanças da Babylonia, era muito industrial, e continha as principaes manufacturas de algodão e de linho.

Sippar, Aghadé, ao norte da Babylonia, Erehk (Ourouk) — a Orchea dos gregos, a Warka dos Arabes actuaes — e Ur, ao sul, eram tambem cidades importantes [1].

---

[1] E. Reclus, *obr. cit.*, pag. 455 e seguintes.

Os povos de Chaldea e Assyria não tinham moeda propriamente dita; mas adoptaram um systema ponderal, cuja unidade era o ciclo de 8,415 grammas. Cincoenta ciclos formavam uma mina. Sessenta minas formavam um talento [1].

Era por este systema que se pesava invariavelmente o ouro, e que, segundo o estalão do ciclo — 8,415 grammas — e dos seus multiplos e submultiplos, se talhavam as barras d'esse metal, por forma a servirem de padrão nas permutas.

Havia tambem ciclos de prata, na respectiva proporção de peso e valor para com o ouro, que era de 1 para 13,3, [2] e com os mesmos submultiplos da mina e talento.

Vinha o valor do ciclo d'ouro a orçar por

---

[1] Embora os Chaldeos tivessem adoptado o systema sexagesimal, a mina só continha cincoenta ciclos. Adoptamos n'este ponto o que diz e demonstra Ridgeway, em contrario do que affirmam Noel e outros.

[2] Entre nós é de 1 para 14,096; isto é, um kilog. d'ouro equivale a 14,096 de prata.

quasi 50 fr: ou 9$000 reis, e o de prata, que pesava 15,551 grammas, vinha a valer 12^{fr},50 ou 2$250 reis.

Ao lado do ciclo simples ou *leve,* havia o ciclo duplo ou *pesado,* que equivalia aó dobro.

Os pesos tinham ordinariamente a forma de um leão ou d'um pato [1].

O Tigre e o Eufrates eram as duas communicações mais importantes da Mesopotamia. Para aproveitarem estas communicações, os mercadores desciam a corrente em pequenos barcos ovaes, feitos de salgueiros, revestidos de pelles, onde levavam tambem differentes cavalgaduras.

Chegados a Babylonia, vendiam as mercadorias. Vendiam egualmente a carcassa dos barcos, ou a queimavam e abandonavam, na falta de compradores; e aproveitavam os animaes de carga para o transporte, porque a

---

[1] William Ridgeway, *obr. citada.* — Noel, *obr. citada,* vol. i. — Lenormant, *obr. citada.*

volta por agua, era difficil, pela força da corrente. Em todo o caso, a difficuldade não era
insuperavel, e alguns barcos subiam o Eufrates, fazendo d'elle uma continuação do golfo
Persico [1].

Havia tambem as jangadas chamadas *kalés*,
que transportavam até Babylonia as mercadorias que os navios traziam das extremidades
d'aquellé golfo, para as depositarem nos entrepostos do Tigre e do Eufrates.

Mas os Persas, depois da conquista, com
receio de que uma frota inimiga os viesse in-
sultar e devastar as suas ferteis provincias,
subindo pelo Tigre e passando d'ahi para o
lago Choaspe, a que o rio estava unido por um
canal, fizeram na corrente, de distancia em distancia, barragens de pedra, que interrompiam
a navegação. Alexandre Magno, quando voltou
da India, mandou desembaraçar essas barragens, mas não chegou a vêl-as desfeitas [2].

Havia tambem, no interior da Assyria e Babylonia, canaes muitos largos e profundos,

---

[1] Heeren, *obr. citada*, vol. I. — Noel, *obr. citada*, vol I.
—Scherer, *obr., citada*, vol. I. — Alberto Conrado, *obr. citada.*
[2] Heeren, *obr. citada*, vol. I.

que, beneficiando a agricultura, eram aproveitados para a navegação. Entre esses, o mais importante foi canal real de Naharmalcha [1].

m uanto ás communicações terrestres, tres caminhos principaes conduziam do valle do Tigre ao planalto do Iran. O mais seguido, transpunha o grande Zab ou Zasb (Zasb el Kebir), e desembocava na bacia do lago de Urumyah, pelo colo de Kalichim. Outro subia o pequeno Zab (Zasb Saghir). E o terceiro dirigia-se para o norte, passava por Ecbatana, capital da Media, e lá se dividia em dois braços: o que ia dar a Bactre, e o que ia dar á India, na confluencia do Ganges e do Jomanes ou Yamuna (Djomnah).

Havia tambem uma estrada que fazia communicar Babylonia com as costas do Mediterraneo, subindo ao norte da Mesopotamia e passando perto de Antemusia. E uma outra batia em Suza, atravessava o Eufrates, passava pela Phrygia, e ia terminar em Sardes, na Lydia.

---

[1] Heeren, *obr. citada,* vol. I, pag. 247. — Scherer, *obr. citada.* — Noel, *obr. citada.* — Alberto Conrado, *obr. citada.*

Em alguns d'estes caminhos, havia casas reaes ou estações, para alojar os viajantes, que correspondiam aos modernos caravanserralhos [1].

A Mesopotamia, pois, pela grandeza e luxo das suas capitaes, pelo desenvolvimento da sua industria, pela producção do seu solo, pela riqueza dos seus habitantes, e pela situação commercial em que se encontrava, no caminho do mundo e no transito dos productos da Arabia, da India, da Persia e do Occidente, obteve um logar primacial no commercio dos povos antigos. O proprio fausto e corrupção dos costumes, o esplendor dos festins, e a affluencia d'estrangeiros, de que a historia nos falla, mostram a grandeza economica d'esse paiz.

Não se espalha e desperdiça a riqueza, senão quando ella abunda ; não abunda, senão quando se adquire ; e, em geral, não se adquire, senão pelas grandes alavancas da agricultura, do commercio e da industria. A não ser que toda essa

---

[1] Noel, *obr. cit.*

magnificencia e ostentação fosse feita com a tributação dos vencidos, como aconteceu com a Persia e com Roma, a conclusão fatal é que a labutação economica da Chaldea e da Assyria foi tão grande como a corrupção dos seus costumes.

CAPITULO IV

Medas e Persas

O Iran, que comprehende o territorio da antiga Media e Persia, divide-se em duas regiões: a montanhosa e a plana. A primeira abrange um vasto amphitheatro, constituido pelas montanhas do Elburz, que, para o nascente, o prolongam até o Hindu-Kush, e, para o sul, até o golfo Persico. A segunda é a que fica encerrada entre esse amphitheatro, ao norte, e aquelle golfo, ao sul, tendo a este os montes Soliman.

A primeira região, embora montanhosa, é a mais fertil, porque tem melhor clima, e é regada abundantemente por pequenas correntes, que brotam das differentes alturas, e se vão lançar no Tigre. Todos os fructos e cereaes da Europa ahi se dão, com fertilidade, nas partes abrigadas dos montes; mas, basta a natureza accidentada do solo, as variações do clima, e a impropriedade agricola de uma grande extensão de terreno, para a tornar, em absoluto, medianamente productiva.

E a planicie, ao contrario, do que se podia suppor, coberta d'uma argilla dura, de desertos arenosos, de pantanos pestilenciaes, e devorada pelo fogo d'um sol ardente, é infructifera e esteril. Na antiguidade, graças aos perseverantes trabalhos dos homens, era certamente menos desolada, mas nunca pôde alimentar uma população densa [1].

Por isso mesmo, os Persas e Medas, enclausurados n'um terreno pouco propicio, não podiam encontrar no seu meio os elementos do commercio e da industria, nem mesmo a abundancia de productos; e isso os impellia para a

---

[1] Gustave le Bon, *obr. cit.*

lucta e para a guerra, afim de conseguirem, pela espoliação e pela conquista, os generos necessarios á vida e as condições mantenedoras do seu luxo e grandeza.

Foi assim que os Persas começaram por luctar contra os Medas, seguindo-se d'ahi a unificação politica, sob a preponderancia d'estes ultimos. Depois, uns e outros foram dominados pelos Assyrios. Por seu turno, sob Cyaxares, conquistaram Ninive. Cairam em seguida sob o jugo dos Scytas; e, quebrado esse jugo, ainda pelo esforço potente de Cyaxares, arremessaram-se novamente sobre Ninive. Levantada mais tarde a dissensão entre a Media e Persia, Cyrus estabeleceu o predominio d'esta ultima; e, arruinando as duas potencias rivaes — Lydia e Babylonia, estendeu o seu governo a toda a Asia Anterior. Cambyses, seu filho, ajuntou o Egypto a esse immenso imperio. Mais tarde, Dario penetrou tambem na India, apoderou-se d'uma parte do Pendjab, de que fez uma nova provincia ou satrapia; e, entrando ainda na Europa, a fim de combater os Scytas, reuniu a Macedonia aos seus vastos dominios.

Chegada então a Persia ao apogeu da sua grandeza, entrou no periodo das guerras

com a Grecia, de que resultou a sua decadencia.

Esta serie de luctas continuadas devia prejudicar, como effectivamente prejudicou, a vida economica d'este imperio.

Por outro lado, a religião tambem não auxiliava o seu commercio.

Antes de Dario, filho de Hystapes, vigoravam as velhas crenças primitivas, muito analogas ás mais antigas doutrinas da India, taes como se acham nos Vedas, e portanto com os mesmos inconvenientes que já notámos na religião indiana. Mas, no tempo de Dario, appareceu Zoroasto, que fôra durante a sua mocidade escravo d'um propheta israelita, Daniel, segundo alguns escriptores, e Ezequiel, segundo outros, e que na Judéa se instruira na doutrina e usos religiosos dos Hebreus. Por isso, a par da dualidade dos deuses — o do bem ou Ormuzd e o do mal ou Ahriman, o privilegio do sacerdocio para uma unica tribu, a imposição dos dizimos para os ministros do altar, as impurezas dos individuos, a distincção dos animaes puros e impuros, as abluções frequentes, as purificações, as solemnidades dos **contractos**, e muitos outros preceitos dos livros dos Judeus, passaram para os de Zoroasto e seus discipulos.

E, se as solemnidades dos **contractos** eram convenientes para a garantia das transacções, e as abluções aproveitavam como expediente hygienico, a doutrina das impurezas contribuia para embaraçar as relações sociaes [1].

Provinha essa doutrina, como dissemos, da religião judaica, onde o individuo ficava impuro por varias causas: como, por exemplo, o nascimento, desde que vinha á luz, até á circumcisão [2]; certas doenças, como a lepra [3]; e o contacto e alimentação de objectos e animaes impuros [4].

Eram considerados como animaes impuros os que não tivessem casco ou unha rachada e que não remoessem. O porco não remoia, e por

---

[1] Pastoret, *Moyse, considéré comme legislateur et moraliste.* — Idem *Zoroastre, Confucius et Mahomet.*

[2] . Ezequiel, cap. xvi, v. 4. — Job, cap. xiv, v. 4.

[3] Levitico, cap. xiii, v. 2 e seguintes, cap. xv, v. 1.

[4] Pastoret, *obr. citadas.* — Levitico, cap. v, v. 2 e 3, cap. vii, .v. 19 e 21, cap. xi, v. 25, cap. xv, v. 2 e seguintes. — Deuteronomio, cap. xiv, v. 3 e seguintes. — Numeros, cap. xix, v. 21.

isso entrava n'este numero. A lebre, o coelho e o camello, embora remoessem, eram tambem considerados impuros, porque não tinham casco ou unha fendida [1].

Os reptis eram egualmente immundos [2].

Entre os peixes só eram puros os que tinham barbatanas e escamas; os outros eram olhados com tal execração que não podiam ser tocados, nem mesmo depois de mortos [3].

Entre as aves, a aguia, o mocho, o morcego, o milhano, o abutre, o corvo, o abestruz, a coruja, a garça, o açor, a cegonha, a gaivota, o ibis, o cysne, o pelicano, eram da mesma forma considerados como impuros [4].

E estas impurezas eram de tal ordem que, se caia alguma coisa de um animal impuro sobre um forno, sobre um vestido, sobre um vaso de madeira ou de barro, estes objectos ficavam manchados, e deviam queimar-se ou que-

---

[1] Levitico, cap. xi, v. 6 e 7. — Deuteronomio, cap. xiv, v. 4 e 8.

[2] Levitico, cap. xi, v. 27.

[3] Levitico, cap. xi, v. 9 e 12. — Deuteronomio, cap. xiv, v. 9 e 10.

[4] Levitico, cap. xi, v. 9 e seguintes.

brar-se; e ficava tambem impuro o individuo que aproveitasse na sua alimentação algum d'aquelles animaes [1].

Da mesma forma, ficava-se contaminado, tocando n'uma pessoa que tivesse fluxo impuro, ou no logar onde ella se assentasse [2]; nos reptis ou nos animaes immundos, cuja alimentação era prohibida, ou mesmo no cadaver de animaes irracionaes puros que tivessem morrido naturalmente [3]; em tumulos ou ossos de pessoas fallecidas [4]; na agua d'expiação em que os impuros se tivessem purificado; e em muitos outros casos [5].

m uanto o individuo estava impuro, não podia ter rasgadamente convivio social, até que se purificasse; e o tempo e forma da purificação variavam, conforme as circumstancias. Fazia-se pelo sacrificio de animaes puros; por meio de abluções frequentes; queimando-se os proprios vestidos; lavando-se e ra-

---

[1] Pastoret, obr. citadas. — Levitico, cap. XI, v. 32 e 33.
[2] Levitico, cap. V, v. 3, cap. XI, v. 24, cap. XV, v. 2 e seguintes. — Deuteronomio, cap. XXIII, v. 10.
[3] Levitico, cap. XI, v. 24, 39 e 43.
[4] Numeros, cap. XIX, v. 11.
[5] Numeros, cap. XIX, v. 21.

pando-se a cabeça; e, em certos casos, (que era a parte lucrativa do caso), por meio de offertas aos sacerdotes.

É facil de vêr que este systema d'impurezas e purificações, com as respectivas offertas, embaraçava as relações sociaes; e, angustiando a vida commum, prejudicava o commercio e a industria, que d'elle depende.

Ora Zoroasto, se não consagrou todas as impurezas dos livros de Moysés, adoptou a maior parte d'ellas.

Além d'isso, estabeleceu cathegorias sociaes, á imitação do Egypto, onde a sociedade estava dividida na classe dos padres, dos guerreiros, dos agricultores e industriaes, dos commerciantes, dos pescadores, dos pastores e dos interpretes. E tambem essa divisão prejudicava o movimento economico.

Não foi de todo esteril o pensamento que originou a organisação das classes no mundo antigo. Tem-se mesmo escripto que, n'essa edade, em que não havia ensino technico, nem escolas industriaes publicas ou particulares, e a aprendizagem se fazia pela rotina, de paes a filhos, era conveniente vincular as familias e seus descendentes á mesma profissão, para que, dentro d'ellas se, fosse conservando, aperfeiçoando e transmittindo o desenvolvimento da respectiva industria.

Mas, sem precisarmos d'invocar os principios da liberdade economica, o exemplo dos Phenicios, onde não existia o systema de castas, nem a organisação de classes, mostra que, até na edade antiga, a industria não carecia d'essas tutellas.

A transmissão de paes a filhos faz-se tambem naturalmente, pela força da tradição, pela educação e aprendizado desde creança, pela espectativa da maior vantagem, e pelo impulso da hereditariedade. E, aberto o vacuo d'uma industria ou profissão, a necessidade de o preencher encaminha para lá, no simples movimento da concurrencia, os artistas ambiciosos ou avidos de lucros.

Portanto, se a organisação das classes de Zoroasto, que já estava nos habitos da Asia, não foi de todo esteril, tambem não contribuiu para o progresso industrial.

Em compensação, este legislador favoreceu grandemente a agricultura. Prometteu o céo aos que tratassem bem dos rebanhos, e lhes fornecessem os pastos necessarios. «Quem semeia os pastos», disse elle, «faz tão grande presente a Ormuzd (o Deus do bem),

como se tivesse dado a vida a cem crea-
turas». Recommendou o cuidado das terras, e
ordenou que ellas se plantassem e regassem,
e que se enxugassem os pantanos. Prohibiu
damnificar as arvores, com o fundamento de
que fazem a felicidade do homem.

O proprio systema criminal inspirou-se n'este
respeito pela agricultura. Uma das penas estabelecidas era o criminoso dar ao homem justo
um terreno fertilisado, por meio de regatos numerosos, ou um logar proprio para elle formar
sebes, onde guardasse o gado, ou uma porção
d'agua corrente. Outras vezes, o delinquente
era condemnado a destruir os reptis e inse-
ctos venenosos dos campos; ou a fornecer aos
trabalhadores os instrumentos do seu trabalho;
ou a dar um boi vigoroso, ou uma campainha
de prata para o pescoço d'outro boi. Era prohibido maltratar os animaes domesticos e —
medida salutar e extraordinaria para esses
tempos — o monopolio dos generos de consumo era severamente castigado [1].

D'este modo, a agricultura foi altamente fa-
vorecida pela religião de Zoroasto; emquanto

---

[1] Pastoret, *Zoroastre, Confucius et Mahomet.*

que a industria e o commercio eram contraria-
dos por essa mesma religião, pelas guerras e
conquistas dos Persas, a par da exploração que
elles exerciam sobre os povos conquistados.

Mas, a situação da Persia entre a Arabia
e Syria, d'um lado, e a India, China e Tartaria, do outro, situação que fazia d'ella o
grande caminho do genero humano; a transfusão de ideias e costumes que lhe resultava
das conquistas; o contacto e convivencia com
tantos commerciantes e tantos povos conquistados, porque ella chegou a submetter ao seu
dominio a Asia Occidental, a Thracia, a Macedonia, a Syria, a Phenicia, o Egypto; o luxo
que o seu poder e grandeza despertavam, alliados á corrupção e orgulho resultante das
suas victorias: tudo isso, reagindo contra a
religião de Zoroasto, fez movimentar o commercio e a industria, por forma que este imperio, a par dos productos que tirava dos povos
vencidos, sobresaía tambem em alguns dos ramos industriaes, especialmente nos objectos
de adorno e de luxo.

Como, em geral, succede nos povos conquistadores, os Persas que, a principio, trajavam fatos de couro [1], imbuiram-se dos costumes dos vencidos. A ostentação da Babylonia estendeu-se pelo Iran; e o luxo publico e particular avassallou a sociedade.

Os monarcas, nas suas pessoas, nos seus sequitos e nos seus palacios, ostentavam toda a pompa oriental. Residindo ora em Suza, ora em Babylonia, ora em Ecbatana, levando assim periodicamente a cada uma d'estas cidades o esplendor da côrte, e transmittindo ás classes ricas o contagio do fausto, crearam tambem uma feudalidade soberba e apparatosa, ávida de ostentação, consumindo grande copia de productos preciosos, e alimentando com isso as respectivas industrias e commercio.

Todos os homens ricos usavam de tiara, recamada de pedras preciosas, que lhes cobria os cabellos compridos. Traziam cadeias d'ouro, collares tambem de pedras preciosas, quinze ou dezeseis anneis, e cinco ou seis no mesmo dedo. Adornavam egualmente de pedras preciosas os punhaes e as espadas; ostentavam bol-

---

[1] Heeren, *obr. citada*, vol. II, pag. 231.

driés e alamares d'ouro esmaltado; cobriam de brilhantes a cabeça e os bonés; enfeitavam os cavallos com arreios e sellas de ouro e bordaduras de perolas.

As mulheres calçavam borzeguins, ricamente bordados; usavam tambem collares de perolas ou pedras preciosas ao pescoço, e, nas orelhas, argollas de egual categoria, que chegagam muitas vezes até o mento. Punham na cabeça *aigrettes* de pedrarias; e até seguravam com fitas nas sobrancelhas algumas das pedras preciosas.

Todas as pessoas abastadas não prescindiam das cobertas de brocado, de grandes e esplendidos tapetes, e trajavam frequentemente ricos vestuarios de seda e de outros tecidos de valor [1].

Ora esse luxo, ao passo que obrigava os Persas ao commercio das pedras e metaes preciosos e dos objectos d'adorno, incitava-os á industria dos artigos apparatosos, á fabricação dos tapetes e outros tecidos valiosos, ao esplendor das habitações, ao trabalho ou acquisição dos artigos d'ornato.

---

[1] Bandrillart, *obr. citada*, vol. I.

As riquezas mineraes do Iran eram, como ainda são, enormes e variadas. O Elburz abundava em mineraes de toda a ordem: prata, ferro, cobre, chumbo. Muitas das correntes do paiz rolavam palhetas d'ouro. O sal existia em grande quantidade nos desertos e bacias lacustres. O enxofre e a naphta eram egualmente copiosos [1].

Mas os Persas não exploravam essa riqueza. Unicamente a abundancia de pedra que havia no paiz, deu logar a que levantassem grandiosos monumentos, embora destituidos de todo o caracter artistico ou concepção original. Porque, ainda n'esta parte, o que apparecia de admiravel, era imitado dos Assyrios e Chaldeos.

Os produtos vegetaes consistiam, como dissemos, nos fructos e cereaes proprios da zona temperada; e como tambem já notámos, em geral, o terreno era pouco fertil. Havia, porém, um

---

[1] Marcel Dubois, *Géographie Economique de l'Afrique, l'Asie, l'Océanie et l'Amérique.*

producto copioso, que se vendia a peso de ouro — o silphium [1].

As montanhas abundavam de gado lanigero; e havia tambem muitos cavallos, como era proprio de um povo que fazia consistir na guerra e na conquista a sua principal preoccupação. A melhor raça equidea então conhecida na Asia era a meda, que sé tornava notavel pela belleza e côr branca, pela altura, velocidade e segurança do passo. A moda fez d'esses cavallos um objecto de luxo.

Os Medas e Persas foram eminentes na fabricação dos tapetes, que rivalisavam com os da

---

[1] Os antigos attribuiam á raiz do silphium propriedades medicinaes; e por isso o seu succo, chamado *serpitium* pelos Romanos, era tão estimado d'elles que depositavam no thesouro publico todo o que podessem adquirir; e, segundo se diz, Julio Cesar o roubou, no tempo da sua dictadura.

Essa planta constituia um dos principaes productos de Cyrene, cujos *habitantes* o chamavaín sirphi. Era esse o de melhor qualidade; mas havia-o tambem na Armenia, Persia e Media. E foram estas regiões que por fim suppriram o mercado, porque o silphium de Cyrene, já muito antes do imperador Trajano, tinha desapparecido.

Babylonia; e essa industria encontrava no paiz excellente materia prima, pela abundancia e boa qualidade das lãs. Sobresairam egualmente nos demais tecidos de luxo, que eram tambem muito apreciados : e tanto que os seus vestidos, pela finura, viveza e variedade das côres, foram adoptados em muitas partes da Asia.

O mosaico esmaltado e os moveis de preço eram egualmente objecto de grande fabricação e commercio.

Mas, a não serem estes productos particulares, a industria nacional era apoucada.

A exportação resumia-se nos fructos e cereaes, que os Persas trocavam com os productos da India e China; nos tapetes, tecidos, moveis, e mosaicos esmaltados.

Pela troca d'estes artigos e pelas espoliações da conquista, é que esse povo legendario suppria as necessidades enormes do seu consumo [1].

---

[1] Noel, *Hist. du Commerce du Monde.* — Gustave le Bon, *Les Premières Civilisations.* — Seignobos, *Hist. de la Civilisation dans l'antiquité.* — Cesar Cantu, *Hist. Univ.*

Os centros principaes do commercio eram Suza, a capital do imperio, Rhagés, Persepolis, Ecbatana (Hamadam), Prophtasia, Ghiraz, Istakhir, Pasagarda.

Suza (Chouch ou Chouz) ficava nas margens do Dizful, n'uma das situações mais felizes; porque este rio, affluente do Karum, ahi se approxima de Kerkha, desenvolvendo ambos elles os seus meandros, n'uma distancia de quinze kilometros, e segue-se depois uma planicie muito fertil.

As descobertas archeologicas de Dieulafoy, em 1881, nas ruinas d'essa cidade, attestam ainda o seu luxo e grandeza. Ahi se encontraram restos esplendidos de louças de terra cote e faiança esmaltada, figurando animaes phantasticos; fragmentos de rampas e de escadas; estatuetas de bronze, de marmore, de marfim, e tambem de terra cote; urnas funerarias; armas de ferro e de bronze; objectos de *toilette;* e troços architectonicos que revelavam a grandeza do palacio real.

Era em Suza que os monarcas persas anteriores a Alexandre, residiam durante a quadra invernosa, n'um palacio de grande magnificencia, onde guardavam uma parte consideravel dos seus thesouros. O conquistador grego ainda achou lá nove mil talentos de ouro amoedado e quarenta mil outros em barra de prata e ouro[1].

Rhagés ficava perto do sitio onde actualmente se encontra Teheran, ao pé do Elburz. Era uma cidade tão importante que, segundo attestam ainda os vestigios das suas muralhas, tinha um desenvolvimento de 40 kilometros.

Ainda no seculo ix depois de Christo, comprehendia uma população de setecentos mil habitantes. Mas hoje, d'essa cidade, que foi uma das mais maravilhosas do Oriente, e que foi chamada: *A primeira das cidades, a Esposa do Mundo, Porta das Portas da terra, e o Mercado do Universo,* só existem ruinas, cobertas em parte de monticulos de terra.

Ecbatana estava collocada no sitio onde actualmente fica Hamadam.

Foi ahi que Dario fez nivelar e polir um alto

---

[1] E. Reclus, *Asie Antérieure.* — Lanier, *l'Asie,* 1.ª parte.

rochedo que dominava a cidade e os seus jardins, e esculpiu n'elle um baixo relevo colossal por cima d'uma inscripção cuneiforme, que recordava os primeiros acontecimentos do seu reinado. O baixo relevo representava Dario, calcando aos pés o mago Gomatés, e recebendo a homenagem dos rebeldes vencidos; e a inscripção cuneiforme era ñas tres linguas officiaes da chancellaria dos soberanos achemenides — a persa, a meda, e a assyria.

Persepolis, fundada por Dario no coração da Persia, para servir de sepultura ás pessoas reaes, foi depois incendiada por Alexandre, n'uma noite de orgia.

Reedificada na edade media, sob o nome de Istakir, foi novamente destruida pelo califa Omar, que fez transportar os habitantes para Chiraz, por forma que tambem hoje, d'essa cidade, só existem ruinas.

Até depois da conquista da Asia Menor por Cyro e Cambyses e da reorganisação do imperio por Dario, filho de Hystapes, não se cunhava moeda na Persia.

Dario mandou cunhar os *daricos,* que tiveram grande circulação na Asia Menor, e até **na** propria Grecia, no tempo das guerras do Peloponeso.

Havia daricos d'ouro, formando minas, e as minas talentos, pela forma do seguinte quadro:

Um darico = 130 grãos inglezes [1].

50 daricos = 1 mina = 6:500 grãos inglezes.

3:000 daricos = 60 minas = 1 talento = 390:000 grãos inglezes.

Cada darico valia aproximadamente 4$900 reis da nossa moeda.

Em prata, que estava para o ouro na relação de 13,3 para 1, havia o *median siclo,* ou simplesmente siclo, que tambem se chamava darico de prata, e que era egual a 84 grãos inglezes.

O quadro da moeda de prata, formado com essa unidade, era o seguinte:

1 siclo = 84 grãos inglezes.

100 siclos = 50 stateras = 1 mina = 8:400 grãos inglezes.

---

[1] O grão inglez é egual a 0,0647 grammas. — O grão portuguez é egual a 0,498047 grammas.

6:000 siclos = 3:000 stateras = 60 minas = 1 talento = 504:000 grãos [1].

Os daricos d'ouro foram, durante muitos seculos, preferidos a qualquer outra moeda da Asia, por causa da sua belleza e do seu titulo, que era d'ouro puro.

Tinham n'uma das faces um homem barbudo, de manto comprido, com um dos joelhos em terra, n'uma das mãos um arco e n'outra uma setta mettida no carcaz, e com uma corôa radial na cabeça.

A outra face representava a mesma figura, tendo na mão direita um sceptro encimado por uma bola.

A principio houve apenas daricos d'ouro. Os primeiros daricos de prata foram cunhados por Aryandés, governador persa do Egypto. Este governador, vendo que Dario, com os daricos d'ouro deixaria de si mais viva e perduravel recordação que os seus predecessores, quiz arranjar para si egual renome com essa cunhagem. E, por causa d'isso, Dario o mandou ma-

_____

[1] Ridgeway, *obr. cit.*

tar, sob o pretexto de que fomentava uma in-
surreição [1].

As communicações, principalmente desde
Dario, estavam bastante desenvolvidas. Contribuiu para isso a divisão que elle fez do imperio
em satrapias ou provincias, e a necessidade
de communicar cada uma d'ellas com o poder
central, por meio d'estradas que mandou construir. Mas, anteriormente, já Cyro estabelecera
correios, divididos por estações de um dia de
marcha, para a communicação da capital com o
resto do imperio; e os caminhos percorridos
por elles eram reparados com cuidado, e offe-
reciam bastante segurança aos viajantes.

O primeiro correio que chegava, passava os
despachos ao segundo; e assim successivamente, até que a mensagem chegasse ao respectivo destino.

A essa muda d'homens e cavallos chama-
va-se *angarion*, em lingua persa [2].

---

[1] Larousse na palavra d*arique*.
[2] Arthur de Rotschild, *Hist. de la poste aux lettres*.

Este systema dos correios foi ainda modificado e aperfeiçoado por Dario e seus successores.

As mudas foram supprimidas; e substituiram-se as estações, que não passavam de simples abrigos rusticos, por torres de madeira, onde toda a noite estavam pharoes accessos. Pregoeiros collocados n'essas torres transmittiam em voz alta, d'uma para outra, a respectiva participação. Era o germen dos semaphoros e dos telegraphos de signaes. O uso dos mensageiros e correios de Cyro só foi conservado para as noticias secretas e para as ordens reservadas.

Os correios tinham sido estabelecidos para o serviço do Estado. Mas é natural que aproveitassem tambem aos particulares, para a transmissão d'um ou d'outro despacho, e servissem de abrigo ou descanço para as caravanas e viandantes.

Havia ainda outro modo de communicação: a transmissão por meio de andorinhas, á imitação do que se faz actualmente com os pombos correios. Para isso, eram levadas para longe do ninho; e, depois de lhes pintarem nas pennas certos signaes, eram postas em liberdade, para demandarem o seu primitivo abrigo e

transmittirem d'esse modo a participação. Crea-
vam-se andorinhas em captiveiro para este
destino [1].

Como aconteceu mais tarde com Roma, o
dominio persa avassallou enormes regiões, e
todas ellas contribuiam, ou pela tributação
despotica, ou pela permuta voluntaria, para a
sustentação da metropole.

As mais importantes foram, sem duvida, a
Mesopotamia, o Egypto e a Phenicia. Já tratámos em capitulo separado da primeira, e o
mesmo faremos, quanto ás segundas. Mas,
além d'essas, havia outras que merecem tambem menção especial.

Estão n'este caso a Lydia, a Bactriana e Sgodiana.

A primeira, de que Dario fez uma satrapia,
era, pela fecundidade do seu terreno e pela
abundancia dos seus jazigos auriferos, na montanha de Timolus, pela alluvião de areias d'ouro
no rio Pactolo, pelo desenvolvimento do seu

---

[1]   Arthur de Rotschild, *obr. cit.*

commercio, pela posição que fazia d'ella um entreposto natural dos generos orientaes, destinados á Europa, uma das regiões mais ricas de toda a Asia. E Sardes, a antiga capital dos reis lydios, era tambem uma cidade magnifica e a residencia habitual dos monarcas da Persia, quando visitavam a Asia Menor. Tinha uma situação admiravel; porque; em volta d'ella, havia muitos campos fertilissimos, regados pelo Meandro e pelo Caystro, e o seu movimento commercial era assombroso [1].

As costas d'esta região estavam cheias de cidades e de colonias gregas; e doze d'essas cidades, entre as quaes se contavam Phocea, Epheso e Smyrna, formavam, n'um espaço de quarenta leguas, uma cadeia quasi continua de soberbos estabelecimentos e grandes edificios, que indicavam aos estrangeiros a fertilidade e a riqueza do paiz. Todas ellas partilhavam com os Phenicios o privilegio de grandes mercados do commercio asiatico e europeu. Os seus portos eram frequentados por navios de todas as regiões visinhas do Mediterraneo, e as suas

---

[1] G. Radet, *Les Lydiens et le monde grec au temps des Mermnades.*

frotas mercantes e de guerra cobriam o mar
Egeo.

Assim, ás condições favoraveis da Lydia
juntava-se ainda a influencia e reflexo mercantil das colonias gregas ; e tudo isso tornou tambem consideravel a industria e commercio dos
Lydios.

Predominavam sobretudo as industrias do
luxo ; e por esse motivo tambem os habitantes
usavam de ordinario tunicas e vestidos de purpura.

Traficavam em barras de ouro, em objectos
de luxo, em artigos orientaes, que convergiam
para Sardes. E era ahi um dos principaes mercados de escravos, onde os harens dos grandes
da Persia iam buscar os ennuchos; porque
tambem lá se fazia continuadamente a mutila-
ção viril [1].

Foi na Lydia que primeiramente se cunhou a
moeda. Encostada ao systema ponderal dos Babylonios, era feita de barras ovaes, tendo gravado officialmente n'um dos lados o signal da
auctoridade, como garantia do peso e valor.

---

[1]   Heeren, *obr. cit.*, vol. II.

Os metaes empregados foram o electro, o ouro
e a prata.

O electro continha os dois metaes combina-
dos, na proporção de 73 por cento d'ouro e
vinte por cento de prata [1].

Como os Lydios, nos primeiros tempos, só
com muito trabalho e difficuldade podiam separar a prata do ouro, tambem a principio empregaram de preferencia o electro. Depois é
que preponderaram aquelles dois outros metaes.

A relação do electro para a prata era de
10 para 1, e a prata estava para o ouro na relação de 13,3 para 1.

Os primeiros dinheiros lydios eram de
forma oval, como já dissemos; tinham n'uma
face uma serie de linhas em relevo que atravessavam a moeda, e no reverso tres depres-
sões, sendo a do meio oblonga e as dos lados
quadradas.

Depois passaram a figurar n'uma das faces
leões inteiros, ou sómente a cabeça d'elles, ou
raposas e veados.

A **Bactriana**, antes da conquista de Dario,

---

[1] Os antigos tambem chamavam electro ao ambar
amarello.

tinha sido governada por monarcas indigenas poderosos. O paiz, regado pelo rio Oxus, era muito fertil, e a sua capital, Bactre (Balk), era, como já dissemos, uma das estações do commercio da China e d'uma grande parte da India, e entreposto dos productos orientaes, que depois se espalhavam pelas regiões occidentaes da Asia e da Europa.

A Sgodiana era tambem notavel pela sua producção e pelos seus fructos, a ponto de ser classificada como o paraiso da Asia. A sua capital, Marcanda (Samarcanda), era outra *étape* do commercio indiano e chinez.

Vê-se de tudo o que fica exposto que, se os Persas se empregaram activamente e com grande proveito na agricultura, figuraram menos productivamente nas industrias e no commercio, a não ser na tecelagem, que elevaram a um alto grau d'esplendor.

Não foram por isso tão industriaes como os Egypcios ou como os Babylonios, nem tão commerciantes como os Arabes e Phenicios. Mas, conforme aconteceu mais tarde com os

Romanos, extorquiram dos povos conquistados, pela tributação despotica, os elementos da sua riqueza, do seu luxo, da sua prosperidade.

E foi sobretudo, como centro enorme de consumo, e como incentivo forçado para o augmento dos productos e do trabalho nos povos vencidos, que esse imperio concorreu para a nota maravilhosa do progresso economico.

CAPITULO V

Os Egypcios

O Egypto é, como diz Herodoto, um presente do Nilo; e, pela influencia do Nilo, se explica o viver social e o progresso e desenvolvimento dos antigos Egypcios.

Com effeito, o valle do Nilo inferior, onde se creou e robusteceu este povo legendario, occupa, é certo, apenas o estreito espaço de quatro mil kilometros de comprimento e uma largura variavel de um a vinte kilometros. Mas, pelas inundações d'este rio; pela alluvião de

lôdo que ellas depositavam no solo; pela falta
de marés no Mediterraneo, que permittia a conservação regular d'esse lôdo, sem que fosse arrastado pelo mar; e pelo calor que favorecia
a vegetação: o paiz continha um celleiro inexgotavel dos generos mais necessarios á vida.

Por outro lado, tinha, pelo nascente e poente, os limites das montanhas arabicas e lybi-
cas; pelo norte, a barreira do Mediterraneo; pelo
sul, as montanhas da Ethiopia, e, além d'ellas,
o deserto. E tudo isso devia tornar os Egypcios
egoistas da fertilidade do seu solo; pouco amantes das relações internacionaes; e pouco atrei-
tos, pela posição e pela abundancia de que gozavam, ás aventuras expedicionarias.

O Mediterraneo podia ser um incentivo para
o desenvolvimento maritimo d'esse povo, se,
por um lado, a necessidade o forçasse a demandar novos horisontes, e, por outro lado,
abundasse no paiz a madeira para as construcções maritimas. Nas circumstancias, porém,
peculiares á sua posição e á sua fertilidade, e
porque tinha carencia de madeira, era natural
que dirigisse n'outro sentido a sua actividade.

Finalmente, o quadro de todos os annos, em
que o Nilo galgava fóra das reprezas, avassal-
lando o valle inteiro, com excepção das peque-

nas saliencias do solo, que figuravam depois como ilhas fluctuantes; e o espectaculo de semelhante grandeza, repetindo-se com a regularidade do tempo, de geração em geração: deviam necessariamente inspirar a intuição pesada da eternidade, e a abstracção metaphysica da morte, preponderantes nos actos da vida, como as inundações do Nilo preponderavam nas glebas do solo.

A religião dos Egypcios prescrevia a immortalidade da alma, a caridade e o respeito pelo proximo, inclusivamente pelos escravos; a consideração pela mulher, de modo que, durante muito tempo, predominou a monogamia; o bom tratamento dos animaes domesticos; e a verdade e justiça.

As leis consagravam a propriedade e a validade dos contractos; e puniam a bandoleirice e vadiagem, a ponto de que ninguem tinha direito de ficar ocioso. N'este sentido, os cidadãos eram obrigados a declarar de tempos a tempos qual a sua profissão; e os que não tivessem modo de vida, eram considerados como vadios, e podiam até incorrer na pena de morte.

As leis, dissemos nós, consagravam o direito de propriedade, mas, emquanto aos bens immobiliarios, havia, nas margens do Nilo, differenças peculiares ; porque esse direito não era fixo, absoluto e pessoal, a não ser com relação aos predios urbanos e ao solo occupado por elles.

Por isso os terrenos se dividiam ahi todos os annos, proporcionalmente, pelos membros das respectivas circumscripções, ou, o que vale o mesmo, dos respectivos *nonos;* porque, assim como o Nilo não podia ser propriedade exclusiva de ninguem, tambem esses terrenos, que eram presente do rio, e cada anno se fecundavam por meio d'elle, estavam no mesmo caso. Suppunham-se por isso no dominio collectivo ; e era o governo que, por essa partilha annual, prescrevia o modo de serem aproveitados.

Não havia a divisão official das castas, como na India, mas havia uma divisão, estabelecida nos usos e costumes, em sete classes : padres, guerreiros, agricultores e industriaes, commerciantes, pescadores, pastores, interpretes. Os padres e guerreiros occupavam o primeiro logar, gosavam de privilegios particulares, e só elles e o rei tinham amplo direito de propriedade.

Mantinha-se tambem a hereditariedade d'essas classes; mas, em todo o caso, em qualquer d'ellas, a instrucção é que dava o maior titulo de nobreza, e qualquer cidadão podia, simplesmente pelo seu valor, ascender na hierarchia social [1].

Por todas estas circumstancias, é que os Egypcios foram amantes do trabalho e respeitadores da propriedade e dos contractos, de harmonia com a lei e com a religião; devotados pela agricultura, como quem tinha no solo o grande manancial da subsistencia e riqueza; mais propensos á paz do que á guerra, como quem não precisava de conquistas, nem d'extorsões; amantes de luxo, como quem vivia na abundancia; cultivadores das artes e das industrias, como quem gozava da paz e da abastança; sonhadores da eternidade, como quem trazia os olhos absortos na grandeza do Nilo e na immensidade do mar; e, finalmente, avéssos ás relações internacionaes, como quem não precisava de quebrar o isolamento resultante das barreiras do paiz. A sua vida

---

[1] Gustave le Bon, *Les Premières Civilisations.* — Fernando Garrido, *Hist. de las classes trabajadoras.* — Du Mesnil-Marigny, *Histoire de l'Economie Politique des anciens Peuples,* vol. I.

economica representa a applicação rigorosa d'estes principios.

A historia politica do antigo Egypto divide-se em tres grandes periodos, conhecidos pelas denominações d'antigo, medio e novo imperio.

O antigo imperio, que começou 5004 annos antes de Christo, com Mena, vencedor dos padres que, antes d'elle, dominavam o paiz, e fundador de Memphis, comprehendeu dez dymnastias. Entre os imperadores mais notaveis d'este periodo, figura, na terceira dymnastia, o ultimo, chamado Snéfron, que passou o isthmo de Suez, e foi installar no monte de Sinai colonias mineiras, que exploravam o cobre d'essa região, e constituiram depois, em todos os tempos, uma fonte de riqueza para o Egypto; na quarta dymnastia, os constructores das tres grandes pyramides, Keops, Kefren e Mikerinus; e, na sexta, Papi i, que abriu o caminho commercial de Keneh ao porto de Kosseir, no mar Vermelho, e fez abrir poços no deserto, em diversas estações d'esse caminho.

Este periodo poucas guerras teve, a não ser

as que o mesmo Papi se viu obrigado a sustentar contra os negros, que ameaçavam o sul do
imperio, e contra os Arabes, que ameaçavam
tambem os mineiros egypcios, na exploração
das minas cupriferas do Sinai.

O imperio medio, que começou com a.11.ª
dymnastia, 3000 annos de Christo, fez, depois
de uma longa noite de 436 annos, recuperar ao
Egypto o seu antigo esplendor, sob a successão
dos Amenhemás, um dos quaes, o terceiro,
construiu o lago Moeris, e dos Orsotesens ; e
fechou com a invasão dos reis Hyksos, ou reis
pastores. Mais agitado que o antecedente, por
causa dos esforços empregados pelos imperadores d'essas dymnastias, para submette-
rem todo o valle do Nilo e os povos da Ethiopia, nem por isso deixou de acariciar a paz e a
tranquillidade e de fazer d'ellas o cuidado do-
minante da sua historia.

Finalmente, no novo imperio, que começou
dezoito seculos antes de Christo, com a expulsão dos Hyksos, sob Ahmés i, os Egypcios tiveram, durante os primeiros cinco seculos, uma
vida mais agitada e guerreira. Levaram as suas
armas até a Nubia e Palestina ; venceram os Assyrios ; estenderam as suas conquistas até ás
margens do Tigre e ás fontes do Nilo ; apodera-

ram-se da ilha de Chypre, da Asia Occidental, das ilhas do mar Egeo e da Armenia. Depois d'isso, foram governados pelos reis vindos da Ethiopia, e estes mesmos expulsos por Psametico, com auxilio dos Gregos, Jonios e Carios.

Este Psametico e os seus successores Neco e Amasis foram imperadores notaveis, que se esmeraram em promover o desenvolvimento economico do paiz.

Finalmente, sob Psamenico, 525 annos antes de Christo, o Egypto caiu no poder de Cambyses, rei dos Persas, d'onde em breve passou para o dominio de Alexandre; d'este para os Ptolomeus, seus successores; e de lá para os Romanos [1].

Em todo este longo periodo da sua historia, a preponderancia do solo e dos outros ele-

---

[1] Maspero, *Histoire Ancienne des Peuples de l'Orient.* — Gustave le Bon, *obr. cit.* — Seignobos, *Histoire de la Civilisation dans l'antiquité.*

mentos economicos fez dos Egypcios um povo que amava principalmente a agricultura, e se entregava com cuidado ás artes do commercio e da industria e ao desenvolvimento das sciencias. Porque, a par do aperfeiçoamento que obtiveram nos outros ramos, cultivaram com muito desenvolvimento a geometria, a astronomia, a chimica, até onde o permittia a estreiteza relativa dos conhecimentos mathematicos e philosophicos d'esta edade; e cultivaram egualmente, com certo proveito, a medicina. D'elles aprenderam os Gregos; e Thales, Solon, Platão e Pythagoras, ahi beberam o fundo da sua educação scientifica.

O Egypto abundava em pedras preciosas, como saphiras, amethistas, esmeraldas. Possuia grande abundancia de soda e de natrum, que é tambem um carbonato de soda. Tinha depositos de petroleo, que aproveitava. E nos arredores de Coptos, existiam bancos de argilla branca, d'uma grande pureza, de que os Egypcios faziam vasos muito apreciados.

Mas escasseavam os outros mineraes, inclusivamente a pedra de construcção. Os Egypcios

obtinham-na dos flacos das montanhas lybi-
cas, nubicas, ethiopias; e era tambem na Nubia que exploravam ouro, a prata e o cobre.

Em compensação o seu solo, tinha a fertilidade maravilhosa qe ainda conserva.

Desde o solsticio lo verão até o equinocio
do outomno, é elle coerto pelas inundações do
Nilo, que ahi depositm cada anno a terra e o
lodo arrastado das reções superiores ; de modo
que as margens onde maior camada se vae de-
positando, acham-se or isso mais elevadas que
o resto do terreno. Lá isto acontecia na edade
antiga; acrescendo qe, desde tempos remotos,
havia canaes d'irrigaão em cujas margens se
dava o mesmo phenmeno que nas margens
do proprio rio, por nellas se depositar egualmente o lodo. Essas artes mais altas e qualquer outra saliencia e terreno mais elevado,
onde já não chegavan as inundações, eram re-
gadas artificialmente e estrumadas, com cuidado, mas, no resto, lispensavam a rega e o
adubo.

Terminadas as inudações, o kansin cobria,
como ainda cobre, urante cincoenta dias, o
Egypto de um veu de poeira, para, em seguida,
começar a efflorescenia, que fazia d'essa região um campo de flões.

As plantas mais estimadas eram o papyro e o lotus, plantas nacionaes do Egypto.

O papyro pertencia á grande familia das cyperaceas, e tinha differentes applicações.

A parte inferior da haste, cortada perto da raiz, era muito carnuda, e servia de alimento ás pessoas pobres. As partes superiores, longas, lisas e flexiveis, serviam para fazer cestos, e gaiolas ; e, reunidas por meio de betume, serviam tambem para barcos leves, que vogavam nas aguas calmas dos canaes. Do liber confeccionavam-se cordas, velas, esteiras, vestidos, cobertas de cama. Bebia-se tambem o succo d'essa planta, e fazia-se carvão d'ella. Mas o principal emprego do papyro era o da fabricação do papel, de que adeante fallaremos.

O lotus pertence á familia das nympheaceas. É um nenuphar que faz lembrar os lyrios d'agua; e, no Egypto, havia tres especies : o branco, o rosado e o azul.

A camada tuberosa d'esta planta comia-se, assada ou cozida. Os grãos eram egualmente comestiveis ; aproveitavam-se tambem em medicina como refrigerante ; e, depois de pisados, fazia-se d'elles uma especie de pasteis. Mas o lotus rosado era considerado como planta sagrada, e por isso era prohibido comerlhe a semente [1]. As flôres tinham grande consumo para *bouquets* e para adorno das senhoras.

Havia muitas palmeiras, tamareiras, alfarrubeiras, figueiras, cycomoros, que davam uma especie de figo comestivel e um succo leitoso, applicavel tambem na medicina.

Havia egualmente macieiras, videiras e muitas oliveiras, cujo azeite era tão estimado que, muitas vezes, servia de moeda. E, a par d'esse azeite, havia o de sezamo para a perfumaria, e o oleo de ricino para a illuminação e pharmacia.

Apezar de tudo isto, a arborisação era pequena e o Egypto era muito pobre de madeira. Não tinha acontecido isso primitivamente, mas a vegetação foi desapparecendo, em face do avanço progressivo da agricultura [2].

m uanto a cereaes, abundava o trigo, a cevada, o centeio, o milho, o arroz.

Havia tambem fartura de legumes, lentilhas, ervilhas, pepinos, melões, melancias, cebolas e alhos.

---

[1] Plinio 13, cap. 22. — Du Mesnil-Marigny, *obr. cit.* — Victor Loret, *L'Egypte au temps des Pharaons.* — Jorge Ebers, *Egypte,* traduzido por Oliveira Martins.

[2] Du Mesnil-Marigny, *obr. cit.*

Nas plantas textis, além do papyro, havia o algodão e o linho commum, e uma outra especie de linho muito fino, chamado *byssus* pelos Gregos. De plantas tinturiaes, havia o carthamo e o anil.

Pela natureza da terra e fertilisação do Nilo, o Egypto não podia deixar de ser tambem abundante de pastos, e portanto de animaes domesticos.

Por isso mesmo, desde tempos remotos, os Egypcios tratavam com cuidado especial do gado bovino. E, n'esse genero, havia o boi commum, o boi zebu e o buffalo.

Os generos caprino e ovino eram tambem muito abundantes. O asno constituia o animal de carga por excellencia. O cão era conhecido e apreciado desde toda a antiguidade. Havia tambem muitos camellos.

Os cavallos é que foram introduzidos mais tarde, e a sua quantidade foi sempre diminuta. E isto se explica, por não serem tão precisos para as communicações, como seriam n'um paiz que não estivesse tanto tempo inundado; que não tivesse a corrente do Nilo e tantos canaes conductores; e onde houvesse mais sociabilidade com os povos estrangeiros.

Os porcos eram tambem poucos. Quasi todos os Egypcios se abstinham d'essa carne, e até o officio de porqueiro era olhado com desprezo e considerado como profissão impura.

As aves domesticas, entre essas o abestruz, e as aquaticas, patos, gansos, ibis [1], e outras, abundavam extremamente.

Os Egypcios cuidavam muito d'esse genero, e até a incubação artificial dos ovos de muitos volateis domesticos é devida a este paiz.

Era tambem grande a quantidade de peixes, tanto d'agua doce, como do mar, que, em grande numero, se vinham encontrar com aquelles nas ondas do Nilo.

A par dos animaes domesticos, havia no alto Egypto animaes selvagens, de que os Egypcios tiravam muito proveito, como os elephantes, de que aproveitavam o marfim, e os leões, pantheras e leopardos, cujas pelles serviam para tapetes e estofos de cadeiras, e que eram muito procuradas para adornos do culto sagrado.

Nos canaviaes do Nilo, appareceram tam-

---

[1] Era até prohibido, sob penas rigorosas, matar os ibis e os gaviões, porque os primeiros desembaraçavam o Egypto dos gafanhotos, e os segundos dos ratos e serpentes. Du Mesnil-Marigny, *obr. cit.*

bem nos primeiros tempos hypopotamos, que se escondiam de dia nos canaviaes, e de noite assaltavam as sementeiras. Por isso os Egypcios lhes fizeram uma guerra crua, até que os destruiram. A pelle d'esses amphibios servia para dardos e chicotes.

Havia tambem crocodilos e diversas serpentes, e entre essas a aspide que envenenou Cleopatra.

E, supposto cada especie d'animaes tivesse adoradores, n'uma ou n'outra região do Egypto, não obstava isso a que a população das outras regiões fosse desbastando n'elles [1].

Embora o paiz escasseiasse de mineraes, os antigos Egypcios cultivavam com muito esplendor alguns ramos de industria metallurgica, e eram peritos na preparação do ouro, prata, antimonio, cobre, estanho, electro; e bem assim na preparação do bronze, a que

---

[1] Victor Loret, *obr. cit.*

davam qualidades especiaes. O ferro só mais
tarde é que foi preparado e empregado por elles.

As manufacturas de aluminio estavam mon-
tadas em grande escala.

A arte de fabricar vidro, segundo alguns
historiadores, nasceu no Egypto, e attingiu um
progresso extraordinario. Concorreu para isso
a abundancia de soda [1]. Os Egypcios sabiam
cobril-o de filetes e fitas de côr que se assemelhavam á vidraria de Veneza. Fabricavam taças, copos, collares e toda a especie de avel-
lorios.

As louças egypcias, lisas ou envernizadas,
com um vidrado d'esmalte feito de areia,
soda e acidos metallicos, eram tambem muito
notaveis; não só pelo trabalho da fabricação,
mas tambem pela elegancia da forma, que se
podia comparar ás mais bellas producções da
arte grega, embora lhe fossem anteriores muitos seculos. Por certo que teve grande influencia no desenvolvimento d'esta industria a abundancia de soda, de que já fallámos.

Entre os productos industriaes dos Egypcios,

---

[1]   M. Boudet, *L'Art de la verrerie en Egypte.*

sobresaíam os vasos, que elles faziam com a argilla branca de Coptos, e que tinham as mais variadas formas. Esses vasos eram notaveis sobretudo por um perfume que os oleiros sabiam dar-lhes, impregnando-os de certas essencias; e tinham grande exportação [1].

Tambem os Egypcios fabricavam com grande abundancia e esplendor as joias e pedras preciosas; e imitavam até os verdadeiros rubins, esmeraldas, saphiras e perolas, a ponto de enganarem os compradores, supprindo assim a raridade das pedras verdadeiras, e satisfazendo ao enorme consumo que havia d'esse genero.

Effectivamente, o luxo das joias estava muito em voga, tanto para os homens como para as mulheres. Os bandós da cabeça, os anneis, os braceletes de braços e pernas, os collares e os cintos guarnecidos de pedrarias ou de perolas d'esmalte, eram usados pelos dois sexos. As mulheres traziam tambem nas orelhas brincos de pedras preciosas; e lançavam-se muitas preciosidades nos tumulos, juntamente com os cadaveres.

---

[1] Du Mesnil-Marigny, *obr. citada.*

Os amuletos e as figuras e symbolos mortuarios, tanto de metal como de barro, eram egualmente objecto de uma vasta fabricação. As estatuetas de bronze, como um dos principaes elementos d'adorno das habitações, eram tambem frequentes, e fabricavam-se com todo o luxo e primor.

Havia uma industria importante de moveis de madeira preciosa, pintados, prateados, dourados ou embutidos de marfim, e com todos os requintes do luxo; sendo as madeiras mais apreciadas as de cedro e ebano, importadas dos povos visinhos.

Contribuia para isto o aceio interior das habitações, que não só eram revestidas de vasos de bronze, ouro, prata, porphydo, alabastro, e de faianças esmaltadas onde sobresaía a tradicional côr azul, empregada de preferencia pelos Egypcios; mas tambem de outros differentes moveis, como bancos ou cadeiras com fundo de esparto, mesas, e diversos objectos de marchetaria e cestaria.

Os leitos eram simples. A cabeça apoiava-se em travesseiros de pau, incrustados de marfim; mas ainda ahi se notava a perfeição do trabalho, e a riqueza e o luxo.

Os Egypcios não usavam de garfos, mas já

empregavam colheres para os alimentos liqui-
dos e molles, e para comerem o doce de que
faziam grande consumo. Já se serviam tambem
de guardanapos.

A industria textil attingiu enorme desenvolvimento; e os seus productos eram admira-
veis, pela belleza da côr d'uns e branquea-
mento d'outros, pela forma do tecido e duração
do artefacto. A materia empregada era o linho
commum, a lã, o algodão e o byssus.

As substancias destinadas á tinturaria consistiam na purpura, anil e garança; e já os Egypcios conheceram a arte de fixar as côres, por
meio de mordentes.

N'este genero, um dos maiores titulos para a
reputação gloriosa d'este povo consiste na invenção do papyro, em que foram escriptas as principaes obras da antiguidade.

Para isso desligavam-se das hastes as pelliculas concentricas da planta, e collavam-se
entre si, em fitas de dois e tres decimetros de
comprimento, por cinco ou seis de largura, de
modo a formarem um todo homogeneo; e da-
va-se-lhe depois uma camada d'oleo de cedro,
para ficarem incorruptiveis.

Havia o papyro lénéotico, formado com as
pelliculas exteriores, e o papyro sagrado ou

hieratico, tirado das pelliculas internas, mais delgadas e mimosas [1].

Os Egypcios prohibiram por fim com penas rigorosas a exportação d'este producto. Apezar d'essa prohibição, o papyro não chegava para as necessidades do Egypto, e serviram-se por esse motivo tambem de pelles d'animaes, preparadas de certo modo, e de taboletas de madeira envernizadas, ou de chapas de faiança.

Por outro lado, aquella prohibição deu logar á creação do pergaminho, cuja industria se desenvolveu em Pergamo, na Asia Menor, d'onde se deriva a palavra grega — *pergamene* e a latina — *pergamena* [2].

Quando os Romanos conquistaram o Egypto, constituiram em seu favor o monopolio da cultura do papyro: e, n'este sentido, sómente o permittiram em certos districtos, mandando-o arrancar nos outros. Por isso, a planta foi rareando cada vez mais, até que desappareceu de todo, quando o pergaminho, e depois o papel d'algodão, vieram a preponderar.

---

[1]   Victor Loret, *obr. cit.* — Jorge Ebers, *obr. cit.* — Augusto de Lacerda, *A Irradiação do Pensamento.*
[2]   *Pergamena charta* significa pergaminho.

Os vestidos egypcios eram muito simples. Para o homem uma especie de tanga, involvendo os rins e caindo até o joelho, e algumas vezes um grande manto, de que se cobriam. As mulheres traziam, em geral, uma especie de camisa, cingida desde o pescoço até os tornozellos; e as senhoras punham por cima d'essa camisa um vestido de estôfo fino e transparente. Os escravos e serviçaes traziam sómente uma tunica estreita. As pessoas de qualidade calçavam sandalias de papyro, que depunham, em signal de respeito, ás portas dos templos e do rei.

Mas, se o vestuario era simples, o luxo era grande nos objectos de adorno. E esse luxo fez desenvolver outra industria — a da perfumaria e cosmeticos, dando logar a muitos perfumes e pomadas, unguentos e tinturas, para pintar as sobrancelhas, as palpebras e os labios das damas. O clima fez tambem nascer mais outra industria, que constituiu um novo artigo de luxo — a das cabelleiras, usadas nos actos de cerimonia por quasi todos os homens, que para isso rapavam a cabeça, por causa do calor. Havia até muitos individuos, que, por esta mesma razão, traziam barbas postiças.

A floricultura e a fabricação de flores artificiaes acompanhavam, como é natural, semelhante ostentação.

Na galeria industrial dos Egypcios, devemos ainda fazer menção da industria da pesca, e da preparação e salga do peixe, que estavam muito desenvolvidas e eram muito extensas. Contribuia para isso, o lago Moeris, porque todos os annos era inundado das aguas do Nilo, que n'elle depositavam os seus productos, e que o tornavam um copioso recipiente para a alimentação. Tal era o incremento d'essa industria, que o peixe assim preparado era transportado em grande quantidade para os outros paizes.

O respeito dos Egypcios pelos mortos, os preceitos da religião, preconizando a immortalidade da alma e considerando o mundo como transmigração de uma vida anterior para outra mais perfeita, fizeram que elles cuidassem com toda a attenção da construcção dos tumulos e embalsamação dos cadaveres: o que representava outra industria importante.

O gosto pela musica estava muito espalhado. Nos banquetes, nos grandes convivios, nas grandes cerimonias, e frequentemente para obsequio dos hospedes, estavam na praxe as harmonias musicaes, que constituiam uma paixão dos Egypcios. Os instrumentos communs eram a lyra, a flauta, a cithara e a harpa.

Tambem os Egypcios desenvolveram muito a pintura. E, emquanto á architectura, se não tinham o gosto e a variedade dos povos modernos, porque tambem não podiam ter a encyclopedia dos conhecimentos actuaes, nem se coadunava com o seu isolamento e com a sua metaphysica religiosa o trasbordamento cosmopolita da sociedade actual por todos os segredos da arte, souberam, em compensação, levantar as gigantescas moles que nos attestam a sua grandeza. De tal forma que, ainda hoje, são ignorados os processos que elles empregavam, para fazerem mover á vontade os enormes monolithos dos seus monumentos, devendo suppor-se que tinham para isso largos conhecimentos de mecanica [1].

Nos primitivos tempos da sua historia, havia

---

[1] Du Mesnil-Marigny, *obr. cit.*

no Egypto uma marinha importante, como era natural n'um paiz, tanto tempo coberto pelo Nilo; e sequentemente devia haver frequentes relações por mar com os povos commerciantes do Mediterraneo. Não escasseiava ainda então a madeira no paiz, que, posteriormente, foi sendo pouco e pouco desbastada pela propagação exclusiva das sementeiras. Nem havia ainda tamanha animadversão contra os estrangeiros.

Mas, depois, tudo mudou. Os Egypcios trataram de isolar-se, quanto era possivel, dos outros povos.

É que, por um lado, o paiz, cujas riquezas eram tão cubiçadas, achava-se em condições geographicas deseguaes, para luctar, particularmente nas aguas do Mediterraneo, contra uma quantidade de pequenos povos, que, verdadeiros piratas, mais procuravam fortuna pela pilhagem que pelo trabalho honesto.

Em caso de perseguição, os navios egypcios, ainda que bem conduzidos, estavam sujeitos a perder-se nas costas arenosas do Egypto, que se não avistavam de perto; emquanto que os outros povos, em circumstancias analogas, encontravam no proprio paiz abrigos e enseadas que os punham a coberto dos perigos.

Por outro lado, os Egypcios tinham dentro de si não sómente os productos naturaes e industriaes mais indispensaveis á vida, mas tambem os precisos para supprirem o seu luxo e riqueza; e dispensavam por isso os artigos estrangeiros.

Finalmente, a casta sacerdotal, que governava nas multidões, pelo seu absolutismo religioso, receiava as ideias liberaes que vinham da Grecia e o espirito da innovação que soprava do occidente. Por isso, apoiada n'aquellas circumstancias, empregou todos os esforços para aniquilar a marinha e o commercio com os estrangeiros; e não só o conseguiu, mas até chegou a declarar que toda a viagem fóra do Egypto era um crime.

Por tudo isto, os Egypcios, renunciando 'á navegação, limitaram-se a fortificar as costas, pondo-se em guarda contra os estrangeiros que mais temiam.

Deixaram que os Arabes, Phenicios e os Judeus communicassem com elles por terra e por mar; e tambem não se inquietaram com a vinda dos outros povos da Asia pelo mar Vermelho. Mas prohibiram inteiramente a entrada dos Gregos.

Para acabar esta prohibição, foi necessario

que Psametico, em paga do auxilio que os mesmos Gregos lhe tinham prestado na conquista
do throno, lhes abrisse as portas do reino, su-
jeitando-os, ainda assim, a diversas condições,
que demonstravam o receio que elles lhe inspiravam.

Só podiam habitar n'uma cidade — Naupacta. E, afim de não conhecerem as riquezas do
delta, cuja preza os podia tentar, deviam seguir
um caminho determinado.

Se qualquer dos seus navios fosse surpre-
hendido n'outra parte, sómente um caso de força
maior, como por exemplo a necessidade de escapar á tempestade ou de se subtrair á perseguição do inimigo, poderia salvar-lhe a equipagem da escravidão ou mesmo da morte. E,
admittida a justificação d'esse caso de força
maior, o navio tinha de retomar o mar, e, con-
tornando o delta, ir a Naupacta, pela via com-
petente.

560 annos antes de Christo, Amasis permittiu
aos Gregos fundarem n'essa cidade estabelecimentos importantes. Só então é que elles poderam elevar e construir templos, possuir es-
criptorios e gosar de certos privilegios, que lhes
permittiam tratar do seu negocio com segurança. Mas, ainda assim, havia postos avança-

dos, para se opporem a toda a communicação dos estrangeiros com os indigenas; e as trocas effectuadas por elles em Naupacta eram vigiadas attentamente pelos delegados da auctoridade.

Só depois da conquista d'Alexandre e da fundação d'Alexandria, é que o Egypto entrou francamente na corrente do commercio maritimo, e aproveitou directamente as communicações do mar.

As restricções relativas ao commercio do mar Vermelho, que esteve quasi sempre entre as mãos dos Arabes, eram menos rigorosas, porque as instituições dos paizes que o rodeavam, eram menos de temer que as dos povos mediterraneos. E tambem os piratas d'esse mar não inspiravam tanto receio; porque o Egypto, propriamente dito, achava-se separado por um longo deserto difficil de atravessar.

A inclinação pronunciada dos Egypcios pela navegação, que elles tiveram nos primeiros tempos, revelou-se comtudo por muitas vezes, no decurso da sua historia.

Por exemplo Neco, successor de Psametico,

seis seculos e meio antes de Christo, armou no mar Vermelho uma frota destinada a uma viagem d'exploração em redor da Africa, de cujo commando encarregou os Phenicios. E estes fizeram effectivamente o circuito, descendo pelas costas orientaes da Africa, e subindo pelas occidentaes, para entrarem no Mediterraneo e aportarem ao Egypto.

Um seculo depois, sob o reino de Amasis, a frota dos Cypariotas foi batida pela dos Egypoios, que impuzeram um tributo á ilha de Chypre; e, um pouco mais tarde, na guerra de Xerxes contra os Gregos, o Egypto forneceu-lhe duzentos navios.

As tentativas já referidas de alguns dos reis para a abertura do canal do Nilo, a communicar com o mar Vermelho, indicam tambem que não se apagara de todo o amor dos Egypcios pela navegação.

Por esse motivo, ao passo que difficultaram as communicações maritimas pelo Mediterraneo, trataram de as facilitar por aqnelle outro mar.

Segundo alguns escriptores, já Sesostris (Rhansés II Meiamum) começou a abrir um canal que juntasse o Nilo ao mar Vermelho. Depois, no tempo da vigesima sexta dynastia, Neco II ou Necao, filho e successor de Psametico, metteu hombros á empreza, e quasi chegou a concluir essa communicação. Mas ainda então ficou por acabar, e, apezar de ser continuada por Dario, só foi terminada por Ptolomeo II.

Em todo o caso, o perigo da navegação no mar Vermelho para os barcos antigos fez com que esse canal tivesse pequena importancia. Mesmo, no tempo dos Ptolomeos, em que elle era navegavel, abriu-se mais ao sul um caminho para as caravanas de Coptos; e os navios que vinham do sul, não passavam em geral de Myos-Hormos. E, já no tempo de Cleopatra, essa communicação tinha desappa- recido [1].

O commercio terrestre com os estrangei- ros era egualmente embaraçado pela casta sacerdotal. O asno, e o camello, animaes tão sympathicos, pela sua mansidão, trabalho e

---

[1] Lanier, *L'Afrique,* pag. 624. — Scherer, *obr. citada,* vol. I, pag. 66. — Heeren, *obr. citada,* vol. VI, pag. 439.

proveito, eram classificados entre os animaes impuros. Não deviam partir caravanas do Egypto para fóra; e as da Arabia, Nubia, Syria e Ethiopia, se iam sem cessar ao Egypto, eram obrigadas a parar em certas cidades. Só ahi é que os mercadores estrangeiros podiam commerciar, e, ainda assim, unicamente com os Egypcios [1].

Uma prova do pouco espirito aventureiro d'este povo é que, nas caravanas internacionaes, encontravam-se individuos de todas as nações, menos do Egypto.

E comtudo havia circumstancias e preceitos salutares que protegiam as transacções!

O credito, esta alma do commercio, vivificadora da industria, tinha fortes raizes, e a legislação prescrevia regras especiaes para garantir a boa fé e seriedade dos contractos. Chegou-se mesmo a generalisar o credito muito mais que nos outros paizes.

Não se podia constituir hypotheca, pela razão de que o solo pertencia, primeiro que tudo,

---

[1] Herodoto, liv. II, cap. XXXV. — Du Mesnil-Marigny, *obr. cit.,* vol. I.

á sociedade; mas podia fazer-se penhora, inclusivamente sobre o cadaver do pae. Em compensação, o Egypcio que faltasse ao pagamento, era considerado como infame, e essa infamia acompanhava os seus herdeiros.

Os juros nunca podiam accumular-se, de maneira que excedessem o capital.

Os individuos que falsificassem os pesos, as medidas, as moedas; os que fizessem titulos falsos; os que empregassem falso metal, ou fizessem contractos fraudulentos: eram condemnados a ter as mãos cortadas.

Os juramenteiros falsos eram punidos com a pena de morte; e considerava-se o perjurio como um dos mais affrontosos ultrajes á Divindade.

Se não havia titulo escripto do contracto, a simples negação do devedor, debaixo de juramento, bastava, para destruir a acção, visto que o credor se contentara com a sua palavra; mas, em compensação, desgraçado d'elle, se depois se reconhecia o seu perjuro! A condemnação era inevitavel.

Os productos importados consistiam principalmente em mineraes — ouro, prata, bronze, ferro, chumbo, lapis-lazuli; madeiras preciosas, especialmente o ebano; objectos de luxo, muito procurados pelas familias ricas e pela casta sacerdotal, como vasos de Chypre ou de Creta; marfim, pennas d'abestruz, balsamo, gomma; escravos; cadeiras marchetadas de Kati; carros de Beryto, guarnecidos de crystal, de lapis-lazuli, de prata e d'ouro; vinhos de Kanen ou da Syria; kak, especie de alcool de cereaes, fabricado em Kati; cavallos e outros animaes domesticos d'Assur, Singar, Amor e Naharain; peixe e aves de toda a especie, especialmente peixe secco de Tyro; e fructas de Kauma e Syria [1].

As exportações consistiam principalmente em cereaes, papyro e mesmo em vinho, que algumas regiões produziam em abundancia.

Os povos que mantiveram esse commercio, e que constituiram, por assim dizer, os recoveiros d'este paiz, foram primeiramente os Ethiopes, os Arabes, os Judeus e os Phe-

---

[1] Noel, *obr. cit.*, vol. I. — Scherer, *obr. cit.*, vol. I.

nicios; os Gregos, desde Psametico, sobretudo para os productos do Mediterraneo; e, por fim, os Romanos, desde que tomaram conta do Egypto.

Os centros principaes foram:

Memphis, a capital do antigo imperio, situada no centro do Baixo Egypto. Não era sómente uma das cidades mais populosas do mundo antigo, mas tambem uma das mais extensas. Para se fazer ideia da sua superficie, basta dizer que, já nos tempos da decadencia, era necessario andar meio dia, para se atravessar de norte a sul.

Os Phenicios tinham n'ella um bairro importante, que era tambem o centro do prazer e da alegria.

Abydos, que, já nos ultimos tempos do primeiro imperio, começava a desbancar Memphis.

Thebas, a cidade religiosa, capital do segundo imperio, que se tornou, antes de Alexandre, a cidade mais rica, mais commerciante e mais frequentada do Egypto; concorrendo para isto a sua posição central entre o Mediterraneo, o mar Vermelho e a Ethiopia.

Edfu (a Magna Apolinopolis dos Gregos e dos Romanos), testa de uma importante communicação com o golfo Arabico.

Sàn ou Tanis, na embocadura mais oriental do Nilo, capital dos reis pastores e fundada por elles, sob o nome d'Avaris.

Naupacta ou Naucratis [1], ponto obrigado da reunião das caravanas de terra com os negociantes do mar, e onde se fabricavam vasos envernizados, que brilhavam como os vasos de prata.

This (Thimis), berço de Mena, que é olhado como fundador da monarchia.

Além d'estas, havia ainda muitas outras cidades commerciaes, como Arsinoé, onde se fabricavam estofos tão bellos como os de Tyro; Mendés, centro da preparação dos perfumes e das essencias; Coptos, onde se faziam vasos de louça perfumada; Pelusa e Canope, notaveis pelos tecidos de linho de toda a especie; Diaspolis, onde se confeccionavam objectos de vidraria, que rivalisavam com as pedras preciosas.

---

[1] Du Mesnil-Marigny chama-lhe Naupacta, e outros escriptores, Naucratis. Havia tambem na Grecia uma cidade chamada Naupacta.

Havia tambem Elephantis, Sebennitas, Adula, Azab e Axum, que ficavam no caminho de Meroé, capital dos Ethiopes, para o mar Vermelho.

Esta ultima cidade estava no sitio onde hoje está Chandy, na Abyssinia septentrional; e passava por ter sido o berço da religião, das sciencias e das artes do Egypto, quando Thebas e Memphis eram ainda pequenas colonias de data recente. Constituiu um centro enorme, e o principal, das relações commerciaes que os Ethiopes tiveram, não só com os Egypcios, mas tambem com os demais povos da Africa septentrional e Arabia, e com a propria India. E foram até os sacerdotes de Meroé que fundaram Thebas, no alto Egypto, e Amnonium, no deserto da Lybia.

Nada, porém, egualou o commercio, grandeza e esplendor d'Alexandria.

Quando Alexandre conquistou o Egypto, quiz ligar o seu nome á fundação de uma grande cidade, que fosse ao mesmo tempo a metropole commercial do mundo e o laço de união entre o occidente e o oriente; e que por isso tivesse condições proprias, para reunir no seu porto as producções do valle do Nilo e as mercadorias vindas do sul pelo mar Vermelho.

Havia nos braços do Nilo os portos de Pe-
rusio e Tanis; mas a corrente mediterranea de
oeste e leste, incidindo continuadamente na
costa, arrastava comsigo o lôdo das cheias do
Nilo, e ameaçava açorial-os.

Alexandre, ou os sabios que o acompanhavam, teve a intuição d'este açoriamento, e não
escolheu por isso nenhum d'esses locaes para
a fundação da sua cidade.

Mas havia ao pé um outro porto — o de Rhakotis, que estava separado da celebre ilha de
Paros, por um braço de mar, com capacidade
sufficiente para dar abrigo a muitos navios, e
que, demais a mais, tinha ao lado o lago Mareo-
tis, unido ao braço occidental do Nilo por canaes artificiaes d'alargamento facil, e com an-
coradouros commodos.

Por isso, uma cidade, fundada entre a ilha e
o lago, reuniria as melhores condições para o
commercio maritimo e fluvial; e a vida hellenica poderia expandir-se n'ella, tanto mais des-
afogadamente quanto menos importante era a
população egypcia que ia substituir.

Foi ahi que Alexandre fundou a sua cidade,
em 432 antes de Christo; e de tal modo ella
cresceu em pouco tempo, e se povoou d'emi-
grantes, operarios e mercadores, jornaleiros do

Egypto, profugos da Syria e da Judéa, que, quando Ptolomeu Soter (323-284), o grande general d'Alexandre, e os seus immediatos successores, Philadelpho (284-249), e Evergeta ·(246-221), augmentaram o poderio e a riqueza da cidade, propondo-se tornal-a tambem o centro da vida intellectual do mundo, viu-se affluir toda a sabedoria do oriente e occidente e rivalisarem as letras com as artes do commercio, na rapidez de progressos os mais extraordinarios. A sua população attingiu depressa seiscentos mil habitantes, e já no começo da nossa era contava um milhão.

Os Ptolomeus ligaram a ilha de Paros á terra firme, por um molhe de pedra, que media sete estadios [1] (1295ᵐ), e que recebeu o nome de *Heptastadion,* ficando com isso o porto dividido em duas bacias, ainda existentes: ao oriente, o *porto novo,* chamado na antiguidade *porto maior,* hoje inutil por açoriado; e a oeste o *porto velho,* chamado nos tempos gregos *porto de Eunnosto,* do nome do marido de uma filha de Soter. É n'este porto, alargado consideravelmente por Ismael Pachá, no seculo passado,

---

[1] O estadio tinha 185 metros.

que hoje desembarcam os viajantes da Europa.

Os dois portos estavam ligados por docas, sobre as quaes se cruzavam varias pontes que os entulhos e lôdos obstruiram, ha muito; e as ruinas e depositos arrastados pelas vagas formaram uma alastrada lingua de terra.

Na cidade assim construida, foi collocado o celebre pharol d'Alexandria, que indicava aos navegantes o caminho que deviam seguir, para evitarem os naufragios contra os recifes da entrada do porto.

Soter dirigiu tambem a sua attenção para o fomento commercial. Para isso alargou e melhorou esses portos; fez vir da Phenicia oito mil carpinteiros; e importou madeira do Libano para a construcção dos navios.

O bairro mais rico e mais bello era o de Bruchio, entestando com o porto de Rhakotis. Banhado pelas ondas do *porto maior,* onde se abrigavam as embarcações e se concentrava a vida maritima, era habitado quasi exclusivamente por Egypcios.

Os Judeus viviam a oriente de Bruchio, n'um outro bairro ou alfama especial, onde entretinham relações com os seus irmãos da Palestina.

Todos os bairros estavam ligados por uma rede de ruas, e entre essas havia duas principaes, d'uma largura de quatorze metros [1].

No Egypto, desde tempos muito remotos, empregou-se como intermedio das trocas o ouro, a prata, o cobre, o electro, não amoedados, offerecidos e acceites a peso, com a verificação de balança, como outra qualquer mercadoria.

Depois, n'uma edade que tambem se não pode fixar, empregaram-se fragmentos metallicos d'essas mesmas especies, com um signal que denotava o peso e o titulo, mas sem a puncção ou cunho official da auctoridade.

Uma das unidades d'estes valores era o *kat*, que, em ouro, pesava 140 grãos inglezes [2]; e outra era o *uten*, que tinha dez kats, e portanto pesava 1:400 grãos inglezes.

---

[1] Jorge Ebers, traduzido por Oliveira Martins. — E. Reclus, *Nouvelle Géographie Universelle. L'Afrique Septentrionale*, 1.ª parte, pag. 598 e seguintes.

[2] Já dissemos que o grão inglez é egual a 0,0647 grammas e o portuguez a 0,0496047 grammas.

Os pesos tinham a forma d'uma vacca ou d'um leão.

m uanto ao commercio exterior com. as populações da Asia, os Egypcios serviam-se do ouro e prata, em discos ou anneis d'um peso uniforme [1].

O primeiro que mandou cunhar moeda propriam'ente dita — *daricos* de prata, conheci-dos tambem por *ariandicos,* e ainda assim uni-camente para uso dos commerciantes gregos e phenicios de Memphis e Naucratis, e não dos indigenas, foi o satrapa Aryandés, quando o Egypto esteve dominado pela Persia. Mas, tendo sido morto por Dario, como já disse-mos [2], os Egypcios continuaram no antigo sys-tema, até que Philadelpho Soter mandou cu-nhar moedas muito perfeitas de ouro, prata e cobre.

m uanto ás communicações, os obstaculos

_____

[1] Pag. 103.
[2] William Ridgeway, *obr. cit.* — Du Mesnil-Marigny, *obr. cit.,* vol. I. — Lenormant, *obr. cit.* — Noel, *obr. cit.,* vol. I.

propositados que os Egypcios puzeram ao transito das mercadorias, fez com que, até á fundação d'Alexandria, elles perdessem as vantagens da sua posição central. Até ahi, os productos que vinham da Asia para a Europa, seguiam ordinariamente um dos seguintes caminhos. Ou subiam pelo Eufrates, para ganharem
Sidon e Tyro, nas caravanas que passavam
por Palmyra e Damasco; ou desembarcavam
nos portos do golfo Arabico—Aziongaber e
Ailath; e, depois de terem atravessado a Arabia Petrea e Judéa, iam bater á Phenicia, d'ónde
a distribuição se fazia pelo resto do mundo.
Mas, após a fundação d'Alexandria, os productos asiaticos foram expedidos directamente
para Coptos, Myos-Hormos e outros portos egypcios do mar Vermelho, d'onde se transferiam
para o Nilo, e d'ahi para Alexandria. D'este
ponto central iam depois, com bem menos
despeza, para o seu ultimo destino.

m uanto ás communicações terrestres se-
guidas pelas caravanas, variavam ellas, segundo
as circumstancias. Mas, em geral, Thebas e
Memphis eram os dois centros onde iam dar.
Memphis communicava tambem com o mar
Vermelho, pelo canal que Ramsés II, o Sesostris dos Gregos, tinha feito abrir, no se-

culo xiv antes da nossa era, a partir do Nilo: canal esse que a negligencia deixara depois obstruir, e que Neco ii fez restabelecer, no seculo vii, antes de Christo [1].

Havia um caminho para a Phenicia, e outro para a Armenia, Caucaso e Babylonia, que punham o Egypto em communicação com o Oriente e com a India.

Dois outros conduziam de Thebas á Ethiopia e Meroé, pelas margens do Nilo, ou pelos desertos da Syria.

Mais outro caminho ia de Thebas ás columnas d'Hercules e ao Cabo Saloés, tocando assim no Oceano.

Para communicar com os povos da costa mediterranea até Fezzan, e d'ahi com Carthago, havia uma estrada, que, partindo de Thebas, atravessava o deserto da Thebaida; e, em seguida, pelo deserto de Barca e pelas asperas regiões dos montes de Harudrch, ia dar ao Fezzan, e d'ahi ao territorio dos actuaes paizes de Kaschna e Bornu.

A primeira estação de viagem era o templo de Ammon, que era tambem um caravanserra-

---

[1] Pag. 141.

lho para os viajantes que vinham da Nigricia ou da Ethiopia. Havia ahi um extenso
oasis, muito bem cultivado, chamado Amnonium (Siwah), governado por um chefe ou rei
particular. Ficava a uma legoa de Kebir, e tinha
ao pé uma montanha abundante de pedra,
d'onde sairam os materiaes de construcção
para o templo e mais edificios.

De Thebas ao oasis, iam dar dois caminhos:
um mais ao norte e mais curto, que passava
por Abydus; outro mais ao sul, que passava
por Latopolis (Esneh).

De Amnonium, o caminho seguia para An-
gila, onde havia abundantes bosques de tamareiras, muito procuradas pelos Nasamons, que
estavam em volta de Syrte, e que todos os annos iam carregal-as em grande quantidade.
Depois continuava para Zuilla ou Zula, situada na Phazania (Fezzan), o paiz dos Gara-
mantes, perto da antiga capital Germa [1].

Havia duas communicações com o golfo
Arabico, partindo uma tambem de Thebas, e outra de Edfu.

---

[1] Heeren, *obr. citada,* vol. IV.

E de Meroé havia ainda um caminho, que communicava com o mar Vermelho por Axum e Adula.

Ahi fica esboçada a vida commercial d'esse povo legendario, cujos traços permanecem tão gravados na historia, pelo fulgor relativo da sua civilisação, pela grandeza da sua architectura, pela predominancia tranquilla das artes pacificas, e pelo caracter sombrio e severo das suas relações internacionaes, que ainda hoje se levanta nas sombras das ruinas, perante a imaginação do historiador, hirto, sereno, maravilhoso e sombrio, qual a imagem muda mas eterna do seu resplendor.

Nos restos dos monumentos e no livro de pedra dos seus tumulos, das suas pyramides, vê-se ainda a concepção permanente da eternidade, fazendo das mumias as sentinellas geladas d'uma civilisação antiga, onde, como nas sombras das catacumbas, tudo tem o genio da morte, alliado ao genio da grandeza.

Mas, a par d'isso, a tradição da sua industria, do seu luxo, dos seus festins, das suas harmonias, da sua riqueza, unida á paisagem dos seus valles, reluz atravez dos seculos, como a flor do lotus, bojando serenamente nas aguas do Nilo. O encanto doce e suave da vida, alliado á visão da eternidade!

CAPITULO VI

Os Arabes

Esboço da antiga historia politica dos Arabes. — Situação da Arabia e natureza do solo. — Influencia que esses dois factores exerceram sobre o genio commercial e navegador dos seus habitantes. — Carencia de productos mineraes. — Productos vegetaes. — Abundancia de drogas e aromas. — Productos animaes : camellos e cavallos. — Falta de industria — Importancia do commercio e navegação. — Centros principaes. — Carencia de noticias, quanto á moeda. — Communicações.

Nos tempos mais remotos a que chega a historia dos Arabes, formavam estes varias tribus nomadas, como era proprio da esterilidade de uma grande porção do seu territorio. Depois d'isso, parte d'ellas fixou-se nas ferteis regiões da costa meridional, entregando-se á cultura das terras e exercicio do commercio, e applicando-se mesmo ao estudo da astronomia, da medicina e da jurisprudencia. E parte continuou a sua vida errante, dando-se á pilhagem [1].

---

[1] Pastoret, *Zoroastre, Confucius et Mahomet.*

Por fim, algumas das tribus errantes, Amale-
citas, Idumeos, Moabitas, Ammonitas, acaba-
ram por se concentrar nas planicies da Arabia
Petréa e Arabia Deserta, visinhas da Palestina
e da Syria; e fizeram por muito tempo uma
guerra encarniçada aos Hebreus. Vencidos por
Saul, foram submettidos por David, que se tornou senhor do paiz situado entre o mar Morto
e o golfo Arabico. Por morte de David, Salomão foi ainda mais longe, e não contente com
dominar o mar Vermelho e de o fazer percorrer em todos os sentidos pelas suas frotas, construidas nos portos de Ailath e Aziomgaber,
juntou o commercio da India ao commercio da
Arabia, tornando os Arabes tributarios do seu
reino.

Depois da morte de Salomão, os Arabes deixaram de pagar tributo, e recobraram a sua
independencia.

Ameaçados mais tarde pelos Assyrios e Babylonios, tiveram de luctar contra elles, para
defenderem a sua liberdade.

Alliados dos Persas, combateram contra Alexandre, nos muros de Gaza. E valeu-lhes a morte do conquistador macedonio, para os salvar
da vingança que elle projectava e conservar-
lhes a independencia. Apezar d'isto, se poderam

resistir a Antigono e Demetrio, aos Ptolomeos
e Seleucidas, e ao proprio Pompeu, cairam por
fim, no tempo do imperador Trajano, debaixo
do dominio dos Romanos [1].

A situação da Arabia entre o mar Vermelho,
o golfo Persico e mar das Indias, e na visinhança do Mediterraneo, ao mesmo tempo que
a aridez de uma grande parte do paiz, impell-
liram os Arabes para a navegação, e sequentemente para a industria commercial.

E, com effeito, desde que não dispunham
d'um solo fertil, como o Egypto e a Mesopotamia, não podendo por isso, na maior parte, fazer da agricultura a condição preponderante
da sua existencia, e desde que estavam rodeados de mar, haviam de empregar nas artes mercantis a sua principal actividade. Nós veremos
que, mais tarde, na edade media, Mahomet soube
disciplinar essa actividade e harmonisal-a tam-

---

[1] Sedillot, *Hist. dos Arabes.* — Pastoret, *obr. cit.* —
Gustave le Bon, *La Civilisation des Arabes.*

bem com os habitos de lucta dos habitantes do interior, de modo a preparar aos Arabes a preponderancia da Asia e da Africa. Mas, já na edade antiga, se o desenvolvimento commercial d'este povo era limitado, e se a influencia politica era insignificante, havia n'elle o espirito navegador e commercial que as necessidades determinaram.

Demais, os Phenicios estabeleceram muito cedo entrepostos no Yemen, em Muza (a Moka d'hoje), no Hadhramant, em Cané (Hisn-Ghorah), no Oman, em Bahrein, e muitos outros pontos do golfo Persico, por exemplo Tylos e Aradins [1].

N'esses entrepostos eram guardados os differentes productos da India, que tanto os Arabes como os Phenicios iam buscar, para entregarem depois ao consumo geral. E tambem os Judeus vinham ao mar Vermelho carregar muitos d'esses productos, para o gasto de Jerusalem e d'outras cidades da Judéa, ou para o trafico internacional.

Ora este contacto com os Phenicios e Judeus não podia deixar de corroborar nos Arabes

[1] Noel, *Histoire du Commerce du Monde,* vol. 1.

a influencia mercantil que as outras circumstancias determinavam.

Mas accresce que, no proprio paiz, havia um manancial riquissimo para o commercio —a abundancia de drogas e perfumes, de que se fazia no mundo antigo enorme consumo.

A venda d'esses generos tanta riqueza dava á região onde se produziam de preferencia, que ella se chamava a Arabia Feliz, nome que ainda conserva. E as tribus principaes que a occupavam, Sabeanos e Gherrenses, passavam por ser os povos mais ricos da terra.

A Arabia escasseava de productos mineraes; mas ainda assim havia algum ouro nas collinas e montanhas do sul.

m uanto aos productos vegetaes, variavam elles, conforme as differentes regiões.

Nos platós, cultivavam-se plantas da zona temperada. O littoral e os montes da Arabia Meridional eram famosos pela producção das drogas: especialmente o sene, ainda hoje conhecido no mercado, sob o nome de sene de Alexandria; a myrrha, gomma que se distillava da casca do balsameno ou *balsamodendron;* o olibanum ou incenso; a cana fistula; e a canella, que, na edade antiga, abundava no paiz.

Mas uma grande parte da peninsula, sobretudo no centro, este e nordeste, compunha-se do areal deserto, apenas interrompido por oasis e por algumas collinas e montanhas. N'estas collinas e montanhas, havia ricas pastagens; e, nos oasis, assim como em toda a terra aproveitavel, muitas variedades de tamareiras, cujo fructo constituia um dos principaes artigos de alimentação.

Tão appreciaveis eram ellas que o proprio Mahomet disse mais tarde: «Honrae a tamareira, porque é vossa mãe» [1].

Havia, finalmente, ao norte largas campinas, tambem ricas de pastagens [2].

Todas essas pastagens davam logar a uma grande creação de camellos e cavallos.

---

[1] O café não se explorava ainda na edade antiga.
[2] Élisée Reclus, *Nouvelle Géographie Universelle — L'Asie Antérieure.* — Marcel Dubois e Kergomard, *Précis de Géographie Economique.* — Noel, *obr. cit.,* vol. I.

Os camellos eram tão estimados que uma lenda antiga dizia que as tamareiras e os camellos foram creados por Allah da mesma terra que Adão; e os melhores do mundo eram os da Arabia. Mas para os Arabes o animal por excellencia era o cavallo.

Tanto uns como outros eram necessarios para os transportes e conducção pelos desertos; e cuidava-se muito do apuramento das suas raças e da propagação das suas especies.

De resto, era quasi nulla a creação do gado domestico. E não admira, porque os habitantes do interior viviam geralmente da pilhagem, e os das costas tratavam com especialidade do commercio ou da agricultura, propriamente dita, o que fazia descurar a industria pecuaria.

Em compensação, havia um producto maritimo que dava grande lucro aos Arabes: as ostras perleiras das ilhas de Barbein.

As concreções perliferas de toda a costa arabica do golfo Persico não eram tão brancas como as de Ceylão; mas eram mais grossas, mais regulares de forma, e conservavam por mais tempo a sua agua dourada; emquanto que as perolas de Ceylão perdiam depressa o brilho, sobretudo nos paizes quentes.

Ora de todas essas perolas da costa arabica as mais estimadas eram as de Barbein [1].

A industria dos Arabes era quasi nulla. Faltava-lhes a materia prima, porque não tinham mineraes, nem madeiras, nem generos textis. E as tribus sedentarias encontravam, no commercio e na agricultura dos terrenos privilegiados, o estimulo sufficiente para o seu lucro e riqueza.

Demais, a missão de recoveiros do mundo commercial facultava-lhes por preços commodos os generos industriaes dos outros paizes, o que tornava menos urgente e menos cuidada a sua fabricação.

Mas o commercio era muito importante, porque os Arabes, além do trafico dos productos especiaes que possuiam, foram como os Phenicios

---

[1] Élisée Reclus, *obr. cit.*, pag. 861.

os grandes recoveiros das mercadorias da India; e por isso tambem a sua exportação e reexportação se tornaram muito consideraveis.

Por um lado, os productos aromaticos do seu solo tinham grande consumo nos tempos antigos, não só para os sacrificios religiosos, como tambem para aceio e luxo das pessoas e casas ricas. Segundo já notámos, era requisito essencial da‡moda e attributo indispensavel de riqueza, na maior parte dos paizes, a diffusão dos perfumes nas roupas, no corpo, nos templos e nas habitações.

Por outro lado, a canella que abundava na Arabia, constituia, como a de Ceylão, um artigo importante do trafico internacional.

Bastavam por isso estes productos, para que a exportação fosse muito importante. E havia ainda as tamaras e as perolas, além da reexportação dos generos que os Arabes traziam do oriente.

A importação consistia nos generos agricolas alimentares, que elles transportavam da Mesopotamia, da Judéa e do Egypto; nos productos industriaes de que necessitavam, e que lhes eram tambem fornecidos principalmente pelos Babylonios, Egypcios e Phenicios; e bem assim nos objectos do commercio oriental, destinados á reexportação.

A Arabia estava dividida, como já vimos, em differentes tribus. Não possuia portanto uma capital que concentrasse, como na Chaldea, Judéa ou Egypto, o movimento economico. Mas nem por isso deixava de possuir muitas cidades commerciaes.

Logo ao norte, havia a de Ailath (Akaba), tambem chamada Adana, na extremidade do golfo que limita a peninsula do Sinai; e ao pé estava Aziongaber (Eziongheber). Esses dois portos serviam de escala, tanto aos Arabes como aos Phenicios, e aos proprios Judeus, no tempo em que estes dominaram n'essa região, para os generos da India e da propria Arabia.

Petra, que primeiramente foi conhecida sob o nome de Selek, estava fundada nas montanhas da Idumea, e aproveitou muito com o commercio d'aquellas outras cidades.

Mekara ou Macabara (Meca), no centro, *étape* das caravanas que cruzavam de norte a sul e vice-versa, era tambem importante.

Sabá, capital dos Sabeanos, teve um grande brilho. A historia registra a riqueza da rainha de Sabá, alliada de Salomão, que o foi visitar a Jerusalem, e o esplendor do seu sequito.

Essa cidade estava situada onde actualmente se encontra Mareb ou Mariaba, na depressão do Djof, n'um uadi, cujas aguas passam para o Hadramant. Só existem d'ella os restos d'um edificio de forma oval, conhecido no paiz por *palacio de Balkis,* que, segundo a lenda, foi o palacio d'aquella rainha [1].

Não ha noticias a respeito de qualquer systema monetario dos Arabés. Este silencio faz presumir que elles não tinham moeda propria.

Collocados no centro dos povos commerciantes, alguns dos quaes tinham dinheiro privativo, que corria nos demais paizes; vivendo principalmente do commercio externo, e tendo

E. Reclus, *obr. cit.,* pag. 905.

por isso d'acceitar, como intermedio das trocas, a moeda corrente n'esses paizes; e desprovidos de mineraes: não tinham grande necessidade de cunhar moeda sua. Pelo menos, o sileucio dos historiadores faz presumir que, em verdade, a não cunharam; ou então a cunharam em quantidade tão pequena que não deixou tradições.

A corrente commercial na Arabia seguiu por muito tempo os caminhos terrestres. A estrada maritima assustava as populações da Asia Menor, porque o mar Vermelho, semeado de bancos de coral e exposto a verdadeiros perigos, era temido dos marinheiros; e o mar da India parecia tambem muito vasto para os marujos improvisados, sem meios seguros de se conduzirem sobre as ondas.

Ora, por um lado, os Arabes conheciam melhor qualquer d'esses mares, especialmente o mar Vermelho, de que os outros povos; por outro lado, eram-lhes tambem mais familiares os caminhos terrestres; e, além d'isto, só encontravam concorrencia verdadeira nos Pheni-

cios. Os proprios Judeus, pouco aptos no rude
mister de marinheiros, limitavam-se geralmente
a esquipar navios e confiai-os á direcção dos
Phenicios, que, no mar Vermelho e no Mediterraneo, desempenhavam o papel d'armadores.
Por isso mesmo, os Arabes e os Phenicios foram por muito tempo os principaes recoveiros
maritimos dos productos da India, atravez do
mar Vermelho.

Mas emquanto aos transportes por terra,
esses ficaram quasi sempre nas mãos dos Arabes.

Para esses transportes, as caravanas seguiam os seguintes caminhos:

As do Yemen, conduzidas pelos homens de
Madian e do Edom, subiam para o norte, ao
longo da costa, até Mekara (Meca) ou até Yambo
e Havara (Lence Come dos Gregos); atravessavam Yathrib; e de lá iam a Sela, tornada mais
tarde Petra, capital do reino dos Edomitas, chegando á Phenicia pela região do Moab e Ammon.

As do Hadramant e Oman atravessavam o
deserto de Dahná, dirigindo-se primeiro para o
paiz de Dedan; depois, voltando ao oeste, atravez do alto platô do Nedjed, ganhavam Hedjaz,
no logar conhecido actualmente, sob o nome
de El-Henakieh — o caminho das peregrinações

a Meca; e d'ahi seguiam para a Phenicia, pela via das caravanas do Yemen.

Os habitantes de Dedan, a cujo territorio abordavam os navios que vinham da India, formavam tambem caravanas que iam á Phenicia, pelos caminhos já referidos; ou se dirigiam atravez do Mesalik, no baixo Eufrates, e de lá ganhavam directamente a Babylonia.

Finalmente, havia um outro caminho, que ia dar a Gherra, atravez do paiz dos Adramitas [1].

Tudo o que fica exposto, demonstra que os Arabes, já n'este periodo, occuparam no mundo economico um logar digno d'attenção. O contôrno dos mares abria-lhes as portas da navegaçáo e do commercio. A situação da Arabia, entre a India, a Europa e a Africa, proporcionava-lhes a missão de recoveiros mercantis. E a aridez de uma grande parte do solo era compensada pela natureza privilegiada do sul da peninsula e das costas, onde se produziam

---

[1]   Noel, *obr. cit.*, vol. I. — Heeren, *obr. cit.*, vol. II.

as drogas e perfumes, tão apreciados n'esta edade.

A tudo isto se deve a actividade commercial que, já nos tempos antigos, distinguiu este povo, para que depois, na edade media, se expandisse n'um altissimo progresso das artes e das sciencias.

CAPITULO VII

Os Judeus

O povo da Judéa não passava a principio de uma agglomeração confusa de bandos indisciplinados, ou antes de uma reunião incoherente de tribus semiticas: Edomitas, Ammonitas, Ismaelitas, Hebreus, e outras, com as alternativas da vida nomada, desde a miseria até á abundancia, e desde a guerra até á pilhagem.

No tempo de Jacob, parte d'essa população, impellida pela fome, teve de emigrar para as paragens ferteis do Egypto, quando ahi dominavam os reis pastores, que a reduziram á escravidão. Mas os seus descendentes insurgiram-se contra semelhante aviltamento; e, juntando-se a muitos Egypcios descontentes, dirigiram-se, debaixo do commando d'um chefe, que a Escriptura denomina Moysés, para a peninsula do Sinai. Depois, subindo para o norte, trataram de penetrar nas terras dos pequenos povos Chananeos, que, pela sua fertilidade, os encheram de cubiça e de inveja.

Para se poderem estabelecer n'essa região, alargaram o seu dominio pela Palestina; tiveram de sustentar differentes luctas com os seus habitantes; e, por vezes, as dissensões entre as proprias tribus vieram augmentar a desordem [1].

Durou isto desde o seculo xv até o seculo xi antes de Christo; e só então é que os Israelitas, designação por que todas essas tribus

---

[1] Pastoret, *Moyse considéré comme moraliste et comme legislateur.* — Gustave le Bon, *Les Premières Civilisations.* — Renan, *Histoire du Peuple d'Israel.*

já então eram conhecidas, cuidaram de eleger um rei, que foi Saul.

Estava ainda por concluir a conquista da Palestina, porque ainda subsistiam independentes, ao lado dos Israelitas, os Jabuseanos, Ammoneanos e outros pequenos povos; e ainda os Philisteus preponderavam n'uma grande parte do territorio.

Saul e seus successores, David e Salomão, completaram a conquista; e, pelo seu espirito levantado e genio economico, levaram a Judéa ao mais alto gráo de esplendor.

Assim, David, por uma serie de guerras, de que saiu victorioso, estendeu o seu reino até o mar Vermelho, na direcção do sul, e até o Eufrates, na direcção do este; e Salomão, alliando-se com os Phenicios, fez do commercio d'aquelle mar uma fonte de inexhauriveis riquezas.

Para o reino ter uma capital condigna, já David fundara Jerusalem. Para que no interior houvesse tambem um centro commercial, correspondente á grandeza dos seus estados, Salomão edificou Palmyra.

Por morte d'este monarca, as dissensões que se levantaram entre as proprias tribus; a separação da nacionalidade em dois reinos — o de

Judá, com Jerusalem por capital, e o de Israel, com Sichem, Thersa e Samaria; as guerras com os estrangeiros ; e a perda do commercio do mar Vermelho: arrastaram os Judeus a uma decadencia consecutiva. Houve ainda um intervallo glorioso no tempo de Amasias, Osias e Joatham, em que pareceu renascer o tempo de Salomão ; porém a decadencia continuou depois, mais precipitada, até que os Judeus tombaram n'uma completa ruina [1].

E, com effeito, 721 annos antes de Christo, Sargon, rei de Ninive, destruiu o reino de Israel. O reino de Judá, muito mais pequeno, mas conservando um pouco o prestigio da sua capital, durou ainda quasi seculo e meio, até que Nabuchodonosor, no anno 586, a saqueou e destruiu; sendo os principaes habitantes levados como prisioneiros e espalhados pelas terras da Babylonia, e a Judéa riscada do numero das nações.

Embora, depois d'isto, Cyrus permittisse que os Judeus reconstruissem a cidade e o templo, nunca mais ella retomou a sua antiga grandeza, nem tambem a Judéa readquiriu a sua independencia.

---

[1] Gustave le Bon, *obr. cit.*

Os Judeus occupavam a Palestina, que era a passagem forçada das irrupções do Egypto sobre a Assyria e Babylonia, e da Assyria, Babylonia e Persia sobre o Egypto. E essa situação intermediaria, ao passo que os sujeitava aos revezes da guerra e da invasão, determinava, por parte d'aquelles outros povos, o desejo de conquistal-os; d'onde resultava a sua oppressão quasi permanente.

Por isso, a não ser nos tempos aureos, reinados de Saul, David e Salomão, e nos tempos de Amasias, Osias e Joatham, em que, por sua vez, se converteram em guerreiros e conquistadores, os Judeus andaram, com pequenas excepções, debaixo da pressão dos outros povos.

Já isto devia prejudicar o seu desenvolvimento economico. Mas accresce que, mesmo a sua organisação civil e religiosa os contrariava n'esse ponto.

O povo estava dividido em differentes tribus, e a lei de Moysés prescrevia a separação d'ellas entre si: « Que as tribus se não misturem umas com as outras, mas que fiquem sempre separadas entre si, como o tem sido pelo Senhor. Todos os homens tomarão a mulher na sua tribu e na sua familia» [1].

D'este modo, o legislador impedia que a nação formasse um todo homogeneo; e, estabelecendo a desegualdade de classes e a separação de familias, prejudicava tambem as relações sociaes, e sequentemente a facilidade e frequencia das transacções. O agrupamento de forças n'um paiz é tambem uma das condições do seu progresso economico.

E esta separação de familias, o ciume ou rivalidade que d'ahi deviam resultar, mais se accentuava com a prescripção, tambem imposta por Moysés, de haver um só pontifice e um só altar [2], que, depois da fundação de Jerusalem, foi n'esta cidade.

Por isso mesmo que havia um só altar e um só pontifice, todo o homem, chegando á edade virii, era obrigado a vir sacrificar n'esse altar, em tres epocas differentes do anno, *tendo o cuidado*

---

[1] Numeros, cap. XXXVI, vers. 9 e 10.

[2] Levitico, cap. XVII, v. 4 e seguintes, e cap XXIII. — Deuteronomio, cap. XVI, v. 2, 5 e 16.

de não apparecer diante do Senhor de mãos vazias [1]. Estes preceitos, que muitos Judeus cumpriam á risca, dava logar a um grande mercado, no fim da viagem; e portanto, a par da despeza dos romeiros, proporcionava grande lucro ás tribus que lá estacionavam. E isso augmentando, como dissemos, o ciume e rivalidade d'umas e outras, fomentava as perturbações politicas, que explosiram, por fim, na separação de Israel e de Judá [2].

Por outro lado, o systema das impurezas de que já fallámos, que Moysés prescreveu egualmente nos seus livros, e pelo qual o individuo ficava impuro, por differentes causas, taes como o nascimento, desde que vinha á luz até á circumcisão, o contacto e alimento dos objectos ou animaes impuros, e certas doenças, como a lepra, systema esse que depois Zoroasto adoptou no Zend-Avesta, affastando por vezes os individuos do convivio social, contribuia tambem para embaraçar as relações mercantis [3].

---

[1] Du Mesnil-Marigny, *obr. cit.*, vol. I. — Levitico, cap. XXIII. — Deuteronomio, cap. XVI, v. 2, 5 e 16.

[2] Du Mesnil-Marigny, *obr. cit.*

[3] Pag. 87 e seguintes.

O horror aos idolos era outro inconveniente da religião. Os Judeus caiam frequentemente na idolatria[1]; e a forma por que os idolatras eram perseguidos e odiados pelos suppostos ortodoxos[2], não só trazia graves perturbações entre uns e outros, mas até inspirava grande animadversão contra os estrangeiros, que não seguiam a religião judaica[3].

Para se ver a que extremo era levada a intolerancia n'este ponto, basta ponderar que, tres dias antes de qualquer festa, já os Judeus não podiam comprar nem vender aos gentios ou idolatras, e portanto aos estrangeiros. Havia até muitas mercadorias que, em tempo nenhum, lhes podiam ser vendidas, como as armas, cadeias, joias e propriedades rusticas[4].

Moysés e Jeremias censuravam mesmo os tratados que se faziam com as nações estrangeiras, e o Levitico dizia: «eu sou o Senhor que vos tem separado de todos os povos»[5].

---

[1]   Pastoret, *Moyse considéré comme legislateur et comme moraliste.* — Exodo, cap. XXXII, v. 2 e 19.

[2]   Deuteronomio, cap. VII, v. 25 e 26.

[3]   Pastoret, *obr. cit.* — Levitico, cap. XVIII, v. 3; cap. XX, v. 23. — Edras, cap. XII, v. 1, 2, 3 e seguintes.

[4]   Pastoret, *obr. cit.*

[5]   Exodo, cap. XXII, v. 31.

Para melhor se atalhar a idolatria e incutir nos Judeus o sentimento da unidade de um Ente supremo, é que se estabeleceu a principio um só templo e um só altar; e Jerusalem foi, como dissemos, a cidade escolhida para isso [1].

Acresce que a sociedade estava dividida em varias classes. A dos sacerdotes era a privilegiada, mas só podiam ser sacerdotes os que não tivessem defeitos physicos notaveis e doenças repellentes. Essa classe cobrava em nome do Senhor os dizimos e primicias de todos os cereaes, fructos e animaes. Todos os filhos primogenitos tanto do gado como das pessoas, eram tambem offerecidos a Deus; mas essa offerta, emquanto ás pessoas reduzia-se a uma pura cerimonia, porque tinham de resgatar-se por uma certa quantia.

E, nas grandes festas do anno, todos os cidadãos tinham de dar presentes ao levita, independentemente da capitação annual que se pagava ao Estado.

Além da classe sacerdotal, havia outras in-

---

[1] Pastoret, *obr. cit.* — Du Mesnil-Marigny, *obr. cit.*, vol. I. — Levitico, cap. XVII, v. 4 e seguintes.

feriores; e vinha por fim a classe dos libertos e a dos escravos.

A escravidão resultava do acto pessoal do individuo, quando elle proprio se vendia [1]; do acto da familia, quando era o pae que vendia o filho [2]; da condemnação penal, quando os magistrados impunham esta pena; e da guerra, quando os prisioneiros ficavam reduzidos a esse estado. Os escravos, porém, eram tratados com muita doçura, e a escravidão não era perpetua; antes, em geral, acabava no fim de sete annos [3].

Os filhos illegitimos eram tambem olhados com desprezo e excluidos dos cargos publicos até á decima geração. O proprio casamento de um bastardo com outro bastardo era prohibido [4].

Os proselytos, isto é, os estrangeiros que tinham adoptado a lei de Moysés, ou que tinham fixado a sua residencia na Palestina, eram tambem olhados com desfavor [5].

---

[1] Levitico, cap. xxv, v. 39.

[2] Exodo, cap. xxi, v. 2. — Deuteronomio, cap. xv, v. 12.

[3] Pastoret, *obr. cit.* — Exodo, cap. xxi, v. 2. — Deuteronomio, cap. xv, v. 12.

[4] Deuteronomio, cap. xxiii, v. 2.

[5] Pastoret, *obr. cit.*

Havia eunuchos, ou por nascimento ou por ferocidade; e esses não tinham o direito de cidadãos, nem accesso aos cargos publicos [1].

Como se vê, a população não era uniforme nos seus direitos, nem livre na sua actividade, ou respeitada por egual na sua labutação. E a classe sacerdotal, com os dizimos e primicias, com a remissão das impurezas, e com os donativos que todo o cidadão tinha de lhe dar nas festas do anno, sugava uma grande parte dos rendimentos do paiz. O movimento industrial e commercial não podia, pois, deixar de ser affectado por semelhante organisação.

Tambem no systema de propriedade, os preceitos religiosos continham grandes inconvenientes.

De sete em sete anuos, havia o chamado anno sabbatico; e, no fim de sete vezes sete, e portanto de cincoenta em cincoenta annos, havia o chamado jubilar.

Tanto n'um como n'outro, era prohibido, sob pena de azorrague, plantar e cultivar as terras; e os fructos que ellas produziam espontaneamente, serviam sómente para alimentar a

---

[1] Deuteronomio, cap. XXIII, v. 3. — Pastoret, *obr. cit.*

familia, os creados, as bestas de carga e os rebanhos do respectivo proprietario. Não podiam ser vendidos [1].

No fim do anno jubilar, cada cidadão podia entrar na posse dos seus antigos bens ou de seus paes, resgatando-os pelo justo preço [2].

Esta lei jubilar teve execução até o assolamento da Judéa pelos Assyrios. Então, por espaço de sessenta annos, o paiz ficou sem habitantes; e, quando os Hebreus foram reintegrados na sua patria e o templo reedificado, já a lei se não observava.

Pelo que respeita ao anno sabbatico, desde que o povo judeu teve de alimentar os exercitos dos soberanos de que era tributario, foi-lhe permittido semear e cultivar as terras no setimo anno, mas só quanto fosse preciso para essa alimentação.

O proprio trabalho era considerado como castigo de Deus, o que fazia que fosse olhado com menos favor; e esse modo de ver não podia deixar de tolher a actividade humana [3].

[1]   Levitico, cap. xxv, v. 4 e 5. — Exodo, cap. xxiii, v. 11. — Pastoret, obr. cit.

[2]   Levitico, cap. xxv, v. 10, 11 e 13.

[3]   Du Mesnil-Marigny, obr. cit. — Genesis, cap. iii, v. 47.

Tanto mais que tambem se considerava como peccaminosa a conservação do superfluo, o que prejudicava a economia, e tirava o estimulo da acquisição.

*

Tantas e tão fortes causas conjugadas não podiam deixar de prejudicar o desenvolvimento economico d'este povo. E, quando tratarmos em especial da agricultura e das outras industrias, ainda apontaremos outras circumstancias que influiram tambem desfavoravelmente.

E, entretanto, apezar de tudo isto, os Judeus occuparam na industria commercial um logar importante! Como se explica este paradoxo?

É que a Palestina, se ficava na passagem dos exercitos, ficava tambem no caminho da Arabia e do mar Vermelho; e, como a Babylonia, se bem que em menor grau, era um dos principaes caminhos do mundo antigo.

Seus estreitos valles constituiam a via terrestre, pela qual os maiores centros da civilisação antiga—a Mesopotamia, o Egypto e a Phenicia, tanto podiam estabelecer as relações commerciaes em tempos de paz, como fazer passar os seus exercitos em tempos de guerra. Por isso mesmo, quando as caravanas atravessavam essa região com os productos do oriente, da Arabia e do Egypto, os Judeus commerciavam com ellas, e este convivio mercantil, mau grado as restricções religiosas, incitava-os a irem tambem commerciar nos paizes estrangeiros. A Escriptura falla do balsamo, especiarias, myrrha, nozes, amendoas, e outros productos, que os Judeus levavam para o Egypto; e as riquezas com que Salomão pôde entreter uma côrte luxuosa, provinham do commercio effectuado por caravanas a seu soldo com as regiões meridionaes do mundo conhecido, e da venda de madeiras e gommas preciosas que os seus navios carregavam em Ophir e Tharsis [1].

Por isso, na industria commercial, os Judeus, mau grado os preceitos religiosos, que tendiam a embaraçal-a; mau grado a divisão do povo, que prejudicava a homogeneidade dos laços sociaes, e portanto a facilidade e frequencia das transacções; mau grado as barreiras naturaes

---

[1] Ha duvidas sobre a identificação de Ophir e de Tharsis; mas a opinião mais seguida é que Ophir correspondia a Sofala e Tharsis a Melinde.

do seu terreno[1] e o amor que uma parte da população tinha ao deserto: não obstante isso tudo, representaram um logar honroso na historia antiga.

A Judéa falhava de generos mineraes; mas, ainda assim, tinha um producto de que tirava grande proveito — o balsamo fornecido pelo lago de Genezarett, que ainda tem grande reputação, sob o nome de balsamo de Meca[2].

Em compensação, a Palestina, tornada hoje um deserto, era, na maior parte, graças ás irrigações artificiaes, uma terra de eleição, e assemelhava-se na maior parte, e especialmente na Galileia, a um oasis arrebatador. E era preciso tudo isso, para que os Judeus possuissem os generos sufficientes á sua subsistencia, porque a religião de Moysés tendia a fazer-lhes desaproveitar a riqueza do solo. A prova d'isto

---

[1] A Palestina estava rodeada das montanhas do Galaad e do Libano ao oeste, e dos desertos da Arabia ao sul; e tinha grandes espaços improductivos.

[2] Heeren, *obr. cit.,* vol. II.

é que, apezar d'essa feracidade, havia frequentes crises de fome.

Primeiramente, como já vimos, no anno sabhatico, não podia cultivar-se a terra, nem mesmo se podiam aparar ou podar as arvores e as vinhas. E isto, ao passo que alentava a ociosidade e tirava o estimulo da economia, cerceava a riqueza nacional.

Em segundo logar, a proscripção do superfluo tolhia tambem a persistencia do trabalho e o amor da economia — esta grande alavanca do progresso.

Em terceiro logar, tambem Moysés preceituava, que em nenhum campo, se fizessem culturas de differentes especies. Era mesmo prohibido enxertar as arvores novas [1].

E estas prescripções, generalisadas por todas as arvores e por todas as sementes, deviam tambem influir maleficamente na agricultura.

Além de tudo isso, havia para muitas pessoas o preconceito de que toda a cavagem da terra era reprovada por Jehovah [2].

E, finalmente, ao passo que a legislação ga-

---

[1] Levitico, cap. XIX, v. 19.

[2] Du Mesnil-Marigny, *obr. cit.* — Josephus, *Antiq. Judaiques*, liv. I, cap II.

rantia a validade dos contractos e punia gravemente algumas faltas veniaes, não olhava com o mesmo rigor para o furto e roubo. O castigo dos ladrões não correspondia á gravidade do delicto. E estava no costume geral o poder qualquer pessoa entrar nos campos alheios e comer dos fructos á vontade[1]. Por isso os rapinantes eram em maior numero que n'outro paiz[2].

A consequencia de tudo o que fica exposto, é que a agricultura não attingiu nem podia attingir, intensiva e extensivamente, o grau de desenvolvimento que era proprio do solo afortunado da Judéa.

Os generos mais abundantes eram o trigo, a cevada, a espelta, o milho, a ervilha, a lentilha, o vinho, o azeite e o linho. Sobretudo, o vinho de Belem e o azeite de Jerichó eram muito apreciaveis.

Não havia grande abundancia de arvores; mas, ainda assim, o paiz tinha, além da oliveira, bastantes figueiras, palmeiras, especialmente as tamareiras, romanzeiras, amendoei-

---

[1] Levitico, cap. IV, v. 1 e seguintes. — Exodo, cap. XXII, v. 20 e seguintes.

[2] Du Mesnil-Marigny, *obr. cit.*, vol. I. — Strabão, liv. XVI, cap. XIX.

ras, pereiras, açafeiteiras, alfarrobeiras, syco-
moros enormes, e bastas florestas de carvalhos.

*   *

Embora a creação do gado fosse olhada com
mais favor do que a agricultura, havia comtudo
na legislação de Moysés preceitos que egualmente a prejudicavam.

Assim, a distincção de animaes puros e impuros de que já fallámos, constituia o primeiro
embaraço ao desenvolvimento da pecuaria.

A morte de grande numero de rezes para
os sacrificios religiosos estava no mesmo caso ;
e tanto mais que as primogenitas deviam ser
offerecidas a Deus.

Era prohibida a castração, de modo que,
por um lado, tornando-se por isso os animaes ordinariamente bravos e rebeldes ao jugo ou á
charrua, eram tambem muitas vezes improprios
para a lavoura; e por outro lado não se tirava
tanto proveito da alimentação que se dava ao
gado [1].

---

[1] Em geral com alimento egual o animal castrado engorda e cresce mais que o animal inteiro. — Du Mesnil-Marigny, *obr. cit.*, vol. I, pag. 396.

Não podia comer-se carne de nenhum animal, sem que este fosse sangrado com muito cuidado; e, ainda assim, inteiramente despojada da gordura, o que depreciava o custo da especie [1].

E os gados, nos arredores das cidades, só podiam ser pastoreados n'um certo recinto. De modo que muitos dos terrenos adequados á pastagem não recebiam o destino que lhes era proprio.

Todas estas circumstancias, pois, deviam tambem influir desfavoravelmente na industria pecuaria, e portanto na escassez do gado domestico. Uma prova d'isso é que a alimentação era principalmente vegetalista.

As especies animaes que preponderavam, eram do gado bovino, ovino e azinino. O boi e o asno eram tambem os principaes instrumentos de labor, empregados pelos Israelitas.

m uanto á industria, essa era completamente nulla, e era até considerada pelos Is-

_____

[1] Levitico, cap. III, v. 17.

raelitas com absoluto desprezo. Na maior parte das fabricações, foi prescripta uma simplicidade extrema e uma uniformidade desoladora. Regulamentos severos obrigavam a dar aos diversos tecidos côres determinadas, e a compol-os sómente d'uma unica materia.

Era prohibido tudo que constituisse luxo ou adôrno [1]. Por isso, a moda, esta engrenagem social, creadora do trabalho e da industria, estava condemnada. Segundo a religião, o luxo era odioso a Jehovah.

Apenas por excepção, nos tempos aureos da Judéa, reinado de David e sobretudo de Salomão, em consequencia da ostentação da côrte e do estimulo apparatoso d'esses monarcas, o luxo attingiu um grau elevado.

Então, as mobilias das pessoas ricas eram feitas de madeiras preciosas. Usavam-se tapetes de Tyro e leitos de marfim. O consumo de perfumes era enorme. Havia grande variedade de *toilettes,* em linho, byssus, seda e lã. Mesmo o fato do homem levava guarnições e franjas de purpura, bordaduras e colchetes de ouro e pedras preciosas; e as damas usavam collares,

---

[1] Du Mesnil-Marigny, *obr. cit.,* vol. I. — Exodo, cap. II, vers. 24 e 25.

e joias tambem de perolas e pedras preciosas.

Mas, repetimos, este luxo não foi permanente, nem tinha logar em todas as classes; e
era considerado como odioso a Jehovah.

Nas artes liberaes, só havia excepção para a
musica, de que os Judeus foram muito amantes
e cultivaram com proveito. Os instrumentos
usados eram a harpa, a lyra, o tambor, os tim-
bales e as trombetas [1]. Todos os outros eram
excluidos do progresso. As sciencias eram
desprezadas, *porque desviavam a attenção dos
Israelitas para o Senhor.*

Por esta razão, se limitaram quasi unicamente a confeccionar vasos grosseiros de barro
ou de madeira, pannos grossos, calçado rusti-
co, e outros artigos de uso vulgar [2].

Os Judeus não tiravam, nem podiam tirar,
grande resultado do commercio maritimo do
Mediterraneo; porque, embora possuissem uma

---

[1] Paralip., liv. I, cap. XIII, vers. 5, e cap. XXIII, v. 5.
[2] Du Mesnil-Marigny, vol. I, *obr. cit.*

extensa facha littoral, e os portos de Janina,
Joppé e Cesarea, que foi tambem chamado o
throno de Strabão, não podiam taes portos servir de base a grandes operações, por não pres-
tarem grande abrigo aos navios, em consequencia dos ventos dominantes, que levantavam
grandes vagas contra os rochedos. E essas vagas no refluxo, augmentavam ainda, n'um certo
espaço, a agitação do mar [1].

É que antigamente o littoral da Judéa era
mais inhospito e perigoso. O mar vinha que-
brar-se contra os rochedos da praia, e, em
caso d'accidente, as embarcações e os tripu-
lantes arriscavam-se a perder os bens, a carga
e as vidas. E actualmente que as aguas se têm
afastado dos antigos limites e a costa se tem
açoriado, o maior perigo dos navios é vararem
na areia, sem grande risco da carga e da tripulação.

Por isso, durante um periodo de quatrocentos annos, desde Moysés até David, os Hebreus
não tiveram nenhum trafico maritimo. E pode
accrescentar-se que, se as condições do littoral mediterraneo lhes fossem mais propicias,

---

[1] Flavius Jesephus, *Guerra dos judeus,* liv. i, cap. xv.

sob esse ponto de vista, os Phenicios, seus visinhos, possuidores da maior extensão costeira do mar da Syria, monopolisadores do commercio d'este mar, e rivaes de todos os povos commerciantes, lhes fariam uma terrivel concorrencia.

Com o reinado de David, tudo mudou; porque este monarca dirigiu a sua attenção para o mar Vermelho, apreciando bem quão vantajoso poderia ser o commercio por esse lado.

N'este sentido, fez todos os esforços, para se apoderar da Iduméa, onde havia muitos bons portos, e entre esses os de Ailath e Aziongaber. Desde então, as frotas mercantis foram esquipadas n'esses portos, para serem dirigidas sobre Ophir, d'onde traziam valores consideraveis, em mercadorias de toda a ordem, e sobretudo de metaes preciosos.

Depois d'isto, Salomão augmentou muito o commercio e navegação, fazendo até, apezar da má vontade dos levitas, que não queriam cómmunicação com os estrangeiros, um tratado commercial com os Phenicios, para estes lhe fornecerem marinheiros habeis.

E tão productivo foi o commercio que Salomão fez n'esses portos com o Oriente, especialmente com Tharsis e Ophir, que pôde, com os recursos d'esse trafico, edificar e fortificar um grande numero de cidades, entreter numerosos exercitos permanentes, e estender o seu poder sobre todos os reis que estavam desde o Eufrates até á terra dos Philisteus e até ás fronteiras do Egypto [1], *tornando tributario tudo o que do povo dos Amorrheos, Hetheos, Ferezeos, Heveos, Jebuzeos, tinha até ahi conservado a sua liberdade* [2].

Certamente que Salomão tinha outras rendas, além das que resultavam do mar Vermelho; mas nenhuma d'essas lhes eram compafaveis [3].

E tão productivo era então esse commercio que, segundo já vimos, n'esta epoca, o Egypto só muito difficilmente abria os seus portos aos estrangeiros; e, por isso a maior parte dos mercadores da India e da Arabia atravessavam a Palestina, afim de irem para a Europa e para uma grande parte da Asia.

Por morte de Salomão, começou a decadencia.

No governo de seu filho Reboão, houve a se-

---

[1] Paralip., liv. II, v. 26.
[2] Reis, liv. III, cap. IX, v. 20,
[2] Du Mesnil-Marigny, *obr. cit.*

paração das tribus de Israel e de Judá; e Susac, rei do Egypto, invadiu a Judéa. No governo de Abias, filho de Reboão, aquellas tribus luctaram entre si. Sob Asa, successor de Abias, deu-se a guerra com os Ethiopes. E, finalmente, no tempo de seu filho Josaphat, uma revolta da Iduméa fez perder aos Judeus aquelles portos do mar Vermelho.

Ao mesmo tempo, começou para ambos os reinos uma era de desolação quasi constante, que se prolongou pelos reinados seguintes. Só no tempo d'Amasias e nos cincoenta annos do governo d'Osias, em que a Judéa esteve de novo senhora de Iduméa, e teve novamente abertos os portos de Ailath e Aziongaber e restabelecido o commercio do oriente, é que este paiz recuperou a antiga prosperidade commercial. Mas, sob Achas, Rasin, rei de Damasco, arrebatou-lhe os portos idumeus[1], e o commercio maritimo do mar Vermelho, por falta de base, foi-se apagando de todo, e com elle a vida economica da Judéa.

Desde então, os Phenicios, auctorisados por Cyro e seus successores, exploraram os portos

---

[1] Paralip., liv. II, cap. XXVIII, vers. 17. — Reis, liv. IV.

de Ailath e Aziongaber. As mercadorias da India eram desembarcadas ahi, e atravessavam o deserto, para irem a Rhinococunu; e, d'esse ancoradouro no Mediterraneo, situado a pequena distancia d'aquelles portos, iam para os seus respectivos destinos.

O commercio terrestre, n'esses tempos aureos, teve tambem uma certa importancia; porque os Judeus traficavam egualmente por caravanas com os Arabes e com os outros povos.

E, embora Moysés prohibisse a usura [1], d'onde não podia deixar de vir prejuizo para a circulação do capital, n'esse ponto, os Judeus reagiram contra a lei, e os emprestimos a juros, mesmo até doze por cento, eram vulgares [2].

Do que fica exposto já se deprehende qual a natureza e a força do commercio hebraico.

Era principalmente de transito.

---

[1] Levitico, cap. XII, v. 15. — Exodo, cap. XXII, v. 25.
[2] Du Mesnil-Marigny, obr. cit. — Nehemias, cap. V, v. 10 e 11. — Evangelho 2.º de S. Lucas, cap. XIX, v. 23.

As perolas, os diamantes, as joias, os tapetes, os vasos de bronze, os perfumes, em summa, os productos da India, da Mesopotamia, da Persia, da Arabia, da Phenicia e do Egypto, cruzavam-se frequentemente no caminho das caravanas.

Uma pequena porção era consumida no paiz, mas a grande quantidade seguia do oriente para occidente, ou vice-versa, com destino ao trafico mercantil das outras regiões.

Propriamente da Judéa, eram expoitados alguns generos agricolas, como vinho, azeite, cereaes, lãs, e o balsamo, que se recolhia no lago de Genezareth [1].

Os centros principaes foram : Jerusalem, Sichem, Samaria, Cesarea, Gaza, Joppé, Jerichó, Askalon, Tádmor (Palmyra).

Jerusalem foi por muito tempo a capital da

---

[1] Du Mesnil-Marigny, obr. cit., vol. I. — Plinio, liv. xiv, cap. ii. — Reis, liv. ii, cap. v, v. 11. — Baudrillart, Histoire du luxe, vol. i. — Heeren, obr. cit., vol. ii.

Judéa Apezar do seu nome significar *herdeira da paz,* ella deveu a origem á posição estrategica d'uma fortaleza que havia n'um rochedo, facil de defender e que dominava as alturas da Judéa meridional, entre a vertente do Mediterraneo e a do mar Morto. Conquistada pelo rei David aos Jebuseanos, essa fortaleza foi transformada n'uma poderosa capital, que logo, sob Salomão, se tornou a cidade mais populosa de toda a Syria; e este monarca levantou ahi com a maxima magnificencia o templo que teve o seu nome. Pouco tempo depois d'isso, foi invadida pelos Egypcios, e mais tarde occupada pelos Philisteus, pelos Arabes e pelos mesmos Egypcios.

Por sua vez, os Assyrios se apoderaram d'ella; e o templo foi arrazado e as muralhas demolidas.

Na volta do captiveiro, os Judeus reedificaram o templo; mas, não tendo obtido a sua independencia, a cidade pertenceu successivamente a quantos conquistadores avassallaram a Judéa.

Até os Parthos lá entraram, quando, já no dominio dos Romanos, ella era governada por um cliente do imperio. Os Judeus, sob Tito, confiando nas prophecias, revoltaram-se contra os

Romanos, e refugiaram-se na cidade; mas tiveram de render-se, em face da fome, do incendio e do typho. Os seus habitantes ou defensores foram massacrados, queimados ou destinados ao circo, e a cidade foi incendiada. Reedificada por Adriano, mas vedada aos Judeus, ainda teve de supportar novas desgraças na edade media, de que trataremos no segundo volume d'esta obra.

Está n'um platô de perto de 800 metros de altitude, que se inclina docemente para o sul, e que é rodeado de todos os lados por meio de ravinas profundas.

Como já dissemos, lá se elevava outrora o templo de Salomão, ao qual concorriam os Judeus de todas as tribus[1].

Jerusalem, pois, apezar de estar edificada n'uma situação má, economicamente fallando, porque estava afastada do mar e no meio d'um verdadeiro deserto de pedra, chegou a ser um grande centro commercial e muito populoso. Ainda no tempo dos Romanos, contava quinhentos mil habitantes.

---

[1] E. Reclus, *Nouvelle Géographie Universelle — L'Asie Antérieure.*

Joppé (Jaffa) era o porto por onde ella se servia.

Sichen (Nablus ou Napluse) estava situada na região montanhosa da Samaria. Outrora rival religiosa de Jerusalem, occupava, como ainda occupa, uma situação bem mais feliz, porque está collocada a 570 metros d'altitude, precisamente no ponto de separação dos valles que descem, ao oeste, para o Mediterraneo, e, a leste, para o Jordão, e n'um terreno fertil e bem regado.

Samaria (Sebaste ou Sebastiyeh), capital dos Samaritanos, era tambem cidade notavel; e tanto que foi denominada pelos Romanos a cidade Augusta.

Cesarea (Kaisaryeh) era o porto por onde ella se servia.

Esta cidade de Cesarea foi, depois da destruição de Jerusalem por Tito, a capital da Judéa, e as festas de inauguração começaram pelo massacre de milhares de Judeus na arena. N'este logar, o littoral bordado de dunas é rasgado de angras rochosas; e uma d'ellas, provida de molhes e quebras-mar, tornou-se, no tempo de Herodes, o porto mais animado da Palestina [1].

---

[1]   E. Reclus, *obr. cit.*

Gaza (Ghazzeh), embora na visinhança do deserto, era muito commercial, pela sua posição intermediaria entre o Egypto, a Palestina, a Africa e a Syria.

Joppé (Jaffa ou Yafa) foi o porto escolhido por David e Salomão, para desembarque dos materiaes fornecidos pelos Phenicios e pelas ilhas do Mediterraneo para a construcção da cidade e templo de Jerusalem. Mas esse porto não era bom.

Jerichó, construida no logar onde hoje está Rika ou Erika, mas a certa distancia para nascente d'aquella que os Judeus destruiram, quando entraram na terra de Chanaan, foi, depois do captiveiro da Babylonia, a segunda cidade da Judéa, e ao mesmo tempo a escola dos prophetas. Herodes I fez d'ella a sua residencia.

Askalon, a *Noiva da Syria,* apezar das frequentes vicissitudes, das guerras e dos assaltos, foi uma grande cidade, e continuou sendo até as cruzadas.

Tadmor, que os Latinos traduziram pelo nome de Palmyra, fundada, como já dissemos, por Salomão, hoje pobre aldeia em terreno arido e secco, era, nos tempos antigos, bem regada e *etape* das caravanas entre o Eufrates e Damasco.

A importancia commercial d'essa cidade foi enorme. Constituiu um dos maiores entrepostos commerciaes do mundo antigo, e as suas ruinas ainda hoje attestam a sua grandeza.

«Palmyra, diz E. Reclus, era a cidade das columnas. Ainda hoje, embora na maior parte arruinada pelos tremores de terra, apresenta com suas ruinas, seus fustes, seus capiteis, o aspecto d'uma sementeira de marmore. O horisonte de Tadmor parece de todas as partes limitado por columnas. De quatrocentos, que ornavam o templo do sul, cincoenta ainda estão de pé. Das quinhentas, que formavam a grande avenida central, prolongando-se entre os palacios, n'um comprimento de mil e duzentos metros, vêem-se ainda cento e cincoenta» [1].

Podemos tambem mencionar entre os centros do commercio judaico a cidade de Damasco (El Cham), edificada nas margens do Barady ou Barada, rio da Syria, que esteve por muitas vezes submettida aos Hebreus, e que, na edade media, veio a ser capital do imperio arabe. Rodeada d'um oasis muito fertil, que lhe augmentava a importancia, era tambem *etape*

---

[1] E. Reclus, *obr. cit.*, pag. 793.

das caravanas e entreposto dos productos do oriente.

Os Judeus, pelo exemplo·dos povos commerciaes que cruzavam o seu paiz, usaram muito cedo da moeda.

Nos primeiros tempos, a unidade que servia de intermedio nas trocas, era o ciclo de 130 a 135 grãos inglezes, empregado tanto para o ouro, como para a prata.

No periodo mosaico, usou-se tambem o mesmo siclo, tanto para o ouro como para a prata, chamado siclo do Santuario. E havia tambem a mina ou *maneh*, que era egual a 50 d'aquelles ciclos, e o talento ou *kikar*, que era igual a 60 manehs.

Na epoca da realeza, cunharam-se ciclos d'ouro e duplos ciclos; sendo da mesma forma um maneh egual a 100 ciclos simples ou 50 ciclos duplos, e um talento egual a 60 manehs.

E o mesmo systema foi empregado para a prata e cobre.

Depois da volta do captiveiro da Babylonia, o ciclo leve, isto é, de 130 a 135 grãos, foi ainda empregado para o ouro; e o ciclo pesado, que

se usava na Babylonia ou Phenicia, e que tinha
260 a 270 grãos, para a prata.

No tempo dos Machabeus, usou-se a moeda
de ouro, pelo velho padrão de 130 grãos, e a de
prata, pelo padrão phenicio de 225 grãos.

Para o cobre e outros objectos de pequeno
valor, em proporção do peso, empregava-se o
systema de duplos ciclos, fazendo 60 duplos
ciclos um maneh e 60 manehs um talento.

O ciclo simples valia 684 reis. Tinha 20
obulos, e cada obulo valia approximadamente
34 reis. O maneh valia 34$200, e o talento
2:052$000 [1]

m uanto ás communicações, já vimos que
era principalmente pelo mar Vermelho que a
Judéa entretinha as suas relações maritimas
com a Arabia e com o Oriente.

E pelo que respeita ás vias terrestres, as
caravanas seguiam os caminhos tradicionaes,
de que já fallámos, a pag. 19 e seguintes.

Palmyra e Damasco eram estações princi-

1 Ridgeway, *obr. cit.*

paes d'essas caravanas, que d'ahi demandavam a Mesopotamia.

Este povo legendario, que não tem hoje berço nem patria, que tem de fazer dos seus braços o ninho dos seus filhos, e cujos restos dispersos pelo globo, apezar d'isso, preponderam em toda a parte, pela sagacidade, actividade e riqueza dos seus membros, teve, como fica exposto, na edade antiga, tambem uma epoca de grande brilho economico e politico, especialmente nos reinados de David e Salomão.

A religião mosaica embaraçava-lhe o desenvolvimento industrial e commercial; a animadversão pelos estrangeiros impellia-o para o isolamento; a falta de bons portos cohibia a navegação; a passagem dos exercitos guerreiros avassallava o terreno.

Mas, por outro lado, a feracidade do solo; o transito obrigado das caravanas que se cruzavam entre o occidente e oriente; a visinhança do mar, tentando com a miragem do trafico maritimo, não obstante a pobreza dos portos; e, finalmente, o genio politico e economico de

algum dos seus monarcas : tudo isso, con-
jugado, abriu na edade antiga para os Judeus
um logar proeminente, embora por intervallos,
no festim do commercio e da civilisação.

CAPITULO VIII

Os Phenicios

Situação da Phenicia e natureza do solo, e como esses dois elementos impelliram os Phenicios para o commercio e navegação. —
Como foram tambem auxiliados no seu desenvolvimento economico pela paz de que gosaram. — Extensão das colonias. —
Systema colonial. — Carencia de productos mineraes. — Abundancia de madeiras. — Escassez de productos agricolas e animaes. — Em compensação, abundancia do mollusco de purpura. — Desenvolvimento enorme da industria e commercio. —
Importação e exportação. — Centros principaes. — Moeda. —
Communicações. — Conclusão.

A Phenicia formava nas costas do Mediterraneo uma área de terreno estreita e esteril,
de cincoenta leguas de comprimento, de sul a
norte, por cinco a oito de largura, comprehendendo a parte da Syria que se estendia
de Tyro até Aradus. Fechavam-na, pelo nascente, as cadeias do Libano e Antilibano; e
essa pequena superficie era cortada por eleva-
ções longitudinaes, erriçadas de penedos abru-
ptos, que separavam differentes valles per-
pendiculares ao mar, os quaes muitas vezes,

communicavam entre si unicamente por ver-
dadeiros atalhos de cabras. E, n'esses valles,
assentavam as suas differentes cidades : Arad
(Road); Amrit; Gebal (a Byblos dos Gregos);
Beryto (Beiruth); Sidon, Sarepta; Tyro; Aco ou
Akko (S. João d'Acre).

A configuração do terreno e a difficuldade
de communicações trouxe a confederação politica; a esterilidade do territorio, os limites que
o encerravam, entre as montanhas e o mar, e a
attracção do Mediterraneo, trouxeram a exploração da navegação e do commercio; o commercio trouxe a industria; e tudo isso, junto á
paz que os Phenicios gozaram, trouxe-lhes o
desenvolvimento intellectual.

Auxiliou-os tambem a posição, porque ficavam fóra do caminho por onde passavam as
phalanges guerreiras que irrompiam da Assyria e Babylonia sobre o Egypto, e do Egypto
sobre a Assyria e Babylonia.

A historia politica dos Phenicios é outro
corollario d'estes factores.

Vindos da Chananea e estabelecidos nas

costas da Syria, constituiram-se, como dissemos, em confederação, na qual Sidon teve primeiramente a hegemonia, a qual passou para Tyro, 574 annos antes da nossa era. E nunca fizeram guerra offensiva, como quem preza sobretudo as artes proveitosas da paz.

Conquistados pelos Egypcios sob Neco, 610 annos antes de Christo, amoldaram-se accommodaticiamente ao dominio dos vencedores. Por isso obtiveram d'elles o privilegio de fazerem o commercio no Egypto, por conta dos estrangeiros, e, nos paizes estrangeiros, por conta do Egypto; e gosaram d'este modo d'uma tranquillidade e liberdade quasi completas, ficando apenas obrigados ao pagamento de moderados impostos. Do poder dos Egypcios passaram, em 587, para os Assyrios e Babylonios, quando Nabuchodonozor conquistou o paiz do Nilo; e, se não obtiveram dos conquistadores as garantias que os Egypcios lhes tinham concedido, não foram comtudo opprimidos, graças á sua posição extravagante, e poderam continuar na sua labutação mercantil.

Ainda assim, tal foi a differença d'esta ultima dominação que acolheram Cyro como um libertador. E não se enganaram na espectativa, porque o dominio dos Persas foi ainda mais leve do que o dos Egypcios. A não ser a contribuição forçada de gente e navios que Xerxes requisitou para a guerra contra a Grecia, os Phenicios não conheceram a acção dos novos governantes.

Não admira, pois, que, em tão longo periodo de quietação, e com a impulsão de tantos incentivos economicos, elles occupassem no commercio do mundo antigo uma posição que por nenhum outro povo foi excedida, e só foi egualada pelos Gregos.

Por isso mesmo, o seu commercio era enorme, e concentraram nas mãos, até o seculo v antes de Christo, quasi todo o movimento mercantil do mundo antigo.

Dispondo, porém, de tão pequeno territorio na metropole, esse commercio não podia exercer-se largamente, sem colonias ou feitorias que servissem d'entrepostos e ampliação do seu trafico, ou d'abrigo e ancoradouro dos seus navios.

E, com effeito, a expansão colonial dos Phenicios foi tambem enorme. Custa mesmo a conceber como um paiz de tão acanhados limites territoriaes e de tão pequena população, porque, segundo os melhores calculos, a metropole não chegou a ter mais de seiscentos mil habitantes, se pôde espalhar por tantas e tão vastas regiões.

Foi assim que, descendo para sul, os Phenicios estabeleceram differentes colonias nas costas do mar Vermelho, e foram ao golfo Persico fundar as de **Tylos** ou **Barhein, Aradus** e **Dedan.**

Subindo para a Europa, estabeleceram em Chypre as colonias de **Golgos, Catium,** Paphos e **Amathus**; e, defronte, na Lycia, continente asiatico, Side.

Em Rhodes, fundaram tambem differentes feitorias.

Em Creta, as colonias de Leben, Itanos, Karat, Lappa.

Na ilha d'Astartea ou Aphrodite, a colonia de Cythera ou Kythera.

No Peloponeso, a colonia de **Cythion.**

Na Attica, fundaram e povoaram Thebas, e estabeleceram grande numero de feitorias.

Nas ilhas do mar Egeo, além d'outras colonias, as de **Paros** e **Melos.**

Na **Propontida** (Marmara), **Pronestos.**

No Porto Euxino (mar Negro), Sinope e Phase.

No littoral da Thracia, Thasos; e, junto ao Hellesponto, nas ilhas de Lemnos e Imbros, as colonias do mesmo nome.

No mar Jonio, Corcyra.

Nas costas do Adriatico, Malaca, no littoral calabrez.

No mar Infero (Thyrreno Meridional), Medama e Temesa.

Na Trinacria (Sicilia), Ras Melkarth, Kepher, Motye e Makhanat.

As colonias de Cossyra, Melita e Gaulos, nas ilhas dos mesmos nomes.

Na ilha de Sardes (Sardenha), Nora, Caralis e Tharros.

Na ilha de Cyranos ou Kyrnos (Corsega), possuiram alguns estabelecimentos, que, no seculo VI antes de Christo, já tinham ahandonado.

Nas Gymnesias (Baleares), fundaram differente colonias, nas ilhas de Major (Mayorca), Pithyusas, Ebus ou Ebusa (Iviça).

Encheram de colonias as costas da Iberia, desde Emporias até ás Asturias; sendo Gades ou Gadir a mais importante. E Tartessus (Tarista), Carteja, Malaca (Malaga), Hispalis (Sevilha), deveram tambem o seu desenvolvimento á população phenicia.

Até nas Berlengas estabeleceram feitorias; e, na costa meridional das Gallias, que hoje corresponde á Provença e Languedoc, tiveram egualmente importantes estabelecimentos, desde o porto de Hercules Monœcum (Monaco) até Portus Veneris (Port-Vendres), como indicam algumas denominações d'origem phenicia, por exemplo, Nimes e Heraclea do Rhodano (cidade de Hercules), hoje Saint Gilles.

Não podia o continente africano ficar estranho a este movimento colonial. E, de facto, os Phenicios, seguindo ao longo do Mediterraneo, estabeleceram na Grande Syrte as colonias de Leptis Magna (Grande Leptis), Hippona, Bysert, Thapsus, Hadrumêta, Utica, Hyppo-Zaritos ou Hyppo-Diarhytos.

A oeste da Syrte até Numidia, Ruscinona, Rusuca, Caput-Vada, Ruspina, Ruspe, Kephalé, Caput Cillani.

No littoral, Numida, Rusticia e Rusicada.

Na Mauritania, Rusikibar, Rusconia, Rusibis, Rusukuro, Rusagis, Rusubeser. '

Na costa Mauritana-Atlantica, Rusadir (Cabo Atlas), Risadir, Bysadium, Ansa.

Fundaram egualmente Tingis (Tanger), Zelis (Ceuta), Lix ou Lekhes.

Crearam notaveis entrepostos nas grandes cidades do Nilo, como Thanis, Bubastis, Sais, Mendés ; e tiveram um grande estabelecimento em Memphis.

Nem deve esquecer que a cidade de Carthago foi fundada por emigrados de Tyro, e que, já no mesmo local, uma colonia sidonia tinha fundado Combés, que decaira de todo [1].

Muitas d'estas colonias tinham um governo semelhante ao de Tyro, com assembléas geraes e com suffetas. Outras, de menor importancia, tinham, como governadores, enviados da metropole, e elegiam tambem os seus suffetas ou juizes locaes. Mas todas ellas tinham obrigação de auxiliar a metropole; pagavam cada anno imposto equivalente ao dizimo dos seus rendimentos; estavam sujeitas a differentes restricções; e não podiam admittir livremente os estrangeiros nos seus portos.

A não ser em pedras de construcção, a Phenicia falhava de productos mineraes.

---

[1] Pereira de Lima, *Phenicios e Carthaginezes.* — Noel, *obr. cit.*, vol. I. — Perigot, *Hist. du commerce français.* — Pigeoneau, *Hist. du commerce de la France.* — D. Modesto Lafuente, *Historia generale de España.* — Maspero, *Hist. ancienne des peuples de l'Orient.*

E tambem o que dissemos emquanto ao seu territorio e situação, é bastante, para se ver que ella escasseava egualmente de productos agricolas e vegetaes. Apenas a madeira do Libano e Antilibano lhe proporcionava uma copiosa fonte de riqueza, e a visinhança da Palestina fornecia-lhe abundancia de vinho, que os Phenicios exportavam para o occidente, onde então o não havia. Se não era um producto proprio do seu solo, auferiam d'elle um grande proveito, como se o fosse.

É tambem evidente que não podia haver na Phenicia grande creação de gado. Á natureza rochosa do terreno e estreiteza dos valles juntava-se a actividade mercantil e industrial dos habitantes, que encontravam no commercio e na industria mais abundantes fontes de receita que na pecuaria.

Abundava, porém, nas costas do mar um producto animal, que os compensava de sobejo: era o mullusco da purpura — *murex brandaris,* e *purpura hemastoma.*

Embora o houvesse tambem n'outras regiões, não podia comparar-se com esse da Phenicia. Encontravam-se, é certo, no Mediterraneo, e mesmo nas costas occidentaes do Oceano outros molluscos d'onde se podiam extrahir côres semelhantes — como o *bucino,* o *ianthino,* o *mu-rex trunculus,* mas essas não podiam attingir nem o brilho cromatico, nem a tonalidade da tinta extrahida do murex brandaris e da purpura hemastoma [1].

A industria dos Phenicios era a imitação e remodelação da industria do Egypto e do Oriente; porque, n'essa parte, nada mais fizeram do que aperfeiçoar os modelos que encontraram.

Relativamente ao genero metallurgico, sobresaiam nas estatuas, vasos e outros objectos de bronze, que elles já trabalhavam em relevo; nos espelhos metallicos; nos objectos d'ouro e prata; nas joias de toda a especie.

O ouro era muito empregado. Os Phenicios laminavam-no tambem, para cobrirem as paredes e columnas dos templos e palacios e as estatuas das divindades e dos guerreiros. E muitas d'essas estatuas, quando não eram feitas de prata ou de bronze, eram fabricadas d'ouro macisso.

[1] Pereira de Lima, *obr. cit.* — E. Reclus, *Nouvelle Géographie Universelle — L'Asie Antérieure,* pag. 782.

Havia até mercadores, nas cidades mais opulentas, que guarneciam o pavimento das casas com esse metal.

O marmore era tambem objecto d'uma industria importante; porque muitas das casas e edificios se construiam com esse calcario.

Mas, no campo metallurgico, bem como na area de todo o movimento economico dos Phenicios, uma das industrias principaes foi a da ceramica e a do vidro.

Os primeiros povos que fabricaram o vidro e exerceram activamente essa industria, foram os Egypcios, como já dissemos [1], e tinham por auxiliar o solo que abundava de soda, carbonato de soda e de potassa, substancias empregadas nas preparações vitrosas.

Mas é certo que os Phenicios, logo depois do seu estabelecimento na Phenicia, começaram a aproveitar egualmente a potassa, e levaram a industria da fabricação do vidro a um grau de perfeição superior á dos Egypcios.

Fabricavam tres qualidades: o vidro incolor ou transparente; o vidro translucido; e o vidro opaco.

Este producto não tinha então um consumo

---

[1] Pag. 128.

tão grande como hoje tem ; já porque as janellas
do oriente não precisavam tanto de ser abrigadas ; e já porque as taças e copos eram fabricados de ouro, prata ou bronze, e os espelhos,
de metal polido. Havia mesmo taças d'ovos
de abestruz com pés metallicos, tambem preparadas pelos Phenicios. Mas, em compensação,
começou a usar-se muito cedo a moda de revestir de vidro as paredes e os tectos dos aposentos ; e, além d'isso, fabricavam-se muitos
outros objectos d'esta substancia.

Ora, como nenhum povo tinha a pericia
especial dos Phenicios n'esta industria, cons-
titum ella um dos seus maiores recursos economicos : tanto mais que õ vidro era tão
apreciado como o ouro, e até Job o compa-
rava á sabedoria.

Fabricavam elles pequenos vasos de vidro,
amphoras, objectos de *toilette,* estatuas e pedras falsas tão bem imitadas que era difficil dis-
tinguil-as das verdadeiras. E, entre essas pedras
as esmeraldas, que foram as mais estimadas,
constituiam um artigo de grande commercio.

Nas industrias derivadas do reino vegetal,
era tambem muito importante a de moveis da
madeira do Libano e Antilibano, incrustados
d'ouro e marfim.

Mas de todas as industrias a mais importante foi sem duvida a de tecelagem, em todos os generos, e especialmente a da purpura.

Havia nove côres purpurinas simples, desde a branca até á preta, e cinco intermedias. As primeiras eram o preto, o cinzento, o violacio, o vermelho, o azul escuro, o azul claro, o amarello, o rosado e o branco.

Embora se tingisse de purpura a seda, a lã, o algodão e o linho, este genero de tinturaria reservava-se de ordinario para a lã; e os Phenicios recebiam dos povos visinhos uma lã muito fina, que lhes proporcionava o meio de darem, pela excellencia do estôfo e do tecido, um grande valor aos seus productos [1]. Além d'isso, tinham a habilidade de ministrar á côr purpurina differentes *nuances,* para os tornarem ainda mais apreciaveis.

Dispondo assim de materia prima superior e de competencia especial, não admira que alargassem enormemente essa industria, e a elevassem ao mais alto grau d'esplendor a que podia chegar.

Por outro lado, o consumo era enorme,

---

[1] Heeren, *obr. cit.,* vol. II, pag. 95.

porque os sacerdotes e as classes elevadas
vestiam fatos de purpura. Decoravam-se com
ella os templos e palacios particulares, e usa-
-va-se largamente por todo o mundo civilisado.
Até na India, ella tinha grande consumo. A
purpura vermelha era a mais apreciada.

Por isso mesmo, o commercio da purpura
entre os Phenicios dava-lhes um rendimento
superior ao que o negocio d'algodão ministra
presentemente á Inglaterra; porque não tinha
tantos competidores. E, para satisfazerem a
tão enorme consumo, souberam elles estender
a fabricação dos respectivos tecidos por toda a
parte.

Havia fabricas de purpura em Sidon, Sarepta
e Dor, no littoral da Syria; em Lydda, na Palestina; na ilha Cyrusis (Chypre); nas costas do
Peloponeso; na ilha Porphyrusa (Cithera); nas
ilhas de Thera, Cos, Musyrus, Cyarus, Rhodes
e Creta; na Africa Septentrional, em Meninx,
Succubis, Zuchis e Culta; na Iberia, em Gades;
nas Baleares, em Tharsis; e tambem em differentes feitorias do Atlantico africano, bem
como nas ilhas Fortunadas ou Canarias [1].

---

[1] Pereira de Lima, *obr. cit.*

Foi da mão dos Phenicios que os outros povos tomaram essa industria; e só acabou ella com a propagação d'outras substancias tinturiaes, e quando o murex blandaris e a purpura hemastoma foram desapparecendo dos mares da Syria: tanto mais que era precisa uma grande quantidade de molluscos, para conseguir uma pequena porção de tinta.

Era tambem muito importante a fabricação de objectos de marfim, que figuravam em grande escala na exportação.

Exclusivamente commerciantes, industriaes e navegadores, não tendo na sua patria os generos necessarios á vida, e precisando por isso de os conseguir pela especulação mercantil, os Phenicios tornaram-se egoistas dos seus processos, invejosos dos seus segredos, avidos da sua ganancia, e muitas vezes crueis no seu trafico.

Escondiam por isso os traços do seu commercio aos outros povos; atacavam os navios que os seguiam, a ponto de os afundarem; eram desleaes nos seus tratados; e obtinham, muitas vezes, pela traição e violencia, como verdadeiros piratas, os escravos e escravas, de que faziam um dos principaes ramos do seu negocio.

Em todo o caso, o commercio era enorme, como já dissemos.

Importavam da Africa, Indostão, golfo Persico, Ceylão, e das regiões d'além do Ganges, perolas e pedras preciosas, muito procuradas para adorno dos reis e dos templos e ornamentação dos vestidos.

Traziam do Levante lãs finissimas, inclusivamente de camello; pello das cabras d'Angora; canhamo; algodão; e a seda que expediam tambem para as manufacturas da Grecia, desde que este paiz começou a tornar-se notavel pela industria.

Buscavam na Arabia o incenso destinado ás cerimonias religiosas, assim como a pimenta e a canella, que então crescia abundantemente n'esse paiz. A India ministrava-lhes teias de linho tingido, cujo colorido já foi elogiado por Job; e a Hespanha, ouro, prata, chumbo, estanho, ferro, trigo, azeite, cêra, lã, peixe salgado, fructas e carneiros.

Obtiveram tambem o estanho das ilhas Cassiterides (Sorlingas ou Scilly), que lhes deu grande augmento de riqueza; porque este metal era então um dos mais apreciados, por se prestar á combinação com os outros, e servir, ligado com o cobre, para constituir o bronze, de que se fazia um uso enorme.

Esse estanho, antes dos Phenicios passarem o estreito de Gibraltar, vinha por terra e por meio de caravanas, que, do estreito de Calais, atravessavam a França e paravam em Marselha, onde elles o tomavam. Mas, desde que o foram buscar directamente por mar á Inglaterra, saiu muito mais barato.

Da mesma forma, recebiam o ambar do Baltico e do mar do Norte, que as caravanas da Germania lhes traziam á foz do Pó, o antigo Eridon. E tiravam o ouro de Tharso, e de Siphnos e Simolos, d'onde extraiam tambem a prata.

A exportação consistia nos productos industriaes; no vinho da Syria e Palestina, que os Phenicios mandavam em grande quantidade para o Egypto, onde ainda o não havia; nas madeiras do Libano e Antilibano; e nos proprios objectos importados, quando cresciam do consumo, ou já vinham destinados á reexportação. E entre esses productos industriaes exportados, figuravam sobretudo obras de ouro, prata e bronze; tapetes; moveis; objectos de marfim, de ceramica e de vidro.

Mas, como já dissemos, o commercio e exportação da purpura eram os mais lucrativos.

Este enorme trafico influia por sua vez na navegação, como esta influia no commercio. Foram os Phenicios que, no mundo antigo, mais desenvolveram a arte nautica, e quasi a crearam.

Antes d'elles, os navios mercantes eram de uma forma alongada, com tres ordens de remos, d'onde lhes vinha o nome de triremos, e com dois mastros, um na prôa e outro na pôpa. Os Phenicios, porém, deram aos seus navios maior largura e profundidade, afim de os tornarem mais resistentes ao impulso dos ventos, que as frotas anteriores difficilmente supportavam.

Armaram-nos d'uma vela muito ampla, e reduziram a quilha a menores dimensões, para que taes navios podessem navegar rentes á costa. Com o tempo, ajuntaram-lhe uma e duas ordens de remos, e só deixaram mastro na ré do

navio, adornando a prôa com uma figura alle-
gorica.

Com estes melhoramentos, poderam os seus
navios percorrer até vinte e quatro milhas no
espaço de vinte e quatro horas, e monopolisar
a navegação do Mediterraneo, até que os Gregos
começaram a surgir no horisonte.

D'entre as emprezas maritimas d'este povo,
convém notar a que fizeram, incumbidos por
Neco II, do Egypto, quando elle os mandou cos-
tear pelo mar Vermelho o littoral da Africa e
voltarem ao Egypto pelo Mediterraneo [1].

Foi então que visitaram a Inglaterra, e começaram a explorar directamente o commercio d'estanho das Cassiterides.

Todas as suas cidades, todos os seus entrepostos e colonias constituiam grandes centros
do commercio; mas, na metropole, sobresaiam
principalmente as duas que tiveram por sua
vez a hegemonia da confederação — Sidon e

---

[1] Pag. 140.

Tyro; e, depois d'essas, Gebal, Arad, Tripoli, Beryto, Marathas (Amrit), Sarepta e Aco.

Sidon, hoje Saida, teve a hegemonia, durante seiscentos annos, desde 1600 até 1000 annos, antes de Christo; e ó seu commercio predominou sobretudo na parte oriental do Mediterraneo.

Tyro (Sour), fundada primeiramente no continente, foi destruida por Nabuchodonosor; e foi depois reedificada sobre um rochedo, de quasi tres milhas de circumferencia, com um porto voltado para Chypre, e outro para o Egypto. Era quasi inexpugnavel, e tão poderosa que resistiu dez annos aos Assyrios de Salmanasar e Sariukim, treze annos a Nabuchodonosor, e deteve todo o poder d'Alexandre, durante sete mezes.

Gebal (Djebil), a Byblos dos Gregos, cidade sagrada, celebre pelos mysterios d'Adonis, era a mais antiga da Phenicia.

Arad ou Aradus (Ruad), edificada n'um rochedo do mar, prolongava os seus bairros ao longo do littoral; e communicava com Marathas.

Tripoli foi o desembocadouro commum de Tyro, Sidon e Aradus, e d'ahi lhe veiu o seu nome.

Beryto, chamada mais tarde Beiruth e hoje
El Batrum, era tambem muito commercial; assim como Sarepta e Aco (S. João d'Acre). Era
em Sarepta que estavam as principaes fabricas
de vidro.

*

A perda total da litteratura phenicia e a
falta de dados historicos, a respeito do padrão
de que elles se serviam, para effectuarem as
suas trocas, faz que nada se saiba de positivo
ácerca do seu dinheiro, a não ser n'um periodo
relativamente adiantado, em que usaram dos
dois ciclos — o babylonio de 260 grãos inglezes, e o leve de 130 grãos. E, para a prata,
empregaram o ciclo de 225 grãos ou 14,58
grammas.

Cem ciclos leves constituiam um maneh, e
o maneh ou mina, um talento, como no tempo
dos Judeus.

Em todo o caso, não cunhavam dinheiro em
grande quantidade, nem precisavam muito de
o cunharem; pois, como importavam e exportavam productos de todas as regiões e para todos os paizes, tinham, por um lado, facilidade
de compensar as transacções e, por outro lado,

podiam servir-se commodamente do dinheiro estrangeiro [1].

*

A Phenicia não tinha nem podia ter grandes communicações internas, pela configuração do seu terreno; mas, em compensação, quasi todos os caminhos que se dirigiam do oriente, da India, da Bactriana, da Chaldea, da Arabia, do Caucaso, para o occidente, iam dar a Sidon e a Tyro. E os Phenicios tinham podido estabelecer-se nos pontos mais importantes da juncção das vias commerciaes: em Lais, nas fontes do Jordão, em Hamath, no valle d'Oronte, em Thapsaca, na parte mais baixa do Eufrates, em Nissibis, sobre o Mygdonios, perto das fontes do Tigre. E todos esses pontos se tornaram praças de commercio de primeira ordem, servindo áquelle povo de estações e feitorias no trânsito das suas caravanas [2].

---

[1] Redgeway, *ob. cit.* — Octave Noel, *Hist. du comm. du monde,* vol. I.

[2] Octave Noel, *obr. cit.,* vol. I, pag. 31 a 34.

A riqueza dos Phenicios, o seu commercio, o seu luxo e grandeza, o seu genio mercantil, a sua ductilidade no trato, e a sua habilidade na agencia, eram maravilhosas. Mercadores divinos lhes chamou Luciano. Eram crueis com os prisioneiros, roubavam escravos e escravas, e tinham para os povos estranhos a rivalidade e segredo de todos os agiotas; mas, no seu paiz e nas suas colonias, as cidades que possuiam entrepostos commerciaes, eram focos de civilisação, e os povos estranhos com elles se entendiam de preferencia.

De resto, a corrupção, infiltrando-se com o luxo, corria tambem parelhas com essa grandeza; e por isso mesmo despertaram a inveja dos paizes mais pobres e a indignação de Ezechiel.

Transcrevemos as palavras d'este propheta, que são ao mesmo tempo a confirmação do que temos exposto, e servem de conclusão a este capitulo:

«Tu, pois, filho do homem, faze uma lamentação sobre Tyro.

« E dirás á mesma Tyro, que habita na entrada do mar, a este emporio do commercio dos povos de tantas ilhas: Isto diz o Senhor Deus: Ó Tyro, tu disseste: Eu sou d'uma formosura perfeita.

« És situada no coração do mar. Os teus visinhos, que te edificaram, completaram a tua formosura.

« De faia de Sanir te fabricaram, com todas as cobertas dos teus vasos do mar; elles tomaram um cedro do Libano, para te fazer um mastro.

« Elles aplainaram os carvalhos de Basan para os teus remos; e de marfim da India te fizeram os teus bancos, e de madeiras das ilhas de Italia as tuas camaras de pôpa.

« O fino linho do Egypto, tecido em bordadura, te compoz a vela, para se pôr no mastro: o jacintho e a purpura das ilhas de Elisa fizeram o teu pavilhão.

« Os habitantes de Sidonia e de Arada foram os teus remeiros: os teus Sabios, ó Tyro, foram os teus pilotos.

« Os velhos de Gebal, e os mais babeis d'entre elles, deram os seus marinheiros, para te servirem em toda a equipagem dos teus baixeis: todos os navios do mar, e os seus marinheiros estiveram entre o Povo da tua negociação.

«Os Persas, e os da Lydia, e os da Lybia eram as tuas gentes de guerra no teu exercito : elles suspenderam em ti os seus escudos e capacetes para te servirem de ornamento.

«Os filhos de Arada com o teu exercito estavam sobre as tuas muralhas em circuito; e até os Pygmeos que estavam e as tuas torres penduraram as suas aljavas á roda dos teus muros : elles completaram a tua formosura.

«Os Carthaginezes, que traficavam comtigo, trazendo-te toda a casta de riquezas, encheram os teus mercados de prata, de ferro, de estanho e de chumbo.

.   «A Grecia, Thubal e Mosoch tambem estes sustentavam o teu commercio: trouxeram ao teu povo escravos e vasos de metal.

«Da casa de Thogorma trouxeram á tua praça cavallos, e cavalleiros, e machos.

«Os filhos de Dedan negociaram comtigo : o commercio das tuas manufacturas se estendeu a muitas ilhas : elles em troca das tuas mercadorias te deram dentes de marfim e de pau ébano.

«Os Syrios se metteram no teu trafico por causa da multidão das tuas obras; expozeram á venda nos teus mercados perolas, e purpura, e estofos bordados de pequenos escudos, e linhos finos, e sedas, e toda a casta de mercadorias preciosas.

«Os povos de Judá, e da terra d'Israel foram os mesmos, que commerciaram comtigo no melhor trigo; elles pozeram de venda nas tuas feiras o balsamo, o mel, o azeite e a rezina.

«O de Damasco traficava comtigo pela abundante variedade dos teus generos, pela multidão de varias riquezas, em vinho generoso, em lãs, da mais alva côr.

«Os da tribu de Dan, e os da Grecia, e os dè Mosel, expozeram á venda nos teus mercados obras de ferro polido : a myrrha distillada, e a canna aromatica entravam no teu commercio.

«Os de Dedan traficavam comtigo pelos teus magnificos tapetes para assento.

«A Arabia, e todos os Principes do Cedar, estavam tambem mettidos na dependencia do teu commercio: com cordeiros e carneiros e cabritos vinham a ti para commerciar comtigo.

«Os vendedores de Sabá e de Reema commerciavam tambem comtigo : com todos os mais subidos aromas, e pedras preciosas, e ouro, que expozèram á venda nos teus mercados.

«Haran, e Quéue, e Eden entravam egualmente no teu negocio: Sabá, Assur e Quelinad vinham vender-te as suas mercadorias.

«Elles tinham comtigo um trafico de diversos generos, trazendo-te fardos de jacintho, e de bordados de varias côres, e de ricas preciosidades que vinham embrulhadas, e atadas com cordas: tambem ajuntavam a isto madeira de cedro para negociar comtigo.

«Os teus vasos faziam o teu commercio principal: e tu foste cheià de bens, e elevada á mais sublime gloria no coração do mar.

«Os teus remeiros te conduziram sobre grandes aguas: o vento do meio-dia te quebrou no coração do mar.

«As tuas riquezas, e os teus thesouros, a tua equipagem tão grande, os teus marinheiros, e os teus pilotos, que dispunham de tudo o que servia á tua grandeza, e que governavam a tua tripulação: tambem as tuas gentes de guerra, que pelejaram por ti, com toda a multidão do povo, que estava no meio de ti: cairão todos juntos no fundo do mar no dia da tua ruina.» [1]

---

[1] Ezequiel, cap. XXVII.

CAPITULO IX

Os Carthaginezes

Fundação de Carthago. — Sua situação tão apropriada ao commercio e navegação. — Alargamento do territorio e fundação das colonias. — Systema colonial. — Organisação politica, para dominar a vasta rêde colonial. — Rendimento que os Carthaginezes tiravam das suas colonias. — Productos da metropole e colonias. — Industria, commercio e navegação — Egoismo economico dos Carthaginezes; e, no meio d'esse egoismo, enorme desenvolvimento. — Centros principaes. — Moeda. — Communicações. — Conclusão.

Oitocentos e setenta e oito anuos antes de Christo, segundo uns, e mil duzentos e cincoenta, segundo outros[1], as perturbações internas de Tyro e Sidon levaram uma parte importante dos Phenicios a demandarem nova região, onde, livres dos accidentes politicos da sua patria, podessem continuar a exploração mercantil dos seus antepassados.

---

[1] Heeren, *obr. cit.*, vol. IV. — Pereira de Lima, *Phenicios e Carthaginezes.*

Filhos de um paiz navegador e creados com as ondas do mar, convinha-lhes uma situação maritima, que podesse constituir outro grande centro do commercio do mundo. Saidos do terreno esteril, luzia-lhes o sonho d'um solo productivo. Membros de uma nação que prendia nos elos do seu trafico as praças commerciaes da Africa, Asia e Europa, necessitavam que a sua nova patria podesse prestar-lhes a mesma garantia.

Ora, já no seculo XIII antes de Christo, uma outra colonia de emigrados saira de Sidon, e viera fundar a cidade de Combe, perto do sitio da moderna Tunis.

Essa colonia, longe de prosperar, extinguira-se com o tempo; mas deixara a tradição do seu estabelecimento e das condições favoraveis do seu local.

Havia ahi um vasto golfo — o golfo actual de Tunis, formado pelo promontorio Hermaum (Cabo Bom) a oeste e pelo promontorio Apolinius (Zibib) a nascente. E, no fundo d'esse golfo, achava-se uma peninsula, ligada ao continente por um isthmo, quasi da largura de uma legua.

Essa situação tinha por isso as condições necessarias, para se poder explorar largamente o commercio maritimo, e, para ser defendida de qualquer invasão estrangeira.

Accrescia ainda, para tentar os emigrados, que toda a costa occidental, até á pequena Syrte, estava já occupada por colonias e cidades phenicias, entre as quaes avultavam Tunis ou Tysdnus, Hadrumêta, Hyppona, a Grande e a Pequena Leptis, e sequentemente por povos da mesma origem, da mesma lingua e da mesma religião. E ainda havia a occidente a importante cidade de Utica, tambem de origem phenicia.

Foi sobre aquella peninsula que se fundou Carthago, entre Utica e Túnis, que se avistavam do alto da cidade.

Uma lingua de terra, muito estreita, que entrava a oeste no mar, formava um duplo porto para os navios do commercio e da guerra. E, sobre essa lingua de terra, elevou-se a cidadella de Byrsa, rodeada de uma triplice muralha, de oitenta pés de altura e trinta de largo, para defender a cidade de qualquer ataque dos estrangeiros [1].

Ao longo do Mediterraneo, entre a Grande e Pequena Syrte — o reino actual do Tripoli, havia

---

[1] Heeren, *obr. cit.*, vol. IV.

uma facha estreita de terreno, quasi de cento
e sessenta e cinco leguas de comprimento, que,
desde o coração da Africa até o mar, desenvol-
via uma planicie arenosa, impropria para a cultura. Mas, desde Carthago até lá, e para sul, até
o lago de Tritão [1], encontrava-se terreno productivo, fertilisado pelas aguas do rio Bagradas
(Medgerda) e outros, que podia satisfazer aos
Carthaginezes o amor da agricultura.

Das tribus indigenas que rodeavam Carthago, só os Numidas, que estanceavam a leste,
é que tinham habitações fixas e eram agricultores. Todas as outras, desde o Egypto á Pequena Syrte e lago Tritão, Machlyes, Machyes,
Ausenses, Lotophagos, Maceis, Nasamons, Gy-
santes, Bysantes e Guaramantes, eram nomadas; não sendo por isso de receiar a concorrencia commercial ou politica d'esses povos.
O mesmo acontecia com as tribus que ficavam a occidente e a sul; e, pelo que respeita
ás que havia entre Carthago e Byzazio, identifi-
caram-se, desde logo, com os Carthaginezes.

---

[1] Scherer, *obr. cit.*, vol. I, pag. 89, e Heeren, *obr. cit.*,
vol. IV, pag. 35, affirmam que o lago Tritão era o Chikab
ou Shikkah. Reclus, na *Géographie Universelle — L'Afrique
Septentrionale,* 2.ª parte, falla do nady Bagla ou do lago
Rebbia.

Não admira por isso que a metropole e republica augmentassem rapidamente.

As cidades do littoral, Hadrumêta, Hippona, a Grande e a Pequena Leptis, Utica, Toka, Maschala, Hecatompylos e outras, que formavam tambem pequenas republicas com territorio particular, tiveram de reconhecer a supremacia de Carthago, ou antes de considerar-se como alliadas d'ella, para esconderem debaixo d'esse pretexto a sua dependencia.

Além d'essas colonias, ainda os Carthaginezes fundaram outras novas, como Djidjel (Djidjeli), Saldœ (Bugie), Kartenna (Tenés), Yol (Cherchel) [1] e até uma no sitio onde actualmente se acha Tombuctu [2].

E estenderam por tal forma o seu dominio, que, para nascente, abrangeram toda a região comprehendida entre as duas Syrtes, ficando d'esse lado as fronteiras marcadas, em Cyrene [3], pelos marcos chamados altares de Phileno, e pela cidade Turris Euprantus, situa-

---

[1] Noel, *obr. cit.*, vol. I.

[2] Scherer, *obr cit.*, vol. I.

[3] « Cyrene, colonia lacedemonica, foi fundada no seculo XIV antes de Christo. Deu o nome á região importante que se

da na costa oriental da Grande Syrte. Ao sul,
ampliaram o territorio até o lago Tritão, onde
começava o deserto. E, a poente, alargaram-
no até o fim da zona reduzida de cultura
que havia por esse lado. Adiante d'esta zona,
começavam as populações nomadas; e, embora os Carthaginezes ainda estabelecessem,
para além d'esse limite, algumas colonias costeiras, são, n'esse ponto, deficientes as noticias
da historia.

Esta ampliação do territorio de Carthago,
este desenvolvimento das suas colonias pelas costas africanas, esta alliança com as cidades phenicias assentadas á borda do Mediterraneo, e a tendencia de alargar os seus dominios, levou a republica a ambicionar as
paragens insulares e littoraes da Europa, tão
cheias de riqueza e tão propicias ao commercio.

---

chama Cyrenaica. Foi depois conquistada pelos Persas, e
soffreu successivamente a dominação de Alexandre, dos La-
gidas e até mais tarde dos imperadores de Bysancio. Se não
foi tão poderosa como Carthago pelo commercio e riqueza,
teve sobre ella a superioridade do seu grande desenvolvimento artistico e litterario, que beneficamente devia in-
fluenciar a sociedade carthagineza.» Pereira de Lima,
obr. cit.

Tomou por isso Cyranos ou Kyrnos (Corsega), 543 antes de Christo. Os Phoceos, quando fugiram deante dos exercitos persas, tinham estabelecido ahi uma colonia, chamada Alaria. Mas os Carthaginezes, alliando-se aos Etruscos, tentaram desalojal-os; e, supposto ficassem vencidos, ainda assim, os Phoceos abandonaram a ilha, e foram para Marsilia.

Os Carthaginezes conquistaram depois a Sardenha, 530 antes de Christo, a qual constituiu uma das suas colonias mais importantes, e ahi fundaram as cidades de Calaris (Cagliari) e Sulchy, ambas na costa meridional. E tomaram tambem a ilha d'Elba (Ethalia), que era um thesouro inexgotavel de ferro.

Mas, entre as ilhas do Mediterraneo, a que maior interesse despertava, era a Sicilia, pela sua extensão, feracidade e riqueza.

Estava quasi toda occupada pelos Gregos, mas havia algumas colonias phenicias, ao longo da costa meridional. Por isso, os Carthaginezes começaram por occupar essas colonias (480 antes de Christo); e, tentando alargar o seu dominio, tiveram de sustentar guerras sangrentas com o rei de Syracusa, em que por vezes foram derrotados, sem que chegassem a conquistar o norte da ilha [1].

Tambem os Phenicios tinham fundado colonias nas ilhas Gimnesias (Baleares). Os Carthaginezes seguiram esse exemplo, estabelecendo-se em Mayorca, Minorca, Ebusa (Ivica).

Era um paiz abundante de vinho, azeite, lã fina e bons machos e mulas. E, além d'isso, forneceu aos Carthaginezes um grande debito de escravos e principalmente d'escravas, e lhes serviu de entreposto commercial nas relações com a Hespanha.

Dominaram egualmente as ilhas Lipari, que lhes deram grande proveito, pelos seus-productos, especialmente o betume, e pelos seus portos. E foram tomando pouco e pouco as pe-

---

[1] Esta conquista da Sicilia foi devida aos esforços da familia Magon, que deu á republica tantos heroes, como deu mais tarde a familia Barca. Assim, Magon teve dois filhos, Hasdrubal e Amilcar, que lhes succederam, e fizeram da Sardenha theatro das suas conquistas. Hasdrubal, nomeado onze vezes general em chefe, ahi perdeu a vida. Seu irmão que lhe succedeu no commando, teria a mesma sorte, se, depois da perda da batalha contra Gelon de Syracusa, não se matasse. Deixou cada um tres filhos. Os de Amilcar foram Himilton, que succedeu a seu pae no commando da Sicilia; Hamon talvez o mesmo que fez o periplo; e Giscon. Os de Hasdrubal chamaram-se Annibal, Hasdrubal e Sapho.

quenas ilhas da bacia occidental do Mediterraneo.

Perto da costa africana, estavam Melita (Malta), Gaulos (Gozzo), Cercina. E tambem essas tiveram a mesma sorte.

Não se sabe com certeza, quando os Carthaginezes entraram na Hespanha [1]. Esta peninsula tinha já sido colonisada pelos Phenicios, como vimos; e, desde uma epoca muito remota, Carthago enviou colonos para as costas ibericas [2].

Sabe-se, porém, que as primeiras relações foram pacificas, e se mantiveram assim por muito tempo, de modo que até os soldados da Iberia auxiliaram por mais d'uma vez os generaes de Carthago nas guerras da Sicilia.

Quando os Carthaginezes foram estabelecendo a supremacia n'essa peninsula, é que, por mais de uma vez, tiveram de sustentar combates aguerridos, para assentarem e radicarem definitivamente o seu dominio; e deram então grande incremento ao commercio, agricul-

---

[1] Carlos Romey, na *Historia de Hespanha*, calcula que foi no seculo VI, antes de Christo, entre os annos da creação do mundo 3415 a 3460.

[2] Jean Yanoski, *Carthago*.

tura e industria, especialmente na parte meridional.

Além de tudo isto, segundo o testemunho de Scyllax, geographo grego, tiveram tambem um estabelecimento importante em Cerné, ilha de Arguim, e até chegaram á Madeira e Canarias.

Por um lado o predominio dos Carthaginezes n'aquellas ilhas do Mediterraneo e, por outro lado, o poder crescente de Roma, despertaram o ciume entre as duas republicas; e o auxilio que os Romanos prestaram aos Sicilianos contra Carthago, foi o pretexto do rompimento.

D'ahi se seguiram as guerras punicas, em que os Carthaginezes succumbiram, mau grado a superioridade da sua riqueza, do seu commercio, da sua illustração e das suas colonias.

É que Roma tinha a vantagem da educação guerreira e da organisação militar; pois que os soldados eram os proprios cidadãos, emquanto que, em Carthago, eram mercenarios e quasi todos de paizes estranhos. Roma tinha maior população continental, porque tinha a população da Italia; emquanto que o dominio continental de Carthago era pequeno e pouco povoado. As colonias carthaginezes eram mais estabelecimentos commerciaes do que politicos, e por isso não suppriam a pequenez relativa da metropole. As familias principaes de Carthago começaram a degladiar-se com rancor, em prejuizo da patria. E, acima de tudo, em Roma, havia a seiva ardente do patriotismo, electrisando os cidadãos, ao passo que em Carthago preponderava a exploração dos agiotas.

Ainda que os Carthaginezes não tivessem entrado no caminho das conquistas, que os perdeu, o luxo, a riqueza e a rivalidade dos magnates internos e externos havia de contaminal-os e enfraquecel-os; o esplendor economico da Grecia havia de vencel-os na paz; e o patriotismo guerreiro de Roma havia de acabar por conquistal-os. Só se tivessem ficado reduzidos ás inspirações economicas, é que poderiam ter coexistido, embora tributarios de Roma; e talvez a cidade de Carthago subsistisse, como ainda subsiste a Alexandria.

Para governar e manter na submissão essa rede tão vasta de colonias, o governo estava organisado da seguinte forma:

Havia como em Roma um senado composto de centenas de senadores, que resolvia os negocios graves da republica. E, quando surgiam discordias dentro d'essa corporação, tinha logar a arbitragem ou recurso ao povo, para este manifestar a sua vontade [1].

O senado dividia-se em *conselho privado* ou *gerussia,* constituido pelos senadores mais velhos, que funccionava permanentemente e discutia em primeiro logar as questões da republica; e *assembléa do conselho* ou *syncletos.* Uma e outra eram designadas geralmente pelo nome de *synedrio.*

[1] Este recurso ao povo faz lembrar o direito *ad referendum,* estabelecido na Suissa, pelo artigo 89 da constituição federal, que tão bons resultados tem dado n'esse paiz.

O artigo diz o seguinte: *As leis federaes são submettidas á adopção ou rejeição do povo, se assim o solicitam trinta mil cidadãos ou oito cantões. Isto mesmo é applicavel ás disposições federaes que são de interesse geral, e que não são de caracter urgente.* Francis Ottiwell Adams e C. D. Cunningham, *La confedération suisse,* edição franceza.

Á testa do senado e da republica estavam os reis ou *suffetas*, que eram vitalicios. E, ao lado d'estas dignidades, os generaes occupavam tambem um logar proeminente. Era o senado que os escolhia, e, quando o exercito os proclamava, a eleição tinha de ser sujeita á approvação do mesmo senado. Muitas vezes, porém, os proprios suffetas assumiam o commando das tropas [1].

E, para os Carthaginezes manterem mais efficazmente o seu dominio colonial, apertando ao mesmo tempo os laços politicos com as cidades e colonias que iam tomando, enviavam frequentemente delegados seus, que velavam pelos interesses da metropole.

As funcções publicas eram gratuitas; mas, apezar d'isso, eram muito grandes as despezas do Estado.

Dispendiam-se sommas enormes para a sustentação d'um grande exercito e marinha de guerra.

As obras publicas, feitas com grande magnificencia, absorviam tambem avultadas quantias.

---

[1] Heeren, *obr. cit.*, vol. IV, pag. 147.

E o que mais concorreu para os encargos da nação, foi a somma das grandes indemnisações que a republica teve de pagar a Roma, nas duas primeiras guerras punicas.

Para supprir as despezas publicas, um dos recursos do Estado consistia nos direitos da alfandega provenientes da importação e exportação, que eram enormes, apezar do commercio não ser franqueado livremente, como veremos, e apezar d'essa enormidade de direitos provocar um grande contrabando.

Outro recurso provinha dos impostos cobrados nas colonias e cidades sujeitas a Carthago, que eram pesadissimos.

Algumas das colonias do interior da Africa ou do Mediterraneo pagavam-n'os em productos agricolas ou industriaes; mas, regra geral, as cidades do littoral, na maior parte das quaes preponderava o commercio, pagavam em metal amoedado ou em barra.

Outra fonte de receita foi, depois da conquista de Hespanha, a exploração das minas.

Com o rendimento d'ellas, satisfazia a republica o soldo dos seus exercitos; e até a familia Barca sustentava em Carthago os seus partidarios.

Finalmente, a pirataria tambem muitas vezes proporcionava recursos importantes.

A par das circumstancias que ficam exportas, a forma como estavam organisadas as classes sociaes de Carthago e a maneira por que o trabalho era considerado, concorriam tambem para o desenvolvimento economico da republica.

Não havia a chamada nobreza aristocratica, embora nem todos os cidadãos podessem partilhar do poder. Sómente os negociantes de grosso trato e os grandes proprietarios tinham essa faculdade. Mas, em regra, estes ultimos é que a exerciam; porque, seguindo de ordinario a carreira das armas, tomavam para si, em vista da preponderancia que n'ella exerciam, os logares politicos mais importantes.

Os negociantes de grosso trato e os grandes proprietarios occupavam, pois, a primeira classe. Os pequenos proprietarios e os pequenos negociantes, a que chamavam *o povo,* occupavam a segunda. E os operarios e jornaleiros, a terceira; mas estes, embora de condição livre, não tinham direitos politicos.

Havia ainda outros individuos, que, sendo tambem de condição livre, careciam egualmente de direitos politicos. Eram os Lybios-Phenicios, que provinham do cruzamento dos antigos Chananeos com os Carthaginezes, e formavam uma especie de nacionalidade á parte.

Os individuos, que gosavam do pleno direito de cidadãos, exerciam grande oppressão nos demais, o que deu logar a frequentes sublevações da populaça. E o senado, para acabar com taes discordias, empregava muitas vezes os sublevados nos trabalhos das colonias distantes, especialmente na exploração das minas de Hespanha [1].

Em todo o caso, (e é isto o que importa para o nosso estudo), as profissões industriáes e commerciaes não eram vistas com desprezo, nem relegadas ás camadas inferiores da sociedade. E o facto da primeira classe ser constituida tambem pelo commercio, mostra bem

---

[1] Maspero, *Hist. Ancienne des Peuples de l'Orient.* — Jorge Weber, traduzido por Delphim d'Almeida, vol. I, pag. 257.

como eram respeitadas e consideradas as artes economicas.

O territorio de Carthago e as proximidades do deserto abundavam de ouro e pedras preciosas, chamadas pelos antigos *caledonias,* que os Carthaginezes exploravam com cuidado.

No limite do deserto, apparecia muito sal, e constituia um artigo de grande commercio com o interior, onde elle escasseiava, e onde era trocado pelo ouro, escravos e pedras preciosas.

m uanto a productos vegetaes, o solo era muito fertil, e os Carthaginezes augmentaram-lhe a feracidade, com o desenvolvimento dado á agricultura na metropole e nas colonias, a qual lhes mereceu quasi tanto cuidado como o commercio.

Havia muito trigo, azeite e fructas. Cuidava-se muito da viticultura. As tamaras cresciam em florestas, nos limites do deserto, e constituiam um grande artigo de commercio com as tribus negras do interior da Africa.

Na creação do gado e apuramento das raças bovinas, equideas e ovinas, tambem os Carthaginezes tinham attingido um grande desenvolvimento.

·⚓· ⚓·

Mas não era só da metropole que Carthago tirava os productos da natureza; nem se limitava ahi a acção dos Carthaginezes. Antes a colheita mais abundante vinha das colonias.

A Sicilia fornecia-lhes trigo.

Estava no mesmo caso a Sardenha, e era até, depois do territorio carthaginez, em Africa, o maior celleiro da republica. Esta ilha abundava tambem em pedras preciosas. E, visto que os Carthaginezes não possuiam toda a Sicilia, tornava-se-lhe ella uma estação mais tranquilla, sendo, ao mesmo tempo, um grande entreposto do commercio carthaginez com a Europa occidental.

A Corsega era egualmente abundante de trigo; e ministrava, além d'isso, o mel e a cêra, bem como grande abundancia de mineraes e pedras preciosas, especialmente as sardonicas.

As ilhas Lipari forneciam o betume; e a ilha Elva (Ilva), o ferro.

As ilhas Gimnesias (Baleares) davam escravos, azeite, vinho, lã de finissima qualidade, e gado muar.

Malta era a séde das manufacturas de tecidos, e era de lá que vinham os mais finos. Toda ella estava coberta de estabelecimentos importantes, e os habitantes deviam á sua industria uma grande abundancia e riqueza.

Gaulos e Cercina eram duas boas estações para os navios, principalmente a ultima que tinha um porto espaçoso, mesmo para os vasos de guerra.

A Hespanha, além dos cereaes, vinho e azeite, fornecia mineraes em grande abundancia —ouro, prata, ferro e cobre: e tanto que todas as minas que os Romanos exploraram depois, já tinham sido abertas pelos Carthaginezes.

A industria dos Carthaginezes exerceu-se como a dos Phenicios principalmente nos productos metallicos, na ceramica, na tecelagem, nos moveis de madeira, nos artigos de vidraria e nos artefactos de purpura. E tambem elles

tiveram como os Phenicios estabelecimentos
d'esses artefactos na Grecia. A pesca estava
egualmente muito desenvolvida.

Em summa, a industria, com pequenas variantes, seguiu o passo dos Phenicios, embora
lhes fosse inferior no movimento e diffusão. Entre essas variantes, podemos notar artigos de
nautica e marinha que os Carthaginezes fabricavam e exportavam em grande escala, e que,
no tempo dos seus antecessores, não eram tão
procurados pelos povos estrangeiros.

Os Carthaginezes fizeram um commercio
maritimo enorme, especialmente na bacia occidental do Mediterraneo. A oriente, além de
não terem tantas colonias, Cyrene, a Grecia e
o Egypto faziam-lhe grande concorrencia; e,
nas costas meridionaes da Africa, possuiam
tambem pequenos estabelecimentos. Mas, na
bacia occidental do Mediterraneo, tinham o
sul da Sicilia, a Sardenha, a Corsega, as ilhas
Lipari, as Baleares, a Hespanha, e as demais
colonias de que fallámos; e todas ellas, ao
passo que forneciam importantes e variados

productos, serviam tambem de estações mercantis.

A par do trafico maritimo, os Carthaginezes fizeram commercio terrestre importante com os povos do interior da Africa, trocando as tamaras, o sal, o azeite, o vinho, os cereaes, e os artigos da sua industria, pelo ouro e pedras preciosas, escravos e marfim.

A marinha e navegação acompanharam o enorme desenvolvimento do commercio. Mesmo a frota militar que, pela protecção e defeza das colonias, ajudava a mercante, e fomentava a evolução economica da republica, tinha, nos melhores tempos, cento e cincoenta a duzentas galeras.

Antes das guerras punicas, esses navios só tinham tres remos; porém, depois d'isso, os Carthaginezes augmentaram a construcção, e a armada compunha-se já de galeras de cinco até sete remos.

Para mostrar o desenvolvimento navegador d'este povo, basta citar as viagens de Hannon e Himilcon, filhos de Hamilcar Barca.

O primeiro foi, pelo estreito de Gades, até o golfo de Guiné; e de lá, receiando a falta de viveres, voltou a Carthago, trazendo as importantes indicações que os seus contemporaneos consignaram no chamado *Periplo de Hannon*. O segundo foi, pelas costas da Hespanha, até á extremidade das ilhas Britanicas, e visitou as Cassiterides.

A cidade de Carthago concentrava em si a grande força do commercio da republica; e, para os Carthaginezes manterem semelhante monopolio, tolheram a liberdade mercantil das colonias e dos povos estrangeiros.

Nem uns nem outros podiam traficar livremente n'esse porto. Só eram exceptuados os paizes com os quaes a republica tivesse tratados commerciaes, que lhes permittissem entrar livremente; e, ainda assim, estes mesmos ficavam sujeitos a medidas regulamentares, que importavam uma vigilancia estreita sobre elles [1].

---

[1] Para se fazer ideia das restricções commerciaes que os Carthaginezes impunham mesmo aos povos com quem

E, pelo que respeita ás colonias, os Carthaginezes só permittiam a entrada franca dos estrangeiros nos portos da Sicilia, onde a concorrencia era inevitavel; porque essa ilha não estava toda nas mãos de Carthago. Mas, ahi mesmo, lhes impunham differentes condições. No resto, o commercio com os estrangeiros era feito com toda a cantella, sob a vigilancia dos magistrados da republica, e com muitas restricções.

Este procedimento dos Carthaginezes resultava do proposito que elles tinham de evitar a concorrencia e guardar o segredo do negocio, para que as tribus do interior, a quem davam

---

celebravam tratados commerciaes, transcrevemos os dois que fizeram com os Romanos.

O primeiro é do tempo de Lucio e Junio Bruto e de Marco Horacio (507 annos antes de Christo), nomeados consules depois da expulsão dos reis; e dizia: — Sob as seguintes condições haverá amizade entre os Romanos e os alliados dos Romanos, os Carthaginezes e os alliados dos Carthaginezes: os Romanos não navegarão além do Cabo Bom, a menos que as tempestades ou os inimigos ahi não os levem; n'esse caso, os Romanos comprommettem-se a não commerciar n'essas costas e só podem adquirir o que fôr necessario para as provisões dos navios e sacrificios do culto. No fim de cinco dias, os que estiverem em terra, serão obrigados a fazer-se á vela. Aos mercantes não se permitte fazer negocios sem a presença de um escriba e do apregoa-

objectos insignificantes em troca do ouro, das
pedras preciosas e d'outros productos valiosos,
não descobrissem o lôgro d'essas transacções,
pela convivencia com os negociantes dos povos estrangeiros ou das colonias.

A importação e exportação dos Carthaginezes fluia e refluia n'um movimento extraordinario.

Importavam do Egypto as teias finas e o pa-
pyrus. Das feitorias das ilhas do mar Vermelho,

---

dor. As coisas vendidas, satisfeitas essas formalidades, serão devidas ao vendedor, sob a fé do credito publico. Isto se
passará assim na Lydia e na Sardenha. Um Romano, apor-
tando na parte da Sicilia submettida aos Carthaginezes, tem
os mesmos direitos que estes, e justiça lhe será concedida.
Por seu lado, os Carthaginezes não causarão damno aos habitantes de Ardea, Antium, Lamentium, Circeu e Terracina,
nem a qualquer povo latino ligado aos Romanos. Abster-se-
hão de prejudicar as cidades dos outros latinos, independentes de Roma, e, se as occuparem, deverão restituil-as intactas aos Romanos. Não poderão construir fortalezas no
Lacio, mas se ahi entrarem armados, não passarão a
noite.

O segundo tratado (do anno 345 antes de Christo), era
concebido n'estes termos: — Entre os Romanos e seus allia-

o incenso, os perfumes, o ouro, as perolas e
pedras preciosas. Importavam cereaes da Sicilia e da Sardenha, que era o seu segundo celleiro;
vinho, azeite e mineraes das suas colonias do
Mediterraneo. Traziam da Grecia tambem azeite, vinho e differentes productos da arte grega. Da Hespanha, cereaes, fructas, lãs e mineraes. Importavam gado tambem da Hespanha e das Baleares. Da Asia e da India, pedras
preciosas, ouro e marfim; do interior d'Africa, pelles de animaes selvagens; e escravos,
de toda a parte.

Em troca, reexportavam muitos d'esses productos; mandavam para o interior da Africa tamaras, sal, azeite, vinho; e distribuiam por to-

---

dos, entre os Carthaginezes, os Tyrios, os habitantes da Ut-
tica e seus alliados, haverá paz nas condições seguintes: os
Romanos não saquearão, não farão negocios, nem edificarão
cidades além do Cabo Bom, de Mastia e de Tarsos; se tomarem alguma cidade do Lacio, independente dos Romanos,
guardarão o dinheiro e os prisioneiros, mas não a cidade;
se os Carthaginezes aprisionarem qualquer pessoa, fazendo
parte dos povos que estão em paz com os Romanos por uma
convenção escripta, sem entretanto lhes estarem submettidos, não a conduzirão a nenhum porto romano; mas, se o
fizerem e que um cidadão de Roma lhe puzer a mão, ficará
livre. Cumpram os Romanos a mesma condição. Se estes se
fornecerem de viveres ou de agua em paiz sujeito aos Carthaginezes, não sirva isto de motivo para causar prejuizo a

das as suas colonias e por todos os paizes artigos da sua industria.

Já vimos que a cidade de Carthago concentrava em si o commercio da republica. Chegou a ter uma circumferencia de 23 milhas, e uma população de 700 mil habitantes. Possuia dois portos, um exterior e outro interior, communicando ambos elles entre si e com o mar, e sendo um commercial e outro militar. O porto exterior, de 70 pés de largo, era destinado aos navios mercantes, que podiam ancorar n'elle

---

povos que têm a paz e alliança com os Carthaginezes. Se um Carthaginez ou um Romano fôr offendido, apresente queixa ao jury ou ao magistrado; no caso do offendido não alcançar satisfação, seja a offensa por elle soffrida considerada publica e tire-se vingança pelas armas da republica que a tenha causado. Nenhum Romano poderá commerciar nem edificar cidade alguma da Corsega e na Africa; seus navios só farão escalas ahi para reparações e tomar viveres, salvo o caso de serem impellidos por tempestades, mas partirão ao fim de cinco dias. Em Carthago e na parte da Sicilia dominada pelos Carthaginezes, um Romano terá para seu commercio e suas acções a mesma liberdade d'aquelles. Em Roma, os Carthaginezes gozarão dos mesmos privilegios.

com segurança. Tinha um caes espaçoso, onde se descarregavam e vendiam as mercadorias, e podia ser fechado por uma cadeia.

O porto interior estava separado d'esse outro, por um duplo muro, e era reservado unicamente para os navios de guerra. No meio d'elle, havia um ilha elevada, d'onde se descobria o mar largo; e era ahi que se achava o quartel do commandante da armada, e se faziam os respectivos signaes maritimos, por forma que se podia ver o que se passava no alto mar, sem que de lá se podesse examiuar o interior do recinto. Tanto a ilha como o porto estavam fortificados e cingidos de altos diques, ao longo dos quaes foram construidas mais de duzentas bacias ou pequenas docas para as galeras. E, ao pé das docas, existiam renques de armazens, que continham os aprestes necessarios para o aprovisionamento dos navios.

A victoria dos Romanos arruinou esta cidade; e, embora Caio Gracho tentasse depois levantal-a, 146 annos antes de Christo, e, 102 annos depois, houvesse egual projecto, que Augusto só mais tarde realisou, a ponto de fazer d'ella a cidade mais populosa do imperio, abaixo de Roma e Alexandria, no seculo v, depois de Christo decresceu de novo com rapidez, até que, no anno de 693, os Arabes a tomaram de assalto, e a arruinaram para sempre.

Mas, se a metropole concentrara o principal commercio da republica, havia, mesmo no continente africano, outras cidades, alliadas ou dependentes de Carthago, que tinham grande movimento economico.

· Assim Utica, apezar da rivalidade com a metropole, que a atrophiava pela sua visinhança e pelo seu egoismo, era, ainda assim, reputada a cidade mais importante, depois d'ella.

A Grande Leptis (Zebid), fundada pelos Sidonios, na região Tripolitana e no sitio onde hoje está a aldeia de Khoms ou Lebdas, era tambem muito notavel. Ficava n'um promontorio elevado, banhado a oeste por um ribeiro.

Havia ahi uma pequena collina, que formava uma peninsula, defendida por tres ordens de fortificações, constituindo a acrópole da cidade. Um quebra-mar, construido de blocos enormes, protegia a ponta d'essa peninsula contra a força das vagas. E, no interior dos muros que bordavam o mar, estavam, de distancia em distancia, reductos de abobada, de quasi 30 metros de comprimento, que serviam para a guarda e abrigo dos barcos. O porto, que hoje está açoriado, era admiravel.

Ao sul, tambem na margem do ribeiro, creou-se e desenvolveu-se uma outra cidade — Neapolis, que egualmente se tornou um dos maiores centros do mundo antigo. Contava centenas de milhares de habitantes; e os seus edificios, construidos na maior parte com o marmore dos arredores, não cediam em belleza senão aos de Roma.

A Pequena Leptis, proxima de Carthago, embora fosse inferior á Grande Leptis, era, ainda assim, muito consideravel, e tanto que tinha uma extensão de 4 kilometros.

Dejedjelli (hoje Igilgili) foi tambem prospera, prosperidade que augmentou muito, depois da conquista dos Romanos. Ainda na edade media, era um centro importante do commercio com os Arabes e Bysantinos.

Yol foi egualmente uma cidade notavel. A sua gloria, porém, data da época romana, em que Juba, o *Jovem,* fez d'ella a capital do seu reino, e lhe deu o nome de Cesarea, que ainda conserva [1].

---

[1] E. Reclus, *Géographie Universelle — L'Afrique Septentrionale.*

Havia tambem no territorio de Carthago as cidades de Toka, Maschala, Hecatompyla; mas não ha noticias exactas d'ellas, a não ser a memoria do seu nome.

Entre as cidades das colonias do Mediterrâneo, especificaremos as de Calaris (Caglhiari), Carthagena, Gades, e Panormus (Palermo).

A Sardenha era o segundo celleiro dos Carthaginezes, e por isso o commercio entre a colonia e a republica era muito grande. Calaris era o centro d'esse trafico, e, ao mesmo tempo, pela sua posição central no Mediterraneo, constituia uma estação muito commoda para os navios carthaginezes que cruzavam esse mar.

Carthagena, fundada por Hasdrubal, 228 antes de Christo, era um dos emporios do commercio com a Hespanha. E Gades representava, como já dissemos, não só o maior centro d'esse commercio, mas tambem uma estação d'onde os Carthaginezes demandavam as costas occidentaes da Africa e da Europa.

Panormus fôra capital dos Phenicios na Sicilia; e, já no tempo d'elles, tivera grande importancia economica. Ora essa importancia augmentou ainda com os Carthaginezes, que fizeram d'ella um outro centro das suas operações mercantis no Mediterraneo.

m uanto ao dinheiro, sabe-se que os Carthaginezes empregaram muito cedo moedas de couro, como titulos fiduciarios. A moeda metallica só começaram a cunhal-a 410 annos antes de Christo, e, ainda assim, unicamente nas suas possessões da Sicilia. E foram levados a isso pelo exemplo dos seus visinhos; e de modo que não só o typo era imitado do dinheiro de Syracusa, mas até o trabalho era feito pelos artistas gregos. As moedas d'ouro tinham 120 grãos inglezes, e as de prata 130 a 135.

Só no tempo de Timoleon (340 annos antes de Christo), é que a moeda propriamente dita foi cunhada em Carthago. A principio era feita principalmente d'ouro, electro ou bronze; mas, desde a acquisição das ricas minas de Hespanha, no intervallo da primeira para a segunda guerra punica, (241-218 antes de Christo), começaram a fabricar-se moedas de prata.

Em todo o caso, o dinheiro escasseiava, a ponto de que grande parte do commercio era feito por meio de trocas directas. E essa escassez dava logar a repetidas sublevações das tropas mercenarias, quando a republica lhes não podia satisfazer o soldo estipulado.

Essas moedas de Carthago eram da fórma seguinte:

As de ouro tinham 145 ou 73 grãos.

As d'electro, 118 grãos, 58 ou 27.

- As de prata, 236 ou 118.

Em Gades cunhou-se egualmente dinheiro de prata, a datar de 250 annos antes de Christo, com 78 grãos de peso ; e, em Ebusus (Iviça), cunharam-se tambem drachmas de prata de 154 grãos, meios drachmas de 39 grãos, e úm quarto de drachma.

A unidade do dinheiro carthaginez era o sequim ou ciclo, como entre os Judeus. Um talento valia 3:000 sequins [1].

m uanto ás communicações, já vimos, quando tratámos do Egypto, como de lá partia um caminho que vinha dar ao Fezzan. Car-

\

---

[1] William Ridgeway, *obr. cit.* — Lenormant, *Monnais et Medailles.* — Jorge Weber, *obr. cit.,* vol. i. — Scherer, *obr. cit.,* vol. i.

thago communicava com esse caminho, que seguia até á Grande Lepta, por um outro, ao longo da costa, que ia dar a Bonjam, Sokna, Sebka, e entroncar egualmente na Grande Leptis, que era, ao mesmo tempo, o entreposto de commercio das caravanas do Morzuk [1].

Pelo que respeita ás communicações com o interior da Africa, não ha dados positivos a respeito d'ellas. Naturalmente, os Carthaginezes não deixariam de exercer tambem n'esse ponto a sua actividade, e alguma estrada boa devia haver de Carthago para a colonia estabelecida no logar onde está hoje Tombuctu, na qual se refugiaram muitos d'elles, para escaparem á carnificina dos Romanos. Mas a destruição da republica foi tão completa, que se apagaram todos os traços e noticias d'esse caminho.

Ainda assim, embora a historia não registre miudamente o desenvolvimento que os Carthaginezes deram ás communicações, é sabido que olharam tambem com muito cuidado para a construcção e reparação das estradas, e foram até os primeiros povos a consolidarem o

---

[1] Heeren, *obr. cit.* — Herodoto.

leito d'ellas com pedra miuda, cascalho e areia, que vem a ser o actual macadam [1].

Como se deduz do que fica exposto, os Carthaginezes, tendo nas veias o sangue dos Phenicios, dotados da mesma actividade e do mesmo genio economico, seguiram no encalço dos seus antecessores, cuja herança recolheram. Mas a avidez dos seus processos, a inveja e ciume pelos estrangeiros, o egoismo do seu commercio, e as restricções impostas ás suas colonias, alienaram as simpathias do mundo civilisado; e a ambição de conquistadores fez-lhes desprezar os beneficios da paz e almejarem os louros da victoria.

Por seu turno, ergueu-se diante d'elles o poder crescente de Roma, com a robustez da sua organisação politica, com a avidez das conquistas, com a febre irrequieta de dominio, com o estimulo potente do patriotismo.

---

[1] Nicolas Bergier, *Histoire des Grands Chemins de l'Empire Romain,* vol. I, pag. 2.

N'estas circumstancias,´os dois colossos haviam de chocar-se; e, como vimos, d'ahi resultou a perda de Carthago.

Mas, acima da ruina da grande cidade e da grande republica, ainda hoje paira, soberba e magestosa, a tradição do seu commercio, da sua industria, da sua navegação.

CAPITULO X

Os Gregos

Divisão da familia grega. — Configuração e situação geographica da Grecia. — Immigrações orientaes. — Influencia que esses factores economicos exerceram nos destinos d'este povo. — Resumo da sua historia politica. — Legislação de Solon e de Lycurgo, e como actuaram nos respectivos Estados. — Colonias e systema colonial da Grecia. — Productos do solo. — Industria : causas que a embaraçavam, e como os Gregos triumpharam d'esses embaraços. — Enorme desenvolvimento do commercio e da marinha. — Centros principaes. — Moeda. — Communicações. — Conclusão.

Para bem se comprehender a vida economica da Grecia antiga, é preciso attender á sua geographia physica e politica, no tempo do seu desenvolvimento.

Compunha-se ella de quatro partes: a Grecia Septentrional, comprehendendo a Thessalia e o Epiro, e mais tarde a Macedonia; a Grecia central, abrangendo a Acarnania, Etolia, Borida, Locrida, Phocida, Beocia, Attica e Megarida; o Peloponeso, chamado hoje Morea, que comprehendia a Corinthia, a Sicyonia, a Achaia, a Hellade, a Messenia, a Laconia, a Argolida e a Arcadia; e a parte insular, composta de differentes ilhas espalhadas pelos mares Jonio e Archipelago.

Mas a Thessalia, o Epiro, e sobretudo a Macedonia, foram consideradas pelos Gregos como barbaras ou estranhas á sua nacionalidade, até que as victorias de Filippe unificaram a nação hellenica. E tambem a Thracia, pelas colonias gregas que tinha na costa, foi muitas vezes considerada como fazendo parte da Grecia [1].

As tres primeiras regiões são accidentadas pelo prolongamento da cadeia montanhosa do Pindo e seus contrafortes. E essa montanha, atravessando em seguida o golfo de Corintho, vae-se ramificar em cinco outras cadeias, dentro do Peloponeso, cujas extremidades são separadas pelos golfos Saronico, de Argolida ou Nauplia, de Laconia ou Marathonisa, de Messenia ou de Coron, de Cyparisa ou Arcadia,

---

[1] D. José de Urcullu, *Tratado elementar de Geographia.* — Jorge Weber, *Historia Universal*, traduzida por Delphim d'Almeida, vol. I. — Cantu, *Historia Universal*, traduzida por Antonio Ennes, vol. I. — Victor Duruy, *Histoire Grecque* e *Histoire des Grecs.*

constituindo assim as peninsulas de Argolida, Maléa, Tenarium e Messenia.

A contextura montanhosa de todas essas regiões era de forma a difficultar as avenidas, e portanto a defender as fronteiras. Já na Macedonia, as ramificações do monte Hoemus (Balkans) oppunham um obstaculo ás invasões; e, se, apezar d'isso, a entrada por lá não offerecia difficuldade extraordinaria, logo a norte e este da Thessalia, os montes Olympo (Elymbo Vouno), Pelion (Plessidhi), e Ossa (Kissovo), constituiam formidaveis obstaculos. Nos limites da Thessalia, levantava-se uma outra barreira: a cadeia abrupta do Othrys (Gerakavouni). Depois, ao redor do golfo de Lauria, novo obstaculo: o renque do Œta (Katavothra), que fechava a passagem, por forma a ser necessario escorregar entre os rochedos e o mar, pelo estreito desfiladeiro das Thermopylas. Seguiam-se ainda os montes de Locrida; e, atravessados elles, para descer na bacia de Thebas, havia o Parnasso (Liakoura), o Helicon (Palœo Vouno ou Zagora), e o contraforte de Citheron (Elateas), antes de alcançar as planicies da Attica. Finalmente, além do isthmo, a Grecia era ainda defendida por outras montanhas e barreiras transversaes, que constituiam, por assim dizer, muros exteriores da grande cidadella do Peloponeso.

Por isso, a invasão por terra era difficil; e, como, n'essa epoca, a navegação, ainda que fosse em mares interiores, era perigosa, tambem a Grecia estava sufficientemente protegida, n'essa parte, contra os ataques dos povos orientaes.

Tudo isto concorreu, para livrar os Gregos de guerras estrangeiras, nos primeiros tempos da sua historia e do seu desenvolvimento, e dar-lhes o repouso sufficiente, para se organisarem e engrandecerem.

E, se os accidentes do terreno isolavam os differentes povos da peninsula, o que explica a sua divisão em republicas e as discordias intestinas, acima d'essas discordias, estava o patriotismo e a affinidade d'interesses nacionaes, que tantas vezes fez calar as paixões, para deixar palpitar unicamente o amor geral da patria.

Por outro lado, a situação da Grecia era das mais felizes. Rodeada d'uma multidão de bacias, enseadas e angras, podia tirar grande proveito d'esta disposição do littoral, para os seus marinheiros procurarem refugios seguros contra a tempestade, ou para se acautellarem d'inimigos perigosos. E tudo isso era tanto mais

importante quanto os navios antigos, em vez
de navegarem no alto mar, só costeavam o littoral.

Estava separada do Egypto, da Phenicia e
da Asia Menor, unicamente por alguns dias de
viagem; e um mar estreito a punha em communicação com a Italia, Sicilia, Gallia e Hespanha.

Accrescia que a Grecia, propriamente dita,
não só tinha uma pequena superficie, pois que
não excedia a quarenta mil kilometros quadrados, mas até metade d'ella era improductiva.
Não tentava por isso a cubiça dos estrangeiros; e sendo, demais a mais, erriçada de altas
montanhas, onde se elevavam numerosas ci-
dadellas, sómente accessiveis por estreitos
desfiladeiros, não era facil de conquistar [1].

N'estas circumstancias, tendo tambem por
si a situação maritima, favorecidos pelas brizas
e bonanças do mar Jonio e pelos differentes
pontos d'abrigo e descanço do Archipelago,
taes eram as ilhas espalhadas por elle, os Gregos deviam sentir, desde logo, uma tendencia
decidida para a navegação, e por consequencia
para o commercio.

---

[1] Du Mesnil-Marigny, *obr. cit.*, vol. II.

Para completar a influencia d'estes elementos, bastava que a origem e a educação lhes desse a velocidade adquirida pelos outros povos. E assim aconteceu; porque a população foi constituida, em grande parte, dos ïmmigrados orientaes, creados já n'um meio commercial, relativamente civilisado.

Com effeito, os primeiros povos da peninsula de que a historia tem conhecimento, e que por isso muitos escriptores consideram como autoctones, foram os Gregos e Leléges ou Curetas. Depois, no seculo xix da creação do mundo, vieram, das paragens do mar Caspio e Ponto Euxino, e já com certo desenvolvimento, os Pelasgos, que dominavam aquelles outros; e três seculos depois, os Hellenos, saídos das visinhanças meridionaes do Caucaso ou da Asia Menor, e mais em contacto por isso com a civilisação oriental, trouxeram ao paiz novos elementos de progresso.

Os Hellenos dominaram e absorveram por sua vez os Pelasgos; e, dividindo-se em quatro grupos, espalharam-se por toda a Grecia, a saber: os Doricos, principalmente pelo norte da Hellade; os Eoleos, pelo nordeste d'essa mesma região e por differentes pontos do Peloponeso; os Acheos, sobretudo pela parte oriental da

Hellade, que por isso se chamou Achaia ; e os Jonios, tambem de preferencia pela Hellade e pelo nordeste do Peloponeso.

Após estas immigrações, vieram mais duas do Egypto, commandadas por Danaus e por Cecrops. Veiu tambem uma colonia da Phenicia, commandada por Cadmo [1], e outra dos Phrygios, commandada por Pelops. E todas ellas trouxeram á Grecia a civilisação das respectivas metropoles.

Os Cretenses e os Thracios, visitados a toda a hora pelos povos da Asia, deram tambem á pèninsula o seu concurso civilisador. Finalmente, oitenta annos depois da guerra de Troia, os Doricos passaram ao Peloponeso, auxiliados pelos Heraclidas ou descendentes de Hercules. Não poderam desalojar os outros Hellenos da parte oriental d'essa região, mas tomaram Sparta, e foram assentar o seu dominio na Laconia, reduzindo os habitantes das cidades á classe d'*ilotas* ou escravos, e os dos campos á classe de *periecos* ou servos da gleba.

---

[1] Alguns escriptores opinam que a colonia de Cadmo proveiu tambem do Egypto. Para o nosso proposito é indifferente que viesse d'uma ou d'outra região; pois, de qualquer dos modos, dèvia trazer comsigo novos elementos de progresso.

É desde então que os differentes ramos da familia grega se começam a distinguir pelos dois grupos principaes — Doricos e Jonios, representados estes por Sparta e aquelles por Athénas [1].

Cada uma d'estas immigrações devia, pois, trazer á Grecia a influencia dos respectivos costumes e civilisação e imperar poderosamente no desenvolvimento do paiz. Era a illustração artistica e commercial do Oriente, que vinha assim implantar-se n'uma região, azada pela natureza para o commercio e para a navegação.

Além d'isto, o clima da Grecia, então admiravel e muito melhor do que hoje, porque a falta de cultura e a desarvorisação tem-no prejudicado, clima esse cheio dos esplendores do meio dia e portanto de luz e perfumes, devia despertar no espirito dos Gregos o sentimento artistico do bello.

As montanhas agrestes e a natureza rude endureciam-lhes o corpo; as estrellas e o mar subtilisavam-lhes o espirito; a origem e a educação ensinavam-lhes o caminho. Vejamos como elles aproveitaram estes elementos.

---

[1] Cesar Cantu, obr. cit. — Duruy, obras citadas. — Raffy, Répétitions écrites d'Histoire Universelle.

A historia geral dos Gregos reduz-se a cinco periodos:

1.º O da organisação politica e social dos differentes povos, em que todos os outros se escondem na penumbra e sómente sobresaem os Spartanos ou Lacedemonios e os Athenienses. Licurgo, em Sparta, Solon, em Athenas, são os grandes iniciadores e os grandes padroeiros da constituição politica e social d'esses dois Estados.

2.º O periodo das luctas com a Persia, ou antes do occidente com o oriente; porque essas luctas, inauguradas por Dario, não representavam, afinal, senão a extravasação de rivalidades entre essas duas partes do mundo.

3.º O periodo das guerras internas. É a epoca das luctas de Sparta e Athenas, de Thebas e da Macedonia, e portanto da hegemonia successiva d'esses Estados.

4.º O periodo do imperio macedonico, que se reduz á epoca gloriosa de Alexandre e aos tempos dos seus successores, já decadentes d'essa gloria.

Finalmente, o quinto periodo é o da conquista romana.

Teve assim a Grecia uma vida politicamente agitada; e outro paiz qualquer, com essa agitação, teria prejudicado enormemente a sua carreira economica. Mas, por um lado, o primeiro periodo deu-lhe, ainda assim, o repouso sufficiente, para ella se poder organisar e engrandecer; e, por outro lado, dispunha de taes elementos, para sobresair na industria, commercio e navegação, que não podia parar n'esse caminho. A lucta e a guerra significavam o reflexo vermelho do patriotismo e a influencia robusta do meio em que os Gregos se crearam. As artes, a industria e o commercio vinham-lhes logicamente do sangue, do mar, do clima, da posição e da educação.

Comtudo, o desenvolvimento economico da Grecia não foi egual em todos os povos que a habitavam. Pelo contrario, pode dizer-se que a grande actividade se concentrava sobretudo nos Athenienses. E esta differença foi devida principalmente aos habitos e legislação de cada um.

Como já dissemos, quando os Doricos tomaram Sparta, reduziram os habitantes da cidade á condição d'*ilotas* ou escravos, e os do campo á condição de *periecos*, ou servos da gleba. E, para manterem n'esta sujeição a tantos individuos, mais numerosos do que elles, viram-se forçados a ter uma vida e educação toda militar e guerreira, que lhes podesse garantir a superioridade da força sobre o numero. Inspirou-se por isso n'este pensamento a legislação de Lycurgo, que tratou de fazer dos cidadãos homens valentes e bellicosos.

Em Athenas, porém, não havia semelhante necessidade; e por consequencia, como era natural á sua posição e ao seu clima, as artes pacificas do trabalho, a cultura intellectual, o commercio e a navegação, impunham-se, desde logo. Solon comprehendeu tambem isso mesmo; e a sua legislação, ao contrario de Lycurgo, tratou de promover o desenvolvimento economico.

N'um paiz de pequena superficie, como a Grecia, a tendencia commercial e navegadora de Athenas, e a benefica influencia da legislação de Solon, deviam preponderar immediatamente sobre todas as regiões, onde não houvesse as circumstancias especiaes de Sparta. Mas a disposição do terreno da peninsula prejudicava essa preponderancia; já porque, formada de valles separados por montanhas, quasi que estabelecia uma plena barreira entre Athenas e as outras regiões; e já porque

não havia em nenhuma d'ellas uma outra cidade, que tivesse iniciativa propria ou importancia capaz de imprimir-lhes a preponderancia
commercial.

Como vimos, a propria Sparta era sobretudo
uma cidade guerreira; nem podia ser commercial, em vista da sua posição, porque estava distante do mar. E Thebas achava-se no
mesmo caso.

Por isso, os Athenienses foram os principaes representantes do commercio e da civilisação hellenica.

A Grecia, como a Phenicia e como Carthago
começou por estender por toda a parte as suas
colonias. Algumas d'ellas constituiam ilhas dependentes de uma ou d'outra cidade; as demais
eram independentes, e estavam ligadas á metropole apenas pela affinidade da origem, relações, costumes e civilisação.

Havia assim, na Europa, Eubea, que depen-
dia de Athenas, e Corcyra ou Corfu, que depen-
dia de Corintho. As outras ilhas eram independentes, e alliavam-se ora com Athenas, ora com
Sparta. Entre essas, devem notar-se Chypre,

Rhodes e Creta, que se tornou em ninho de piratas, a ponto de ser preciso Pompeo empregar todos os esforços, para extinguir esse mal.

Os Gregos estabeleceram na Sicilia as colonias de Zande (Messina), Catania, Syracusa,
Gela, Panormus (Palermo), e outras. Na Grande
Grecia (Baixa Italia); tiveram Conùsium, Bene-
vente,. Partenope, Sybaris, Cretona, Tarento,
Regium, e mais algumas. Os proprios Etruscos
foram de origem pelasgica [1].

Tiveram tambem no Mediterraneo a Corsega; Sagunto, na Hespanha, e Marselha, nas
Gallias.

No Oriente, havia egualmente diversas colonias gregas, e entre essas Bysancio. E, na Africa, havia Cyrene e Barca, na Cyrenaica, e Naucratis ou Naupacta, no Egypto [2].

Finalmente, na Asia, havia as cidades das li-
gas Jonica, Eolia e Dorica. As principaes da liga
Jonica eram Mileto, Phocea, Epheson e Colofon;
as mais notaveis da liga Eolia, foram Mytilene,
Cuman e Smyrna; e, na liga Dorica, sobre-

---

[1] Michelet, *Histoire Romaine*, vol. I. — Edgar Quinet,
De la Grèce dans ses rapports avec l'antiquité. — Scherer,
obr. cit., vol. I.

[2] Raffy, *obr. cit*, — Cantu, *obr. cit.*, pag. 241. — Jorge
Weber, *obr. cit.*, pag. 91. — Duruy, *obras citadas*.

sairam Hallicarnasso, Gnido e as ilhas de Rodes e Cos [1].

Algumas d'estas colonias constituiam simples feitorias estabelecidas no littoral, porque os Gregos abandonavam o resto do paiz aos indigenas, cuja liberdade respeitavam. Outras, como por exemplo Sybaris e Cretona, abrangiam zonas consideraveis no interior.

m uanto aos productos, e começando pelo reino mineral, havia abundancia de prata no monte Laurio. Este mesmo monte e os de Hymeto, Penthelico, Paros, com Eubea e Eleusis, forneciam marmores finissimos de todas as qualidades.

Os Gregos conheciam e exploravam tambem a hulha, e d'ella fizeram uso, embora muito limitado [2].

---

[1] Como vimos, tratando dos Phenicios, estabeleceram elles primeiramente colonias em muitas das regiões que ficam indicadas; mas, á proporção que os Gregos se foram desenvolvendo, espalharam-se tambem por algumas d'ellas, na fórma que expozemos.

[2] Bainier, *Géographie Générale — France,* tom. I, pag. 182.

Tiravam ferro e cobre da ilha d'Eubea, e ouro da Thracia [1].

m uanto a vegetaes, a Grecia abundava em trigo, que era o producto mais importante do seu solo, e tambem o principal objecto do commercio atheniense. E abundava egualmente d'azeite, porque era a terra classica da oliveira. Concorria para isso o facto da planta ser consagrada a Pallas e ser o azeite muito empregado nos Gymnasios, para os athletas untarem o corpo, além do seu consumo nos alimentos e nas luzes.

Havia muito vinho. Os Gregos, para lhe darem um perfume e gosto especial, misturavam-lhe, por occasião do fabrico, muitas substancias, por exemplo, farinha, nardo, mel, rosas e aromas [2]. Apesar d'isso, porém, os seus vinhos eram muito apreciados; e entre elles destacavam-se os de Lesbos, Thasos, Chio, e de Mendo, na Macedonia.

Havia tambem muitos figos, que se seccavam em grande quantidade para as sobremezas, e muito mel, que substituia o assucar.

---

[1] Oliveira Martins, *O Hellenismo e a civilisação christã*, pag. 160.

[2] Baudrillart, *Histoire du Luxe*, vol. II, pag. 97.

O mel do monte Hymeto obteve uma reputação assombrosa. As maçãs d'Eubea e os mar-
melos de Corintho eram tambem muito apreciados.

Nas plantas textis, o byssus d'Achaia [1] e
o linho d'Amorgos constituiam productos de
grande estimação.

No reino animal, eram os carneiros que
mais abundavam, dando egualmente logar a
grande abundancia de lã; mas havia tambem
muitos cavallos. A quantidade das outras especies é que não correspondia á riqueza geral.

*   *

Pelo que respeita ao desenvolvimento industrial, já vimos a differença que havia na legislação e na educação nacional, entre os Athenienses e os demais povos da peninsula, inclusivamente os Spartanos ou Lacedemonios, e sequentemente a superioridade economica d'aquelles.
Mas, se, por este lado, Solon dera á familia
Jonica a superioridade artistica e intellectual,
havia, ainda assim, nas proprias leis e na orga-

---

[1] O byssus ou bisso era uma especie de linho muito
fino.

nisação social dos Athenienses, differentes circumstancias que embaraçavam o movimento industrial, e que se reflectiam tambem nos outros Estados.

Começava o mal pela divisão geral dos habitantes em livres e escravos, e de modo que estes ultimos representavam as tres quartas partes da população. Qualquer chefe de familia, embora de fortuna mediocre, tinha, pelo menos, um escravo; e os mais ricos tinham dezenas d'elles. Havia proprietarios que possuiam mais de cincoenta.

Eram os escravos que acompanhavam os donos; cultivavam o solo; trabalhavam nas officinas, e muitas vezes as dirigiam; e os que ordinariamente conduziam os navios do Estado e da marinha mercante. Dentro de casa, eram tambem elles os que faziam todos os serviços domesticos. Cozinhavam, amassavam e coziam o pão, e confeccionavam os vestuarios.

Os operarios livres constituiam um numero muito diminuto.

Esses escravos eram, em geral, tratados desprezivelmente; e, se bastaria a simples escravidão, para fazer esmorecer o incentivo do trabalho, aquelle desprezo extinguia por completo o amor proprio, que é uma das grandes alavancas do progresso industrial.

Em Athenas, havia ainda alguma differença; porque Solon prohibira que se matasse qualquer escravo, fosse quando fosse, ou se espancasse, em tempos de guerra. Mas, ainda assim, podia ser posto a ferros; podia ser castigado corporalmente pelo senhor, em tempo, de paz; e, praticamente, de pouco lhe valiam as insignificantes garantias da legislação [1]. Basta dizer que o preço ordinario d'um escravo representava a quinta parte do custo d'um cavallo.

Por outro lado, o Estado favorecia consideravelmente a ociosidade e a malandragem, tirando por essa forma o incentivo do trabalho. Foi assim que, depois da instituição do *theorico* [2] de Pericles, começaram a distribuir-se soccorros publicos pelos cidadãos necessitados. Desde então, o povo atheniense julgou-se com direito a ser alimentado e divertido á custa da nação; e havia periodicamente

---

[1] Sherer, *Histoire du Commerce de toutes les Nations,* traduzido em francez, vol. I. — Fernando Garrido, *Historia de las Classes Trabajadoras.*

[2] *O theorico* era uma chapa, dada aos pobres, e portanto, a vadios feitos pobres, para terem direito aos soccorros publicos.

festins publicos ruinosos, que consumiam os rendimentos do thesouro e favoreciam a preguiça e vadiagem.

Com tal systema de ideias, o Estado sustentava tambem medicos, tabelliães, procuradores, apregoadores e copistas dos decretos do povo, musicos e poetas, assim como artistas encarregados do embellezamento dos monumentos.

Era tambem elle que pagava aos sacerdotes, e fazia as despezas do culto e dos templos. E, partindo do principio de que nenhum cidadão deve ter fome, concedia soccorros a todas as pessoas que, por qualquer enfermidade, se tornavam incapazes de prover á sua subsistencia. De modo que, destruido por esta forma o estimulo da economia e do trabalho, a ociosidade dos homens livres tocou o seu cumulo.

A piedade para com os mortos fazia egualmente gastar muito dinheiro nos funeraes e nos tumulos. Havia tambem festas religiosas, em que se immolavam centenas de bois, cuja carne e cujas pelles se distribuiam pelo povo.

Ora, os recursos do Estado não podiam chegar para tanto; porque os rendimentos do thesouro consistiam nos direitos que os negociantes estrangeiros pagavam, para venderem por

miudo na cidade; no imposto de capitação, lan-
çado sobre os mesmos estrangeiros e sobre os
escravos; nas contribuições indirectas, a que
os Gregos recorriam com frequencia; no rendimento das minas, a que ligavam grande importancia; nas confiscações; nas prestações que
os alliados eram obrigados a pagar, em troca
d'um contingente de soldados, ás vezes arbi-
trario; e nas acquisições da guerra, que davam
muita riqueza, porque, independentemente dos
saques e tomadias, as terras conquistadas
eram divididas pelos cidadãos, e os seus habitantes eram feitos escravos ou colonos.

As mulheres, e mesmo os homens, que faziam commercio com o proprio corpo, (e isto
mostra a corrupção dos costumes), ficavam
tambem sujeitos ao pagamento d'um imposto.
A importação e exportação de mercadorias estava egualmente adstricta a uma taxa geral
para o Estado, e outra especial para as despezas maritimas. E, em casos extraordinarios,
ainda os Gregos recorriam a collectas sobre
as portas, janellas e balcões.

Em compensação, evitavam o mais possivel
os impostos directos, e por isso não applicaram
nenhuma contribuição predial.

Não chegando a receita do Estado para

aquelles desperdicios, rebentavam a esmo as multas e confiscações, cominadas sob qualquer pretexto, ás pessoas ricas. Por isso mesmo, o povo, para satisfazer a sua avidez, estava sempre disposto a expulsar da patria a qualquer cidadão ; e os grandes proprietarios ou capitalistas viam-se, muitas vezes, obrigados a distribuir parte dos seus haveres, para evitarem o ostracismo.

Embaraçavam egualmente o progresso industrial as ideias do tempo sobre a respeitabilidade do trabalho. Os Spartanos, por exemplo, tinham uma repulsão altiva pelas occupações industriaes. Thebas considerava o negocio como degradante. Mesmo em Athenas, embora Solon tivesse obrigado os paes a ensinarem ou mandarem ensinar qualquer officio aos filhos, e tivesse em alta consideração os artistas e negociantes, o preconceito geral de se olhar com desprezo para a industria e commercio preponderava sobre a legislação.

O proprio Platão, o divino Platão, escreveu no seu Tratado das leis, liv. XI : *A natureza não fez sapateiros nem ferreiros. Semelhantes occupações degradam os que as exercem — vis mercenarios, miseraveis sem nome, que são excluidos, por seu estado mesmo, dos direitos politicos. Quanto*

aos mercadores, acostumados a mentir e enganar,
só devem supportar-se na cidade, como sendo um
mal necessario. O cidadão que se tiver aviltado
pelo commercio de loja, será perseguido por esse
delicto. Se fôr convencido, será condemnado n'um
anno de prisão. A punição será duplicada a cada
reincidencia. Este genero de trafico será permittido
unicamente aos estrangeiros.

Xenofonte dizia tambem: *As artes manuaes*
são infames e indignas d'um cidadão. A maior
parte deformam o corpo. Obrigam qualquer a as-
sentar-se á sombra e ao fogo. Não deixam tempo
nem para a republica nem para os amigos [1].

A par d'isto, já n'essa epoca preponderava a
doutrina erronea do systema mercantil; porque
para os Gregos o ouro e a prata constituiam a
principal riqueza. E, como é sabido, tão aca-
nhadas ideias economicas levam á restricção de
trocas, em prejuizo do commercio e da industria.

Só estavam livres d'esse preconceito as
colonias, mas o desenvolvimento d'ellas não
podia deixar de ser influenciado pela metropole.

---

[1] Blanqui, *Hist. de l'Economie Politique en Europe.* —
Sherer, *obr. cit.*, vol. I.

Finalmente, o luxo d'esta epoca era ainda limitado; e é certo que o luxo involve o estimulo das artes e a propagação e adiantamento da industria.

O unico luxo geral estava na riqueza dos edificios do Estado. E, pelo contrario, as casas particulares eram, de ordinario, pequenas e modestas, porque os Gregos viviam mais da vida publica do que privada. A maior parte d'ellas compunha-se de dois andares, tendo por cima um terraço. O andar superior, chamado gyneceo, era o aposento das mulheres, e o inferior, o dos homens. Geralmente, havia nas trazeiras um jardim, e um portico ou pateo na frente. Nas casas ricas sómente, é que as salas eram decoradas com todo o cuidado; as paredes e os tectos pintados; os soalhos cobertos de tapetes de Babylonia; e o gyneceo proporcionava todas as delicadezas e commodos da vida d'esse tempo.

O vestuario dos Athenienses, para os homens, constava, nas pessoas ricas, de uma tunica de linho, descendo até o meio das pernas, e por cima d'ella um manto, chamado *clamyde,* que cobria quasi todo o corpo. Os escravos e os pobres traziam tunica de uma só manga, chamada *exomide.*

As mulheres usavam tambem de tunica até
os pés, branca e decotada, e por cima um vestido mais curto, apertado na cinta, e guarnecido por fitas de differentes côres. E as damas
traziam tambem um manto, posto, umas vezes,
a tiracollo ou de mantilha, e, outras vezes, tra-
çado no corpo. O vestido branco, e quanto
mais simples, era o mais distincto.

A materia mais empregada era a lã, e depois
o linho, sobretudo nos vestuarios das senhoras.
Os pannos de byssus d'Achaia vendiam-se muito
caros, e os tecidos de linho d'Amorgos eram
ainda mais finos e de maior preço.

Os pobres trajavam de linho cru ou lã por
tingir, e andavam descalços.

Os ricos preferiam os pannos tingidos d'es-
carlate, e sobretudo de purpura; e os seus
vestuarios eram muitas vezes impregnados de
perfumes. Tinham grande esmêro no calçado;
e, n'este ponto, eram afamados os sapatos de
Laconia para os homens, e de Sicyonia para
as mulheres.

No verão, usavam-se trajos ligeiros; mas, no
inverno, alguns individuos traziam longos vestidos felpudos de lã d'Ecbatana.

m uanto á meza, a sobriedade dos Athenienses e a gulodice dos Thebanos eram egual-

mente proverbiaes; mas fosse onde fosse, tra-
tando-se de jantares publicos, em dias de festa, o dispendio era enorme. A ostentação de
vasos d'ouro e prata, nas mezas ricas, tornou-
se frequente [1].

Havia já lojas de barbeiros que se tornaram
o *rendez-vous* dos ociosos, e constituiam, por
assim dizer, os *cafés* d'esse tempo; como havia
tambem perfumadores e ourives.

E entretanto, apezar de todo este quadro da
vida domestica dos Gregos, o seu luxo, como
dissemos, era limitado. Os grandes e os ricos
viviam no esplendor e grandeza; mas o geral
da nação vivia modesta e parcamente.

Concorria tambem para essa limitação o não
haver ainda as multiplices commodidades dos
tempos modernos, nem as circumstancias da
epoca exigirem a divisão do trabalho, que es-
timula e fomenta o desenvolvimento economico.

Na sociedade actual, cada capricho inventa
uma commodidade, e não ha commodidade
que não tenha uma industria destinada a sa-
tisfazel-a. A divisão do trabalho desce, como

---

[1] Sherer, *obr. cit.*

as divisões d'um grande rio, aos mais estreitos meandros da safara social, empregando maior numero de braços; e o serviço domestico está limitado ao cuidado do *menage*. Na Grecia, porém, as habitações eram providas d'escravos, e constituiam pequenos *ateliers*, que desempenhavam em conjuncto as differentes industrias necessarias á vida.

Todas estas circumstancias deviam embaraçar o desenvolvimento industrial dos Gregos. Mas tal foi a sua educação intéllectual e artistica, tal foi a grandeza do seu commercio e da sua navegação — esses dois impulsores da economia nacional, e tal era o genio activo e emprehendedor d'este povo, que, apezar de tudo, soube tambem elevar a industria a grande esplendor.

Certamente que ainda teria caminhado mais n'esse campo, senão houvesse tantas causas prejudiciaes; mas, ainda assim, occupou, mesmo ahi, um logar proeminente. E até muitos dos mais apreciaveis instrumentos do trabalho e misteres da vida foram descobertos na Grecia.

Como expõe Du Mesnil-Marigny, foi Dedalo o inventor da serra, enchó, trado, compasso, velas de navio e arte de fiar a lã; e foi o atheniense Aristeo, que inventou os lagares, e fez conhecer o azeite d'oliveira.

A primeira forma de tijolos foi tambem devida aos athenienses Euvade e Hyperbius. Segundo alguns escriptores, a arte d'applicar a lã á confecção do vestuario foi egualmente inventada em Athenas. Conforme Crisias, a descoberta das cadeirinhas de viagem foi devida á cidade de Thebas; e, segundo Plinio, a arte de sapateiro foi tambem inventada pelo beocio Tychius [1].

Na industria metallurgica, fabricavam-se muitos objectos de bronze, ouro e prata. As estatuas e estatuetas de bronze e os celebres vasos, chamados de Corintho, egualmente feitos de bronze, tinham reputação por toda a parte, dando logar a um grande movimento commercial.

Eram os Athenienses e Corinthios que principalmente os fabricavam; assim como prepa-

---

[1] Du Mesnil-Marigny, *obr. cit.*, vol. II, pag. 196. — Justino, vol. II, cap. VI.

ravam o cobre em folhas delgadas, unindo-as entre si, para formarem uma outra especie de estatuas e estatuetas. As armas d'Athenas eram egualmente afamadas.

A cutellaria chegou a grande perfeição em Delphos, onde se fabricavam em grande quantidade facas muito procuradas e artigos de serralharia muito notaveis.

Egina era tambem um centro importante metallurgico. A confecção dos pequenos objectos de cobre, e mesmo de ferro, era ahi tão consideravel e afamada, que as quinquilharias de toda a ordem tomaram o nome de *mercadorias d'Egina.* Os seus candelabros macissos, tambem de cobre, tiveram egualmente enorme reputação.

Da mesma forma, a ceramica attingiu um grande desenvolvimento, conforme se vê d'exemplares achados nos tumulos: taes como vasos pintados com figuras negras ou vérmelhas de todas as dimensões e todas as formas, e estatuetas de terra cote, com encantadoras figuras de Tanagre e Beocia.

Especialmente os vasos chamados *keramos* tiveram uma voga universal; e a sua exportação para toda a parte foi tão grande que esse nome de *keramos* designou, por muito tempo, toda a especie de vasos, qualquer qué fosse a sua materia.

A fabricação e exportação de moveis era tambem consideravel.

Na industria textil preparavam-se tecidos de linho, byssus e lã, muito finos e muito afamados.

A curtimenta alcançou da mesma forma grande reputação. Em Athenas, fabricavam-se em muita quantidade calçado, braçaes e couraças de cabedal.

Os instrumentos de musica e as perfumarias constituiam outra industria notavel dos Athenienses; e especialmente o perfume chamado *parathemaico* gosava d'uma fama universal [1].

Na industria agricola, tambem os Gregos, e sobretudo os Beocios, foram muito notaveis; e a propria legislação consignava differentes preceitos destinados a desenvolvel-a.

Por exemplo, a mudança, tiragem ou usurpação dos marcos, delimitadores da propriedade alheia, era severamente punida. O ladrão de fructos e cereaes, por estes generos serem dedicados á deusa Ceres, era enforcado; e o

---

[1] Plinio, liv. I, cap. II. — Du Mesnil-Marigny, *obr. cit.*

furto ou roubo dos outros generos era punido com multa e cadeia, além da restituição dos respectivos objectos ou do seu valor.

Entre dois campos destinados á cultura dos cereaes, devia ficar uma passagem sufficiente, para que o gado e a charrua podessem virar, sem prejudicarem a sementeira do visinho. As arvores de grande sombra, como oliveiras e figueiras, só podiam ser plantadas na distancia de nove pés; e os arbustos, na distancia de cinco. Os fructos, embora caissem no terreno alheio, pertenciam ao dono da respectiva arvore.

A *usucapião* ou prescripção era de dois annos para os immoveis, e de um anno para os moveis.

Se algumas d'estas medidas parecem hoje restrictivas do dominio particular, revelaram evidentemente, da parte dos Gregos, o desejo de favorecerem a agricultura: tanto mais que, n'esse tempo, escasseavam muros e vedações que separassem devidamente as propriedades.

O ramo, porém, mais distincto da industria grega foi o das bellas-artes, especialmente a pintura, architectura e esculptura, em que este povo attingiu uma altura verdadeiramente assombrosa.

m uanto ao commercio, exerceu-se a principio unicamente nas relações interiores. Embora separados por barreiras naturaes, os differentes povos da Grecia precisavam de trocar mutuamente os seus productos, para supprirem as necessidades respectivas. Para isso aproveitavam as communicações maritimas, conduzindo a remo os seus barcos ou navios, de porto a porto.

Depois, as relações com os Phenicios e com os Cretenses abriram-lhes, pouco e pouco, o trafico internacional; e os Gregos tomaram n'elle um papel preponderante, ou, pelo menos, egual aos seus mestres.

Attingiram, assim na marinha militar e mercante uma gloria enorme; e introduziram na instrucção naval e arte de construcção muitos melhoramentos. Basta dizer que, no principio da guerra do Peloponeso, podiam armar trezentos navios, com uma equipagem de sessenta mil homens.

Não só navegaram nos mares conhecidos dos seus antecessores, mas tambem n'outros novos; porque, tendo Koléos de Samos, 700 annos antes de Christo, ao fazer uma viagem para o Egypto, sido arremessado pela tempestade até ás columnas de Hercules, estabeleceu-se, desde então, um commercio maritimo activo com o noroeste da Europa. Depois, no seculo anterior á nossa era, um outro navegador grego, chamado Alexandre, penetrou na China meridional até Cattigara, perto da embocadura do Yang-Tse-Kiang [1].

Por isso, dispendiam sommas enormes com a marinha. A principio, só os ricos proprietarios eram armadores; mas, depois, os cidadãos que possuissem terras, fabricas e dinheiro collocado no commercio, foram obrigados a manter e augmentar as forças navaes do Estado. Por fim, Demosthenes fez a revisão das respectivas leis, e ordenou que todo o cidadão, dispondo de uma fortuna de dez talentos, fornecesse, em caso de necessidade, uma galera ao Estado, e duas, se possuisse vinte talentos. Mas, por maior

---

[1] Henri Richelot, *Esquisse de l'industrie et du commerce de l'antiquité.* — Jules Vars, *L'Art Nautique dans l'antiquité.*

riqueza que tivesse, nunca lhe poderiam exigir mais de tres galeras e uma chalupa [1].

A exportação consistia principalmente em armas defensivas e offensivas; pelles; obras de couro; tecidos de toda a ordem; vasos de bronze e metal; leitos; instrumentos de musica; perfumes; artigos de quinquilharia e ourivesaria; livros; quadros; estatuas, estatuetas; e muitos outros objectos d'arte. Os marmores eram tão procurados que havia continuadamente no Pireo navios que se carregavam por completo de estatuas e estatuetas, destinadas ao estrangeiro. Roma era o maior cliente d'esse genero.

Os cereaes, vinho, azeite d'oliveira, mel e figos, constituiam tambem objectos de grande exportação.

A importação consistia especialmente em mineraes de Hespanha; ambar da Prussia; escravos e cereaes da Scythia e das regiões do Cau-

---

[1] Alberto Conrado, *O Commercio e a navegação na historia.*

caso; pelliças e ouro da Siberia; perfumes da Arabia; preciosidades e tecidos da India; peixe salgado; materias primas, como por exemplo madeiras de construcção, de carpinteria e marceneria, e pelles brutas; lãs; metaes; marfim; ebano; pedras preciosas.

A entrada e saida das mercadorias era regulada, conforme as necessidades publicas. Por exemplo, a exportação de madeira, cera, cordas, alcatrão, e tudo o mais que servisse para armar os navios, era prohibida. A venda d'armas ao inimigo era castigada com a pena de morte.

N'este movimento economico, Athenas é que tomava a maior parte. Havia até muitos artigos que lhe eram especiaes, constituindo uma das grandes forças do seu commercio, como os capacetes, escudos, couraças, alfanges, e vasos de toda a especie.

A abundancia de prata do monte Laurio, que os Athenienses exploravam em ponto grande, concorria tambem, para favorecer esse movimento; porque os negociantes estrangeiros trocavam facilmente por ella os seus productos.

Accrescia que os Athenienses já usavam de letras de cambio; já tinham sociedades por acções; já celebravam contractos de risco maritimo; e a sua legislação favorecia a formação de companhias para o commercio e navegação.

O trafico enorme dos Gregos demandava grandes mercados. Por isso havia no interior os *foruns,* onde se juntavam os mercadores nacionaes; e, nas cidades que eram portos de mar, os *emporios,* destinados ao commercio exterior.

Dois centros enormes se destacavam de todos os mais, tambem n'uma differença enorme: Athenas e Corintho.

Athenas, a perola da Grecia, tinha tres portos — Phalero, Munychia, e o Pireo, que abrigava todos os navios do Mediterraneo; e a potencia commercial d'esta cidade eclipsou a de todas as outras.

Estava situada n'uma planicie, que, para o sudoeste, se estendia até o mar; e, do outro lado, os seus portos ficavam rodeados de montanhas. A mais alta d'ellas sustentava a acrópole ou fortaleza, que tinha recebido do seu fundador, Cecrops, o nome de Ceropia.

Havia um caminho que ligava a cidade aos

portos, protegido por um duplo muro, d'uma
grande altura, e d'uma largura tal que podiam
passar por elle duas carroças a par.

O Pireo formava com suas praças, templos,
porticos, e com o seu movimento commercial,
uma outra cidade, tão animada como Athenas.
Provido de bacias, d'entrepostos e de armazens,
tinha largura sufficiente, para accommodar
quatrocentos navios. Os portos de Munychia e
Phalero é que não podiam receber mais de cincoenta[1].

A marinha d'Athenas, creada por Solon, seis
seculos antes da nossa era, foi consideravelmente desenvolvida pela administração de Te-
mistocles. E, podendo competir, desde então,
com as cidades da Lydia e Chypre, e com as cidades phenicias, conseguiu chamar directamente para si a força dos transportes internacionaes.

Por isso mesmo, despertou por vezes a rivalidade das outras cidades, especialmente de
Corintho; e por forma que, na guerra do Peloponeso, quando os Athenienses foram vencidos em Egos-Potamos, os Corinthios propoze-

---

[1] Heeren, *obr. cit.*, vol. I.

ram a destruição completa de Athenas. Os
Spartanos, dando uma prova de melhor senso
e menor egoismo, oppozeram-se a tal destruí-
ção, e Athenas, embora decaida, continuou a
ser um grande centro commercial[1].

Corintho, collocada nos dois mares, no ponto
da juncção do Peloponeso e da Hellade, estava n'uma posição maravilhosa, entre o golfo
do mesmo nome e o Saronico, separados sómente por uma lingua de terra, de seis kilometros, facil de atravessar.

Podia-se fazer, mesmo em carroças, o transporte directo de mercadorias d'um golfo para o
outro, e escapar assim á necessidade de dobrar
o cabo Maléa, considerado então como perigo-
sissimo. «Antes de dobrar o cabo Maléa, dizia
o proverbio, esquecei tudo o que tiverdes, de
mais caro no mundo».

Até os proprios navios, quando não eram de
grandes dimensões, podiam ser transportados
por meio d'essas carroças, ou de maquinas,
d'um golfo para outro: o que, no tempo de paz
e sobretudo no tempo de guerra, era de uma
vantagem enorme.

---

[1] Noel, *obr. cit.*

Por isso Corintho, em breve se tornou uma
praça de commercio de grande actividade, quasi
da força de Athenas; e, durante muitos annos,
foi, como diz Montesquieu, uma cidade da maior
importancia, n'um tempo em que a Grecia era
o mundo e as cidades gregas, nações. Possuia
dois portos, um que se inclinava para o sul,
afim de receber as mercadorias da Asia, e outro, virado ao norte, para tomar os productos
da Italia. E o movimento enorme d'estes portos, ao passo que representava um trafico de
primeira ordem, proporcionava á Grecia grandes recursos financeiros; porque o Estado recebia avultados direitos de transito, que constituiam uma fonte de riqueza das mais abundantes.

Periandro teve o designio de rasgar o isthmo;
porém, temendo que Corintho ficasse reduzida
a uma simples cidade de porto de mar, e que o
isthmo, convertido em linha de passagem, não
tivesse tanto movimento commercial, nem tão
grande deposito de mercadorias, desistiu do
projecto [1].

Os Phenicios tiveram ahi um dos seus maio-

[1] Diogenes de Laerte, *Vida de Periandro*. — Du Mesnil-
Marigny, *obr. cit.*, vol. II, pag. 147.

res estabelecimentos, até que os Corinthios, libertando-se da tutella, exploraram directamente o commercio com os paizes estrangeiros.

Nem foi sómente como centro mercantil que esta cidade preponderou; antes, como vimos, o seu movimento industrial foi tambem enorme.

Delphos e Olympia constituiram egualmente centros importantes. Por um lado, tinham oraculos de grande renome, aonde concorriam muitos peregrinos, que espalhavam o ouro ás mãos cheias. Por outro lado, a inviolabilidade do sentimento religioso garantia essas cidades da invasão e conquista, proporcionando-lhes uma paz perpetua. E tudo isto concorria para o seu movimento economico.

Sparta e Thebas é que nunca foram grandes centros commerciaes, devido á sua educação, mais guerreira do que artistica, e á sua distancia do littoral.

Com as outras cidades dava-se a mesma coisa. Destacavam-se, ainda assim, na Thessalia Larissa e Pharsalia, Delphos na Phocida, Messena na Messenia, Argos, a capital d'Argolida, Laurio, Sicyonia e Megara. Mas tanto estas, como as demais cidades da Grecia, representaram sempre uma figura secundaria, economicamente fallando, ao pé de Athenas e de Corintho.

Na Sicilia, na Baixa Italia ou Grande Grecia, e em differentes outras colonias, é que havia tambem importantes centros mercantis.

Assim, a Sicilia, pela amenidade do clima, pela fertilidade do solo e variedade dos productos, porque ahi se dão todos os generos da Europa Meridional e da Africa Septentrional, offereceu sempre grande attractivo ás immigrações. Os Phenicios, Gregos, Carthaginezes, e, por ultimo, os Romanos, se espalharam successivamente por ella; e veremos que, na edade media e nos tempos modernos, succedeu a mesma coisa com os Arabes, Hespanhoes, Francezes e Italianos. Syracusa, a capital, com os seus dois portos, gozou tambem d'enorme importancia, distinguindo-se pelo seu commercio, navegação e riqueza.

Vinham depois Zande (Messina), Catania, Geia, Agrigento, Panormus (Palermo), e Himera.

Na Grande Grecia, havia, além d'outros centros commerciaes, as cidades de Sybaris, Metaponto, Heraclea, Crotona, Locres, Rhegium e Parthenope (Napoles).

A posição de Sybaris, entre os mares Jonio

e Thyrreno, dava-lhe uma grande importancia, que ella soube augmentar, contraindo allianças commerciaes com a Etruria e Mileto; constituiu-do-se em porto franco; e isentando assim de direitos os commerciantes que o demandavam. Por isso mesmo, a par da proverbial effeminação e gulodice dos seus habitantes, tornou-se um mercado permanente, aberto ás transacções dos Gregos e Thyrrenos [1].

Na Hespanha, a cidade de Sagunto foi tambem muito notavel, pelo seu commercio e amor á liberdade, e pelo patriotismo de que deu brilhantes provas, no principio da segunda guerra punica.

No Oriente da Europa, littoral do Hellesponto (Dardanellos), Propontida (mar de Marmara), e Ponto Euxino (mar Negro), assim como Bysancio era a mais importante colonia, tambem a cidade do mesmo nome era o mais importante centro mercantil. Essa importancia vinha-lhe de ser o mercado de cereaes de que a Grecia ia prover-se, e que abundavam na Russia meridional, ao mesmo tempo que entreposto do commercio com a Asia.

Mas havia muitas outras cidades importan-

---

[1] Noel, *obr. cit.*

tes, como Abydos, Lampsaca, Priapo, Heraclea, Cyzica, Perintho (Mijgdonia), Chalcedonia, Sinope, Trebizonda (Trapesus), Phaso, Tanais, Olbia, Odessus.

Nas colonias asiaticas, Mileto foi uma das maiores cidades da antiguidade, que dispoz tambem d'um commercio enorme.

Tornou-se quasi rival de Tyro e Carthago; e, nos seus quatro portos, equipou muitas frotas, que iam ao mar Caspio buscar cereaes, peixes, escravos e pelliças. O commercio da Asia septentrional estava nas suas mãos; e o seu poder cresceu com as colonias, que fundou, cerca de 300, principalmente no mar Negro e d'Azof.

Como patria de Thales, Anaximandro, Hecateus e outros homens notaveis, foi a metropole da antiga philosophia jonica e da historia.

A cidade de Phocea constituia outro grande centro mercantil. Mas, quando Cyro tratou de submetter as colonias gregas da Asia, os habitantes d'essa cidade fugiram diante do exercito persa, e foram fundar Massilia (Marselha), 500 annos antes de Christo; onde, transformando o solo pedregoso em vinhas e olivedos, exerceram, pelo decurso do tempo, um extensissimo commercio, a ponto d'ella se constituir um dos maiores centros economicos do mundo.

A cidade, construida n'uma peninsula, e
unida ao continente por um isthmo estreito,
estava n'uma situação admiravel. Uma cinta
de muralhas, com uma cidadella interior, defendia os seus arsenaes e o seu porto *Lacydon;*
e entrava-se n'essa muralha por uma guella,
da largura de cem metros.

A antiga cidade occupava apenas a quinta
parte da superficie da actual; mas a população tornou-se muito densa, para se constituir em republica independente, e fundar por
sua vez differentes colonias proprias ou occupar
os antigos estabelecimentos phenicios, como,
a este do Rhodano, Monœcum, Nice, Antibes,
com as ilhas de Lerins, que a tornaram senhora
do Var, Toulon, as ilhas de Hyeres (Grandes
Stœchadas), Taurentum (Tarento), Citharista
(Ciotat). E, ao oeste do Rhodano, Agde, Port
Vendres, e mesmo Emporium (Ampurias), He-
méroscopia, Heraclea e Manacé, na Hespanha.

No interior, conquistou ás povoações gau-
lezas quasi todo o actual departamento das boc-
cas do Rhodano; e ainda, ao norte do Durance,
as cidades de Cavaillon e Avignon [1].

---

[1] Périgot, *Histoire du commerce français.*

E, não contentes com tudo isto, os navegadores de Marselha foram até o mar do norte, abordando á propria Islandia (ilha de Thul).

Foi uma das raras colonias da antiguidade que conservou a sua importancia até os nossos dias.

Epheso era a rival de Phocea e de Mileto, sem comtudo ter um commercio tão grande. Mas, pela perda d'aquellas cidades, engrandeceu-se, a ponto de ser considerada no tempo dos Romanos como a principal cidade da Asia Menor.

Colophon fazia tambem grande commercio com a resina, que ainda hoje conserva o seu nome (Colophane); e tinha egualmente uma grande armada. Da mesma fórma, Zebedos era uma das cidades jonicas mais importantes.

Na Africa, Cyrene, situada n'um logar montanhoso e fertil, regada por grande numero de correntes, perto do sitio da moderna Tripoli, e offerecendo por isso o ponto de partida mais vantajoso para o commercio do interior, tinha grande trafico por terra e por mar com o Egypto e com a Nubia. Dispunha, como dissemos, d'um terreno muito fertil, apezar da visinhança do deserto, e exportava muito trigo, azeite, vinho, fructas, açafrão, e principalmente silphium (lazerino), que era muito estimado na antiguidade, porque as folhas serviam para alimento do gado, a haste para o alimento do homem, e o succo da raiz era aproveitado como especiaria na culinaria e como remedio na medicina. Só o monopolio d'esta planta bastou pôr muito tempo para sustentar a prosperidade da colonia.

Os habitantes de Cyrene adquiriram pelo commercio grande riqueza; mas por fim deixaram-se dominar da molleza e voluptuosidade, e começaram a decair, até que, na partilha do imperio macedonico, a cidade foi reunida ao Egypto, o que lhe deu um golpe mortal. Os restos do seu trafico exterior foram, depois d'isso, destruidos pelo ciume de Carthago [1].

A Grecia, já 600 annos antes de Christo, possuia dinheiro proprio, que devia a sua origem a Theodoro d'Argos.

---

[1] Veja-se o que dissemos de Cyrene, a pag. 243 e 244, e do silphium, a pag. 97.

A principio, esse dinheiro era de prata, e as moedas tinham forma grosseira. Sómente se aperfeiçou, quando os Gregos, espalhados na bacia do Mediterraneo, se acharam em contacto com as nações commerciantes.

O dinheiro de Athenas representava na face a cabeça de uma divindade, por exemplo Minerva, Hercules, Jupiter Ammon. E, no reverso, umas vezes, os attributos d'essa divindade, como uma coruja, um ramo de oliveira, uma amphora de azeite; e, outras vezes, emblemas allegoricos, recordando a producção do paiz, ou alludindo ao seu caracter mercantil e á sua historia, taes como a figura d'um peixe ou do silphium.

A unidade effectiva era o drachma, que valia approximadamente 171 reis. Abaixo d'elle, havia o obulo, que valia, tambem approximadamente, 28 reaes e meio. Depois os diobulos, triobulos, tatrobulos, representando dois, tres e quatro obulos.

Os multiplos do drachma eram os didrachmas (dinheiro corrente em Athenas), os tridrachmas e os tetradrachmas d'um valor dois, tres e quatro vezes superior ao drachma.

Uma outra peça de prata, que se fabricou em grande abundancia, foi o *estatére*, do peso de quatro escrupulos, valendo dois drachmas e quatro obulos. E 1:250 estatéres de prata faziam um talento de prata ou 570$000 reis.

Emfim, como dinheiro de conta, appareceu o estatére d'ouro, do peso de um escrupulo, equivalendo a vinte drachmas e meia; a mina, correspondendo a cem drachmas; e o talento, a seis mil drachmas, valendo por isso approximadamente 1:026$000 reis da nossa moeda.

Os Eginetas adoptaram tambem um talento d'um valor particular, conhecido pelo nome de *talento d'Egina,* egual a cem minas ou dez mil drachmas, approximadamente 1:620$000 reis.

Além d'isso, muitas outras regiões da Grecia cunhavam dinheiro, sob o mesmo systema, porém, com symbolos particulares.

Por exemplo, o dinheiro de Cysicus era d'electro, e representava a figura d'um atum. Acontecia a mesma coisa na colonia grega d'Olbia, cidade do mar Negro. O dinheiro de Tenedos representava um machado com dois gumes; o de Phanes um veado; o de Gnido a cabeça d'um leão; o de Phocea, uma phoca; o de Thasos, uma videira; o de Thurii, um touro; o de Metapontum, uma espiga de trigo; o de Croton e Eretria, uma siba; o de Sansos, o craneo de um leão; o de Egina, uma tartaruga; o de

Beocia, um escudo; o de Lycia, um varrão; e
o de Messana, uma lebre.

Esta variedade de moedas e a vastidão do
commercio trouxe a instituição de banqueiros,
que se chamavam *trapezitas.*

m uanto ás communicações, havia por terra
o caminho das caravanas, atravez da Scythia,
para as costas do mar Caspio e do lago Aral,
que continuava depois, pelo Oxus, para Samarcanda e Bactres ; e ahi se ligava aos grandes caminhos da China e da India.

Mas o commercio mais forte era por mar.
Tres linhas principaes de navegação partiam
d'Athenas para o Ponto, seguindo as costas ; outra, para Chios e Lesbos, atravez do mar Egeo ;
e outra, para o Egypto e Cyrenaica, pelas Cycla-
das, Rhodes, Chypre e Phenicia.

Ahi fica exposto o movimento economico
d'esse povo heroico — o maior impulsor da civi-

lisação antiga, cuja tradição ainda hoje, alumia o progresso, com os monumentos da sua litteratura e o reflexo das suas artes.

A nossa exposição é um simples esbôço do seu commercio, da sua industria e da sua navegação. Mas, repisando o que já dissemos no primeiro capitulo d'este livro, far-se-ha uma ideia approximada do movimento economico dos Gregos, attendendo a que em si concentraram, como n'um prisma luminoso, o progresso e adiantamento dos outros povos, e o reflectiram na humanidade inteira, com a intensidade peculiar ao seu genio.

A Grecia não teve um movimento industrial tão vasto como os Phenicios. Mas egualou-os na amplitude do commercio e navegação; excedeu-os na franqueza dos processos mercantis; e foi-lhes muito superior na cultura das sciencias e das letras, no desenvolvimento das bellas-artes, e na transfusão cosmopolita do progresso.

O grande espirito dos Gregos irradiava por toda a parte, mesmo nos povos que elles appellidavam de barbaros, como o sol claro da peninsula se reflectia nas aguas limpidas e serenas do mar Jonio.

Ao caracter sombrio dos Egypcios, ao egoismo interesseiro e desconfiado dos Phenicios, substituiram o tom vivo e scintillante das suas artes, a belleza da sua litteratura, a maior liberdade do seu commercio, e a influencia geral da sua civilisação.

Por isso mesmo, os classificámos, no primeiro capitulo d'esta obra, como o povo mais adiantado d'essa epoca.

CAPITULO XI

Os Romanos·

A peninsula italica, fechada ao norte e oeste pelos Alpes, atravessada até o sul pelos Apeninos, cujos repetidos contrafortes descem para o mar, dando logar a frequentes arestas montanhosas, que alternam com profundos valles; dotada de numerosos golfos e bahias; com differentes bacias lacustres, ainda cheias d'agua, ou já enxutas pela alluvião dos terrenos,

que se estendem até os rochedos das montanhas; com os cabeços vulcanicos, levantando-
se acima das campinas; e com um clima e
céo maravilhosos.: ao mesmo tempo que forma, por assim dizer, um mundo á parte das
outras nações da Europa, tem dentro de si os
elementos d'uma vida guerreira, agricola, commercial ou artistica, segundo as circumstancias
em que se achar a sua população.

Unificada como actualmente se encontra,
fechada por limites naturaes, e estando assentes
as barreiras internacionaes, a Italia tem, para
determinarem principalmente os seus destinos,
a agricultura, que resulta da fertilidade dos
valles e da fortuna do clima, o commercio que
deriva da sua posição maritima, e a tendencia
artistica, filha da sua educação, das suas pai-
sagens, da sua natureza.

Collocada, como na edade media, no mais
frequentado caminho maritimo do commercio
d'essa epoca — o Mediterraneo, e na posição
mais apta, para restabelecer as relações economicas entre a Asia e a Europa occidental, que
tinham sido interrompidas pela queda do imperio do occidente, a Italia devia tomar, como
tomou, principalmente, a feição commercial.
E foi assim que se creou e desenvolveu o

commercio de Veneza, de Genova, de Florença, de Pisa e de outras republicas e cidades italianas.

Mas, no mundo antigo, em que a peninsula estava politicamente dividida em differentes povos, rivaes entre si; em que o sólo andava ainda a recompor-se das revoluções geologicas; em que a guerra e a conquista eram a arte exclusiva do alargamento e preponderancia das nacionalidades, e entravam nos costumes geraes da humanidade, como elemento de vida; finalmente, em que a pirataria trazia as populações maritimas em continuo sobresalto: um paiz assim devia inspirar, de preferencia, aos seus habitantes a feição guerreira, para se defenderem e alargarem o territorio, e a occupação agricola, para aproveitarem e melhorarem os recursos do sólo e supprirem as necessidades do seu isolamento politico.

A estas causas geraes, que deviam já determinar a tendencia do povo romano, acresceram as especiaes da situação de Roma.

Assente um pouco abaixo da confluencia do Tibre e do Anio, (Teverone), n'um sólo pantanoso; cercada por atoleiros sem fundo, por onde o primeiro d'aquelles rios se espreguiçava mol-

lemente nas campinas: exigiu, desde logo, o trabalho aturado do homem, para construir os val-
los e seccar e cultivar os terrenos. A malaria ondulava em toda a costa visinha. Em
volta da cidade, como se esta representasse o
centro d'um circulo, os Latinos, Sabinos e
Etruscos, se, por um lado obrigavam os Romanos aos cuidados da defeza, retemperavam-nos,
por outro lado, nas ambições da conquista,
como necessidade economica da sua expansão;
e tudo isto, ao passo que devia inspirar aos
Romanos um caracter reservado e taciturno,
devia fazer d'elles um povo d'agricultores e um
povo de guerreiros.

Não os ajudava commercialmente a posição
da cidade, porque estavam longe do mar; e, se
esta circumstancia a punha ao abrigo dos ataques imprevistos dos piratas, tirava-lhe as
condições adequadas ao commercio maritimo. O proprio mar, em toda a costa das regiões visinhas, era inhospitaleiro. O porto
d'Ostia não passava de uma fraca enseada,
onde mesmo as galeras antigas entravam com
certo perigo. E, se o trabalho dos homens, o
não tivesse corrigido, como adiante exporemos,
pela abertura d'um canal maritimo e de bacias artificiaes, e pela construcção de molhes e

diques, jamais a bacia do Tibre teria servido para o grande commercio.

Mas, com relação á peninsula, a situação de Roma era das mais favorecidas. Estava no centro da Italia e na vertente occidental, a mais rica de campinas e planicies, que deitava para um mar livre e desafogado, onde se concentravam as principaes communicações maritimas da antiguidade; tinha em volta de si terrenos largos e feracissimos; e era, ao mesmo tempo, defendida de qualquer invasão pelo semi-circulo dos Apeninos. Desde que Roma conquistasse o valle que a rodeava e os povos que então o dominavam, abrindo assim diante de si um vasto espaço, livre e seguro, para a sua propria exploração economica, a cidade, ainda que fosse unicamente como centro de transacções internas, devia crescer rapidamente. E esta situação, alliada á educação militar e guerreira dos Romanos, é que explica sobretudo o augmento da sua grandeza politica. Alargado o dominio de Roma por toda a Italia, esses dois factores, unidos á cohesão nacional, que resultava tambem das condições da peninsula e das suas barreiras naturaes, deviam trazer effectivamente a superioridade politica dos Romanos.

Não se desvenda com segurança atravez dos seculos como se constituiu a população da cidade, mas não seriam certamente as immigrações estranhas á peninsula que se iriam estabelecer n'um logar pantanoso, exposto á malaria, e onde o homem precisava de luctar assiduamente com os elementos. Essa população formou-se, naturalmente, d'agricultores, rachadores de lenha, aventureiros, refugiados dos povos visinhos, que, por isso mesmo, traziam o germen da audacia, do trabalho e da lucta [1]. Não podia prosperar, desde logo, commercialmente, como na Grecia e Carthago; mas o vigor da sua organisação e o instincto das suas aventuras haviam de trazer-lhe, como trouxeram, desde logo, a guerra com os visinhos.

Esses visinhos eram constituidos principalmente pelos Etruscos, ao noroeste, pelos Sabinos, ao norte, e pelos Latinos, ao sul. Outros

---

[1] Mommsem, *Histoire de Rome.* — Oliveira Martins, *Hist. da Rep. Rom.* — Edmond Demolins, *Les Grandes Routes des Peuples.*

povos mais pequenos, como os Equos e os Hernicos, ao leste, os Volscos, ao sudoeste, e os Ombrios, entre os Sabinos e os Etruscos, estanciavam tambem no semi-circulo dos Apeninos; e uns e outros foram sendo conquistados, pouco e pouco, pelos Romanos, até que estes se apoderaram de todo o territorio.

Ao sul da Italia, estavam espalhadas colonias gregas, que fizeram dar á região o nome de Grande Grecia; e tambem estas soffreram a dominação de Roma. De modo que o povo romano, ou o que vale o mesmo, o povo latino, pôle começar, desde então, a obra da sua preponderancia.

N'essa conquista, porém, dos povos visinhos, já Roma revelou a sua inhabilidade mercantil.

Assim, os Etruscos eram muito industriaes, navegadores e commerciantes; tinham elevado a agricultura a um grande desenvolvimento, amanhando a terra com todo o cuidado, abrindo aqueductos, enxugando pantanos, como os valles do Arno e do Chiana, e saneando terrenos insalubres, como as Maremmas. De modo que o trigo sobejava do consumo, e dava grande contingente para a exportação. Abundava tambem o milho miudo.

Havia muito vinho. E era grande a producção do linho e de muitos outros generos agricolas.

Da mesma fórma, os Etruscos cuidavam muito da creação do gado, em que avultava especialmente o ovino e equideo. Chegavam até a cobrir as ovelhas com pelles, para tornarem a lã mais resistente e macia.

O desenvolvimento das outras industrias acompanhava o da´ agricultura. Até attribue-se aos Etruscos a invenção dos moinhos de mão, dos esporões de navios e das balanças. E os proprios Romanos aprenderam d'elles muitos dos trajos que depois foram usados pela mocidade dourada de Roma e pelos triumphadores.

Exploravam tambem as ricas pedreiras de marmore do seu paiz; fundiam o ferro e o bronze; modelavam o barro em vasos elegantes; esculpiam innumeros baixos relevos; cinzelavam preciosas armaduras; teciam o linho para os sacerdotes, a lã para o povo, o canhamo para os cordames; cortavam a madeira para os navios; e eram eminentes na fabricação d'objectos d'ornato. Além d'isso, cultivavam com grande esmêro o theatro, à poesia e a musica.

O luxo era muito grande; e a ostentação dos

festins, a que as mulheres assistiam tambem, tornou-se frequente.

O commercio e a navegação tomaram egualmente n'esse povo um logar tão importante que os principaes cidadãos eram negociantes, e serviam quasi de mediàneiros mercantis entre o mar e o resto da Italia.

Por isso, os Etruscos abriram tambem ao commercio muitos portos, e entre esses o de Suza, no golfo de Spezzio, que era o mais importante. E os seus navios dominavam no Adriatico, e competiam no mar Thyrreno com os Phenicios.

Fundaram muitas cidades, entre essas Fiseole, Florença, Ravenna, Mantua, Adria, Felsiria (Bolonha), Pistoia, Lucca e Capua, estendendo ao mesmo tempo as suas colonias por muita parte. E dos seus numerosos portos, de Luna, a cidade das muralhas de marmore, de Pisa, de Telancona; de Gravisca, de Populonia, da Corsa, da Pyrgia, das duas Illatias, de Herculanum, de Pompeia, partiam navios que iam fazer commercio ou navegar a côrso, desde as columnas de Hercules até ás costas da Asia Menor e do Egypto. E dizemos que iam navegar a côrso; porque os Etruscos, assim como em geral os povos antigos, abusavam do seu poder, entregando-se muitas vezes á pirataria, e por fórma que os *piratas thyrrenos* eram lembrados com terror [1].

Pois, apezar de tudo isto, os Romanos, conquistando e submettendo os Etruscos, nada conservaram do seu movimento economico; e pelo contrario, despojaram-nos dos thesouros, sujeitaram-nos ao serviço militar, e abandonaram o seu commercio aos Gregos e Carthaginezes.

É com estes diversos elementos; com o temperamento de agricultores e militares; com a cohesão nacional, resultante das conquistas, situação e accidentes geographicos da peninsula; com a educação civica, proveniente da necessidade da lucta; com o systema de com-

---

[1] Michelet, *Histoire Romaine*, vol. I. — Edgar Quinet, *De la Grèce dans ses rapports avec l'antiquité*. — Victor Duruy, *Hist. de Roma*, traduzida por Pinheiro Chagas. — Scherer, *obr. cit.*, vol. I. — Cesar Cantu, *Hist. Univ.*, traduzida por Antonio Ennes, vol. I, e *Historia da Italia*, vol. I. — Jorge Weber, *Hist. Univ.*, traduzida por Delphim d'Almeida. — E. Reclus, *Géographie Universelle — L'Europe Méridionale*, pag. 418 e seguintes.

municações e culto da jurisprudencia, de que mais tarde fallaremos: que este povo conseguiu a conquista do mundo e a transformação da humanidade.

E dizemos a conquista do mundo, porque os Romanos, já no tempo de Augusto, dominavam, na Europa, a Italia, a Sicilia, a Sardenha e a Corsega; a Thracia e Mesia (paizes do Baixo Danubio); a Macedonia e a Grecia; a Pannonia (Alta Hungria); a Illyria (Dalmacia); a Norica (Austria); a Carinthia (Ukrania); a Rhetia (Grisões e Tyrol); a Vindelecia (paizes dos Alpes ao Danubio e do Inn ao lago Constança); a Gallia e a Hespanha.

No continente africano, dominavam as provincias da Africa propria e da Numidia, com as Mauritanias, ao oeste; e a Cyrenaica e o Egypto, a nascente.

Na Asia, a Syria com a Palestina, a Cilicia, a Bythinia, a Mingrelia ou-Colchos, a Asia Menor e Creta.

E, depois de Augusto, ainda alargaram esse poder, dominando, na Europa, a Britannia (Bretanha) e a Dacia; e na Asia, a Armenia, a Mesopotamia, e a Persia até á India [1].

---

[1] Nicolas Bergier, *Histoire des Grands Chemins de l'Empire Romain,* vol. I. — Petro Josepho Cantelio, *De Romana Republica.*

*

*:   *

É tão conhecida a historia politica dos Romanos, que não precisamos de a esboçar, para determinar a influencia que os accidentes civicos d'esse povo exerceram no commercio.

Pelo que toca. ao desenvolvimento economico, dividiremos a sua historia em quatro periodos: o primeiro até á conquista de Italia,· (345-265 antes de Christo); o segundo até á destruição de Carthago (146); o terceiro até á queda da republica (30 annos antes de Christo); e o quarto até Constantino.

No primeiro periodo, os Romanos, agitados com as guerras da conquista dos povos visinhos, e com a lucta civica da plebe e da nobreza; ainda rudemente civilisados, porque lhes faltava a convivencia dos Gregos, que depois os polliu e illustrou : pouca attenção prestaram ao commercio e á industria. Viviam da agricultura, da guerra e da expoliação dos vencidos.

No segundo periodo, a derrota dos Samnitas abriu-lhes a conquista da Italia. E Roma, que, durante longos annos, se tinha limitado a ser uma nação continental, encerrada n'um horizonte estreito, votada quasi exclusivamente á agricultura e á guerra, e, quando muito, protectora do commercio d'algumas cidades costeiras, como Circeii, Antium, Terracine, achouse, em pouco tempo, mercê das suas victorias e das suas allianças, transformada n'um grande povo mediterraneo.

Setenta cidades sicilianas, entre as quaes a soberba Agrigenta, cairam em seu poder; e Hierão, rei de Siracusa, cidade opulenta, que contava seiscentas mil almas e rivalisava com Carthago, se comprazia da sua amizade.

Possuia portos frequentados pelos navios de todas as nações maritimas; e a facilidade e multiplicidade das suas relações com os estrangeiros tinham contribuido para fazer nascer e crescer poderosas sociedades financeiras, compostas de publicanos [1].

No terceiro periodo, Roma fez a conquista do mundo, continuando a enriquecer-se com os despojos dos vencidos. Livre da rivalidade de Carthago, e sem competidores que a amedrontassem, caiu na corrupção e molleza dos

---

[1] Noel, *obr. cit.* — Napoleão III, *Hist. de Cezar*, vol. I.

costumes, que arrastaram um luxo desenfreado.

O espolio dos vencidos trouxe o desperdicio; e o augmento enorme da população trouxe tambem um consumo correspondente. Mas o fornecimento era feito pelos povos conquistados; e, como na Persia, o commercio e a industria proprias eram muito inferiores á grandeza politica.

Centro enorme de consumo, Roma fazia gravitar em volta de si as artes, a industria e o commercio; mas eram principalmente os povos vencidos e tributarios que suppriam a necessidade d'esse movimento.

E deve notar-se que nem mesmo esta necessidade levou os Romanos a respeitarem o desenvolvimento economico dos paizes conquistados.

A sorte da Etruria e de Carthago foi a de muitos outros povos; e, se a republica os não destruiu de todo, pelo menos, defraudou-os das riquezas e das preciosidades. Da vida economica deixou-lhes, em geral, sómente o preciso, para supprirem o grande consumo da metropole.

Foi assim que se effectuou a pilhagem de Syracusa, de Tarento, da Syria, das cidades da

Numidia. O carro triumphal de Paulo Emilio, quando venceu a Macedonia, era seguido de duzentas e cincoenta carroças, cheias de prata e ouro, depois de ter vendido como escravos cento e cincoenta mil habitantes das duzentas e setenta cidades que destruiu no Epiro. Manlio despojou a Asia Menor, Sempronio a Lusitania, Flacco a Hespanha. Só as minas de Carthago produziram mil e quinhentos contos da nossa moeda. O grito de Juvenal: *Nós devoramos os povos até os ossos,* é a expressão fiel d'esta serie de rapinas [1].

No quarto periodo, estabeleceu-se tambem uma certa cohesão politica e a regularisação administrativa do imperio. Augusto chegou mesmo a tratar d'um recenseamento geral da população. Multiplicaram-se as estradas e os meios de communicação. E foi tambem n'este periodo que o direito se organisou, e se disciplinaram as relações sociaes.

Com effeito, a legislação primitiva dos Romanos consistiu nas Doze Taboas, que formaram a base do seu direito publico e privado, até

---

[1] Jerónimo Boccardo, *Historia del Commercio, de la Industria y de la Economia Politica,* traduzida em hespanhol por Lorenzo Benito. — Cesar Cantu, *obr. cit.*

450 annos antes de Christo. Depois d'essa data, e por espaço de duzentos annos, as leis propriamente ditas, a saber as votadas pelo povo nos comicios por centurias; os plebiscitos, ou resoluções tomadas pela plebe nos comicios por tribus; os *senatus consultus,* ou determinações do senado, sem participação do povo; o direito consuetudinario; os editos dos magistrados — pretores e edis; e as respostas e escriptos dos jurisconsultos: é que regulavam as relações civis e commerciaes.

Essa variedade trazia certamente a complicação da jurisprudencia; mas abraçava tambem grande variedade de hypotheses, e legistas insignes se incumbiram de colleccionar os casos dispersos.

Com a fundação do imperio, foi acabando a acção legislativa do povo; as *constituições* imperiaes foram supprindo as exigencias do direito; e começou tambem a edade aurea da jurisprudencia, pelos trabalhos de jurisconsultos notaveis, cuja doutrina imperou nos tribunaes, e cujas obras elevaram o estudo das leis e da justiça á maior perfeição. A recopilação final, feita mais tarde por Justiniano, foi calcada n'esses trabalhos.

Então, os assumptos civis e commerciaes foram examinados com esmêro; e as relações sociaes encontraram em todos os ramos a garantia juridica dos direitos e obrigações [1].

Mas, se, n'este periodo, tantos elementos representavam um notavel progresso sobre a rudeza da republica, o luxo e corrupção augmentaram despropositadamente; cresceu a tributação dos vencidos; e mesmo a cohesão nacional, logo depois de Augusto, começou a diminuir, pouco e pouco, de modo que o Estado foi caminhando para a ruina.

A propria agricultura definhou; porque a população da Italia se foi despovoando em favor de Roma, e a corrupção e o luxo d'esta cidade attraindo os abastados.

Em todo o caso, como as nuvens se aquecem no sol, as provincias conquistadas recebiam a luz da civilisação latina; e, embora opprimidos sob o despotismo dos imperadores, viam transformar a barbaria dos habitantes e a rudeza do solo, ao contacto da civilisação.

Nos ultimos tempos, a séde do imperio passou para Constantinopla. E essa mudança e a melhor situação defensiva d'esta cidade

---

[1] Mackeldey, *Manuel de Droit Romain.*

contra a invasão dos barbaros, cada vez mais ameaçadora, decidiram quasi todas as pessoas de Roma e da Italia, importantes pela riqueza, pelas sciencias ou pelo commercio, a emigrarem tambem para a nova capital.

Foi assim que ella chamou tambem a si toda a marinha do imperio. A Asia, a Grecia, as ilhas do Archipelago e o Egypto, cortaram as relações com a Italia, e traficaram com a nova metropole, que guardou, como veremos, durante a edade média, os germens da civilisação antiga, para mais tarde brilharem de novo pela renascença.

O imperio occidental, atacado pelos barbaros, que principiaram por investir Constantinopla, sem que a podessem tomar, e que por isso a consideraram inexpugnavel, trasbordando depois como represa solta sobre as campinas da Italia, foi por fim desmantelado, e deixou sepultos nas ruinas os restos do seu commercio e da sua grandeza.

O territorio romano, emquanto a mineraes, possuia ouro, prata, cobre, ferro e sal: e os marmores já constituiam uma grande riqueza da peninsula.

No reino vegetal, como dizia Plinio, a Italia tirava do seu seio todos os productos que desejava.

Abundava muito em cereaes. Não havia trigo comparavel ao de Italia, pela brancura. Só a Campania produzia grande quantidade d'elle, e do melhor. Havia tambem muita cevada e painço. Abundavam egualmente os nabos, alhos, rabanos, tremoços, favas, ervilhas. Muitas amendoeiras; muitos pecegueiros; nogueiras da Persia, damasqueiros, ameixoeiras armenias, pereiras, macieiras, figueiras.

Os vinhos simples d'Italia só começaram a ter voga e ser usados geralmente, no VI seculo de Roma. Antes d'isso, o uso do vinho era reputado como um luxo extraordinario; e até algumas leis castigavam as mulheres que o bebessem [1]. Mas, depois, tal foi o desenvolvimento d'esse producto que, em oitenta vinhos de fama do mundo antigo, dois terços pertenciam á Italia. Entre os finos, havia os de

---

[1] Jerónimo Boccardo, *obr. cit.*, pag. 75.

Setia [1] ou Setinun, preferidos por Augusto. Havia egualmente os de Cecuba [2], os de Massico, no monte de Campania, e os de Falerno [3].

O falerno, vermelho e muito espirituoso, não se bebia senão dez annos depois de ter feito. Aos vinte conservava ainda uma força muito grande. Chamou-se-lhe tambem vinho *consular* ou do *velho consul;* porque, no tempo de Trajano, bebia-se o que tinha sido colbido no consulado de Lucio Opinico. Sendo, porém, muito velho, tornava-se n'um licor espesso e amargo —*falernum indomitum,* na phrase de Lucano — que se misturava com agua e mel, para lhe tirar o travor.

A base da alimentação era vegetal. Por isso havia, relativamente, pouco gado, e só era aproveitado na alimentação o suino e ovino.

Por esse motivo, e porque a lã tinha uma

[1] Setia era uma cidade que ficava no Lacio, a noroeste, perto dos pantanos.

[2] Pequeno territorio, situado nos confins do Lacio e Campania, entre as cidades modernas de Terracina e Gaeta.

[3] Falerno era tambem uma região da Campania, situada na parte septentrional, entre as collinas de Massico e a margem direita do Volturno, comprehendida hoje na Terra de Labóro. Tinha por capital, segundo se suppõe, uma cidade do mesmo nome de Falerno.

applicação geral entre os Romanos, para os fatos, roupas de casa, e até para muitos moveis, era grande a abundancia de gado lanigero, embora esta abundancia não correspondesse ás necessidades d'aquelle consumo. O gado bovino servia para o amanho das terras e para os sacrificios. Os cavallos eram muito procurados para as corridas.

As habitações tinham a capoeira, a coelheira, o chiqueiro, onde os porcos se creavam, e a piscina, cheia de peixes.

Já fizemos sentir, pela apreciação do modo como se constituiu a nacionalidade romana, que a industria e o commercio não podiam medrar, correspondentemente á grandeza politica do Estado.

Como dissemos, nos primeiros tempos de Roma, e até o seculo d'Augusto, as artes pacificas do trabalho, além da agricultura, eram desprezadas. E a propria agricultura, que a principio constituia a mais honrosa occupação, a ponto d'uma grande parte dos nomes dos patricios serem tirados d'ella, como Pison, que vi-

nha de *pisere,* Fabius e Lentullus, nomes de-
rivados da fava e lentilha, e Bibulcus, de boiei-
ro, e dos proprios consules e dictadores se
escolherem de ordinario na classe dos agricultores — nos ultimos annos da republica e
durante o imperio, foi perdendo consideravelmente a sua importancia.

É que a molleza e corrupção dos costumes
e as depredações da conquista foram afastando
dos campos os proprietarios e tornando depre-
ciado e aborrecido o proprio trabalho da lavoura; o serviço foi incumbido quasi por completo aos escravos; o amanho rude e laborioso
foi substituido pela cultura arborea — vinha,
oliveira, e sobretudo pela pastagem; os misteres mais arduos, pelos mais simples.

E, além d'isso, a propriedade accumulou-se
despropositadamente na mão dos nobres, pro-
duzindo os *latifundios* ou grandes herdades,
que foram um dos cancros do imperio romano.

Mas, se, na propria agricultura, se deu esta
decadencia, as outras industrias é que, em
geral, nunca chegaram a attingir grande desenvolvimento.

Concorreram para isso differentes causas,
que vamos enumerar.

Uma d'ellas foi a organisação das classes sociaes.

O povo romano estava dividido em patricios, plebeus, libertos e escravos.

O numero d'estes ultimos era enorme, e ia crescendo sempre; porque todos os prisioneiros de guerra e os habitantes de qualquer cidade conquistada pertenciam ao vencedor. Se elle os não matava, reduzia-os á escravidão. Os filhos de mulher escrava eram tambem escravos como sua mãe.

Os cidadãos ricos possuiam dez a vinte mil escravos. O ter apenas tres escravos constituia indicio de pobreza.

Eram elles que faziam os serviços domesticos e cuidavam das pratas e objectos d'arte; eram os creados e mulheres de quarto, os cozinheiros e seus ajudantes, os banheiros, conductores de liteiras, cocheiros, secretarios, leitores, copistas, medicos, perceptores, actores e musicos. Eram tambem os que moiam ou trituravam o pão, e que, mettidos nas officinas domesticas, fabricavam os objectos que o senhor vendia em proveito proprio; e forneciam, em grande parte, o recrutamento de marinha.

Em summa, os escravos é que exerciam

quasi todos os misteres. Para os patricios, havia até a lei Flaminia, promulgada pelo consul do mesmo nome, que lhes prohibia taes occupações.

Os proprios libertos ou cidadãos não podiam exercer proveitosamente qualquer profissão, porque a par do trabalho servil, dominava o systema das corporações, prescripto e regulamentado no Digesto; por exemplo, a corporação dos musicos, ourives, carpinteiros, louceiros, tintureiros, correeiros, pelleiros, caldeireiros. E todas ellas tinham os seus chefes, as suas propriedades, as suas direcções particulares; de modo que o trabalho isolado não podia competir com o d'essas corporações.

E tambem esta peia á iniciativa isolada dos cidadãos contribuia para relegar aos escravos os trabalhos industriaes.

Só eram reputadas honrosas as grandes operações do commercio, e n'ellas se empregavam muitos dos patricios, por si ou pelos escravos. O pequeno trafico era tambem olhado com desprezo, e, por isso, quasi exclusivamente exercido pelos mesmos escravos ou libertos. O proprio Cicero dizia no *Tratado dos Deveres,* liv. i, sec. XLII : «Que póde sair de honroso de uma loja? O commercio é coisa sordida, quando é de pequena importancia, porque os pequenos negociantes não podem ganhar sem mentir; e é, quando muito, um mister toleravel, exercendo-se em ponto grande e para abastecer o paiz.»

Vimos a mesma coisa na Grecia, em relação á industria; mas, pelo menos, em Athenas, a legislação de Solon´ levantara, relativamente ao commercio, o estigma do preconceito, e os escravos não eram tratados tão dura e cruelmente.

Os escravos romanos, pelo contrario, sem direitos em face das leis, sem contemplações em face dos costumes, expostos ao capricho d'uma população mais barbara, menos compassiva e mais orgulhosa do que os Gregos, não passavam de rebanhos de bestas, sujeitos á canga do trabalho, espicaçados e trucidados pelos donos, sem que mesmo nos ergastulos podessem rugir livremente.

Havia misericordia em alguns peitos, que os tratavam com caridade. Alguns senhores chegavam mesmo a pol-os á mesa com elles; a regra geral, porém, formava-se pela iniquidade e desprezo. E supposto a lei Petronia, que se diz promulgada no tempo de Augusto, bem como um rescripto de Hadriano, e as determinações de Marco Aurelio, de Claudio, de Antonino, e ainda outras disposições legislativas, tratassem de cohibir os desmandos dos senhores e de adoçarem a sorte dos escravos, praticamente, continuaram elles sem differença sensivel, até que o christianismo foi reformando o mundo e gravando os preceitos da caridade no altar das consciencias.

Como podia, pois, progredir a industria exercida geralmente por uma classe sem brio, sem dignidade, sem garantias e sem o estimulo do trabalho?

A tudo isto accresce que, nos ultimos tempos da republica, principiaram a distribuir-se gratuitamente, como na Grecia, rações de trigo ao povo; e estas rações, embora reduzidas no tempo de Cesar, de duzentas e trinta mil a cento cincoenta mil, cresceram prodigiosamente durante o imperio. — *Panem et circenses: pão e espectaculos!* era o clamor e estipendio permanente da sujeição da plebe.

Além das rações, distribuidas diariamente, havia-as extraordinarias em certos casos; e até uma ração periodica, denominada *congiarium*, no principio de cada reinado. O proprio exercito recebia tambem donativos extraordinarios.

E esta distribuição gratuita fazia derivar para Roma toda a sorte de vagabundos, devassos e indolentes, a escoria mais putrida da sociedade, para poderem viver assim na vadiagem.

D'este modo, desapparecia no povo o estimulo do trabalho e o incentivo da lucta pela vida. A ociosidade e o vicio, que d'ella resultam, andavam parelhas com o rebaixamento da liberdade. E, por um duplo motivo, o sentimento industrial e commercial, a actividade digna e proveitosa, atrophiavam-se, juntamente com a liberdade politica.

A enorme corrupção dos costumes, que representa sempre o resaibo asqueroso da preguiça e a negação do trabalho, contribuia egualmente para o abatimento da industria.

Essa corrupção egualou os tempos da Babylonia, e excedeu os da Grecia. Os chefes de familia tinham um serralho nas escravas internas; as damas prostituiam-se com o seu escravo particular; as hetairas enxameavam por toda a parte. Havia até rapazes pará o leito, que se pagavam tão caro como as meretrizes.

E entretanto, apezar d'esta limitação da industria e do commercio, o luxo dos Romanos tornou-se enorme, principalmente desde que a influencia esthetica e artistica da Grecia e da Asia avassallou a Italia!

As habitações dos ricos eram verdadeiros palacios, onde uma infinidade de escravos estava occupada n'uma infinidade de serviços. Constavam de portico, abrindo para a rua, d'onde se ascendia para o vestibulo, por alguns degraus. Em seguida, havia o atrio — claustro coberto e ornado de ricas columnatas, onde, nos primeiros tempos, estava o leito e o lar, e que, depois, na época dourada da republica e no periodo imperial, foi destinado aos oratorios e imagens do culto religioso.

Differentes corredores levavam á alcova, ao archivo, á bibliotheca e ao peristillo interior, que era outro claustro ajardinado. Por toda a parte, uma grande abundancia de marmores de Paros, de Lesbos, da Africa; architecturas douradas do monte Hymeto; ouro e marfim, embutidos nos intervallos das columnas. Ostentavam-se n'essas vivendas os vasos de prata cinzellados, os opulentos tecidos da Asia, os leitos de madeira, ornados de bronze, os vasos e candelabros de cobre de Corintho — liga mais preciosa do que a prata e tanto como o ouro, as perolas e pedras preciosas, e as ricas mobilias, incrustadas de bronze, marfim e tartaruga.

Havia tambem por toda a parte quadros, pinturas a fresco, estatuas, esculpturas obscenas. Pisavam-se mosaicos tão valiosos, que um só d'elles faria a gloria de qualquer museu.

As janellas eram guarnecidas de pedras especulares ou de vidros coloridos. Durante muito tempo, os Romanos serviram-se apenas d'espelhos de ferro e cobre brunido; mas, no tempo de Plinio, toda a gente, mesmo os creados, se miravam em espelhos de prata. As vidrarias de Sidon forneciam tambem grandes espelhos, que forravam as paredes dos quartos e das alcovas de dormir, e costumavam ser incrustados de prata; assim como forneciam as bacias onde se servia a comida.

Havia reposteiros de purpura. As baixellas dos festins eram de prata e ouro cinzellado. Havia tambem famosas taças de vidro. O crystal do Egypto era excessivamente procurado, bem como os vasos preciosos do Oriente.

O consumo dos perfumes era enorme. O nardo, o incenso da Arabia, o amomo da Armenia, a myrrha e o cinamomo da Africa, a rosa d'Italia e o balsamo da Judéa, serviam para preparar muitos cosmeticos, cujo uso passou das mulheres para os homens, e das cidades para as aldeias.

O habito civil consistia na toga — manto de lã, que se vestia por cima da tunica, involvendo todo o corpo, desde a cabeça aos pés. Os senadores traziam-n'a, guarnecida de largos nós de purpura, sob o nome de *laticlave*. Os jovens até os dezesete annos, os grandes magistrados e os pontifices, no exercicio das suas funcções, usavam-na branca, bordada de uma fita de purpura, vestuario esse a que se dava o nome de *pretextum*.

Os creados que serviam á mesa, ordinariamente bellos e fortes rapazes phrigios, lycios ou gregos, com os cabellos soltos sobre os hombros em anneis livres, vestiam apenas tunica branca até os joelhos.

Os militares usavam o *sagum*, cingido ao corpo.

As mulheres traziam tambem o *pretextum*, até se casarem ; depois d'isso, usavam a *stolla*, de pregas numerosas, comprida e fechada, que se vestia por cima da tunica interior; e, por cima da *stolla,* um manto largo e comprido, chamado *pallium,* que era tambem uma longa tunica, de mangas muito largas, cingido por dois cintos, um abaixo dos seios e outro abaixo dos quadris [1].

A purpura, a finura do tecido e as bordaduras, distinguiam os vestidos dos ricos.

As sandalias, apertadas com cordões ou fitas de couro, constituiam o calçado habitual; mas usavam-se tambem outras especies de calçado, e algumas d'ellas cobriam todo o pé.

Ordinariamente, os homens andavam descobertos; mas as mulheres punham na cabeça pequenas rêdes.

O uso de barbear foi introduzido em Roma por Scipião Emiliano; e as lojas de barbeiros tornaram-se o *rendez-vous* dos ociosos, constituindo, como em Athenas, os cafés da antiguidade.

As perolas, diamantes, e, em geral, as pedras preciosas, provocaram, uma deliránte cobiça. Havia cidadãos que tinham collecções enor-

---

[1] Scherer, *obr. cit.* — Petro Josepho Cantelio, *obr. cit.*

mes; e a moda dos anneis, adornados com ellas, tornou-se tão geral, que os Romanos os traziam em todas as articulações da mão, e os revezavam todas as semanas.

Com os perfumes, dava-se o mesmo desperdicio. Nos differentes aposentos das casas de. habitação, respiravam-se continuamente as mais exquisitas essencias; os cabellos e os vestidos estavam impregnados d'ellas; e o mesmo acontecia nas salas de banho e nas casas de reunião publica. Os vestibulos dos theatros eram tambem inundados ás vezes dos mais suaves aromas. Os soldados esfregavam o corpo com elles; e, mesmo na distribuição das rações gratuitas ao povo, entrava frequentemente esse genero. O culto pagão consumia egualmente uma grande quantidade de perfumes; e até se costumava mistural-os na pyra dos mortos.

Tornou-se tambem enorme o luxo das liteiras e dos carros. Havia carros, imitados dos Gaulezes, com rodas de marfim, lança de prata, freios d'ouro, redeas tintas de purpura, e os caireis tambem de purpura.

Os carros chamados *capentos*, de dois cavallos, eram tão luxuosos, que, por isso mesmo, foram prohibidos pelo senado. Mas as senhoras conseguiram levantar a prohibição, tendo chegado até a fazer uma combinação geral de abortarem, emquanto lhes não fossem restituidos [1].

Na meza havia o mesmo luxo e opulencia: ostras do lago Lucrino, pavões, esturjões do Pó, lobos brancos do Tibre, cabritos montezes da Dalmacia, javalis da Ombria; peças de caça da Ionia e das margens do Phaso e Numidia; salmonetes dos golfos do Adriatico; rodovalhos enormes; tamaras da Syria, ameixas do Egypto, peras de Pompea, azeitonas de Tarento e Venafre, maçãs de Tibur; mureas engordadas com carne humana. Em summa, todos os requintes do luxo, da gula e da opulencia [2].

A par d'isso, a miseria dos pobres era grande.

Geralmente, nas cidades populosas, habitavam elles mansardas, chamadas *cenacula;* tinham os seus bairros particulares; dormiam em esteiras de crina. Uma cama de tres pés, uma

---

[1] D. Antonio da Costa, *Os Tres mundos.* — Ovidio, *Fastos,* liv. i.

[2] Cesar Cantu, *Historia Universal,* vol. ii.

meza de dois, uma lampada, uma taça de chi-
fre, e uma amphora, constituiam a sua mobilia
habitual [1].

E, se isto acontecia fóra de Roma, ahi, como
succede nos grandes centros, a situação da
pobreza era ainda peior. Os pobres viviam
de ordinario em choças, que o Tibre arre-
batava a cada inundação; ou em casinholas,
amontoadas umas sobre as outras, formando
sete e oito andares. O vadio ratoneiro, a pros-
tituta esfarrapada, o grammatico sem dinheiro,
o triste mestre de Grego, o miseravel engeita-
do, ahi nutriam a sua corrupção; e d'esses co-
vis saiam para as tavernas asquerosas, afim de
roerem o pão grosseiro, as cabeças de carneiro
e embriagarem-se com vinho ordinario.

Usavam simplesmente de tunica, e, ás vezes, d'uma toga grosseira, de côr escura. Ali-
mentavam-se miseravelmente de bolotas, aren-
ques, nozes e ervilhas chochas. Só quando o Estado começou a distribuir as rações de pão,
vinho e azeite, é que esta situação se alliviou
para os contemplados.

Essa miseria, como acontece nas grandes

---

[1] Scherer, *obr. cit.*

cidades, escondia-se nas mansardas e nas al-
furjas do crime e do vicio. Quando mesmo se
temperava com lagrimas, não empanava o deslumbramento da grandeza e do luxo geral.   )

Mas, embora o luxo, pela variedade de productos que exige, pelo consumo que absorve,
e dinheiro que desperdiça, desenvolva, em geral, a industria e o commercio, não se deu
isto com os Romanos; porque eram principalmente as provincias que alimentavam as necessidades e desperdicios da metropole.

A industria, pois, dos Romanos era relativamente diminuta.

Mesmo na propria agricultura, onde, como
dissemos, foram muito cuidadosos, deu-se tambem a decadencia, resultante da molleza dos
costumes, da má organisação da sociedade e
trabalho, e das depredações da conquista.

Nos tempos aureos d'essa industria, que
coincidiram com os tempos aureos da republica, o tratamento das terras era esmerado.
Havia toda a cantella no regimen das aguas;
e praticava-se já o systema d'afolhamentos.

Especialmente a fabricação do vinho estava muito adiantada. As videiras cultivavam-se em latadas, e de cepa baixa, ou, como na Campania, d'enforcado. Quando os vinhos começavam a ferver, deitavam-lhe nardo, rosas, mel e resina, para lhes darem um gosto e perfume especial [1].

Mas, no tempo do imperio, começou a abandonar-se a agricultura; porque os habitantes do campo fugiam para a cidade — os ricos para gozarem os rendimentos, e os pobres ou trabalhadores, para compartilharem das rações gratuitas.

O fornecimento dos cereaes era por isso feito principalmente pelos povos conquistados, com especialidade pelos africanos. E d'ahi resultava que, apezar dos esforços empregados para se evitar a fome, ella vinha muitas vezes affligir a cidade e as provincias. Bastava que um temporal destroçasse a *frota sagrada,* incumbida do transporte dos cereaes, que os piratas a roubassem, ou que os açabarcado-

---

[1] Baudrillart, *Histoire du Luxe,* vol. II. — H. Richelot, *obr. cit.*

res se combinassem, para que surgisse uma d'essas catastrophes.

Pelo que respeita ás outras industrias, a mineira mereceu especial cuidado dos Romanos, tanto na Italia como nos paizes conquistados, e sobretudo na Hespanha. O processo que empregavam na exploração dos jazigos auriferos era rudimentar. Em vez de abrirem poços e galerias, separavam e derrubavam as montanhas; e, depois, por meio de aqueductos, dirigiam para lá correntes de agua, que lavavam as minas e arrastavam as moleculas d'ouro dos poços ou dos valles que as retinham.

A fabricação d'armas era tambem muito importante; porque os Romanos olhavam para ella, directámente e com toda a attenção, como quem precisava de sustentar pela força tão vastos dominios. Para isso, tinham arsenaes (*armamentaria*), espalhados por differentes partes, e até pelas provincias [1].

---

[1] Nicolas Bergier, *Les grands chemins de l'Empire Romain,* vol. II.

A industria da moagem de cereaes, que a principio era exercida unicamente pelos escravos, começou, pelo augmento da. população e pelo enorme consumo do imperio, a ser tambem praticada por libertos e cidadãos.

Eram notaveis os tapetes que se fabricavam na Campania, hoje terra de Labóro, chamados *tapetes de Campania* ou *Campanicos.*

Na officina domestica dos escravos e nas poucas fabricas de libertos e homens livres, preparava-se e tecia-se a lã, que a Italia produzia; sendo comtudo essa lã em quantidade muito inferior ás necessidades do consumo.

Na architectura, este povo encheu de monumentos grandiosos a Italia e os paizes conquistados. As pontes, os aqueductos, os templos, as basilicas (mixtos de bolsa e tribunal), os amphitheatros, os circos, os arcos de triumpho, as caves sepulchraes, e as thermas, ostentavam por toda a parte a grandeza da nação. E, se, n'essa parte, os Romanos não excederam, nem mesmo attingiram a belleza dos Gregos, deram á architectura um caracter mais pratico e mais proprio á vastidão dos monumentos.

A esculptura e a pintura, essas é que, além de serem uma simples imitação das obras da

Grecia, menos elegante e delicada que os seus modelos, não tiveram nunca exploração notavel.

m uanto á marinha, os Romanos da primeira epoca sentiam horror pela navegação; e a sua ignorancia, n'este ponto, causou-lhes grandes prejuizos.

Assim, faziam da destruição dos navios a primeira condição dos seus tratados com os vencidos. Queimaram em Carthago mais de quinhentos; e, quando se tornaram senhores do mar, não foi pela força das suas embarcações, mas pela falta das inimigas. Sem os piratas que os bloquearam impunemente no Mediterraneo, os Romanos teriam renunciado voluntariamente á navegação; e, ainda assim, as equipagens eram fornecidas principalmente por estrangeiros gregos, egypcios, sicilianos. O proprio Augusto, que venceu a batalha naval d'Actium, tinha um grande medo do mar.

E, como se tudo isto não bastasse, para prejudicar os progressos da marinha, o preconceito da nobreza e o desprezo do trabalho mais se accentuavam n'este ponto. O serviço maritimo era olhado ainda com maior desconsideração que o da terra.

Este abandono da marinha teve, porém, uma excepção nos tempos anteriores á conquista de Carthago. Então, a rivalidade entre as duas republicas attraiu as attenções de Roma para esse campo; mas, com a queda de Carthago, tornou a preponderar o antigo desprezo por essa industria. Se não era completo, é que os piratas, por um lado, e, por outro lado, a necessidade d'importar as provisões, quebravam o desleixo, e apagavam, de algum modo, o preconceito.

Quasi todos os navios pertenciam ao Estado; e mesmo os particulares, sempre que fossem precisos, ficavam á disposição do governo. As equipagens eram recrutadas nas provincias, nos libertos, e principalmente nos escravos e povos conquistados.

Pouco notaveis, porém, como os Romanos foram n'este genero, deve-se-lhes uma das descobertas que mais influiu e influe na navegação — a das monsões, de que já fallámos [1].

---

[1] Pag. 26.

A exportação era prohibida, sob penas severas, com relação a muitos productos, como cereaes, vinho, azeite, sal, ferro e ouro. Para o ferro, por exemplo, a pena era a de morte. Estas prohibições dataram principalmente do tempo do imperio, em que a distribuição das rações gratuitas ao povo mais necessarios tornou os generos alimenticios.

Mas a importação era enorme, visto que Roma, como já notámos, se abastecia das provincias; vindo alguns dos generos a titulo de contribuição, e outros, por dinheiro. Foi assim que muitos dos paizes conquistados tiveram occasião de retomar do vencedor uma parte da preza. A Grecia, a Asia Menor, e sobretudo o Egypto, chegaram, d'esse modo, a resarcir-se um tanto dos seus prejuizos anteriores e a reanimar o seu commercio. Especialmente a Alexandria tirou grandes beneficios do trafico das mercadorias da India, indispensaveis ao luxo dos Romanos. E foi ella, graças á sua feliz situação, a unica cidade que pôde levantar-se promptamente da mais violenta catastrophe e conservar por muito tempo uma grande prosperidade.

Os principaes artigos que Roma tirava então da India, eram pedras preciosas, perolas, marfim, e estofos de seda, vindos da China.

A Arabia enviava-lhe incenso e perfumes. Da Asia Menor vinham fructas e diversas obras marchetadas de tartaruga. Da Ethiopia, ou antes da Africa Oriental, escravos e animaes ferozes para os combates do circo, objecto esse de grande importação. Do Egypto, vidros, papel e trigo.

Entre as provincias do imperio, as designadas para o fornecimento de cereaes, eram o Egypto, a Sicilia, a Africa Septentrional, a Beocia e a Thracia. O trigo mais estimado foi o da Beocia, Sicilia e Africa; e, depois, o do Egypto e da Thracia.

Os Romanos importavam tambem da Numidia animaes ferozes, trigo e marmore. Da Mauritania, tapetes. Da Grecia, além dos cereaes, objectos artisticos de bronze e marmore, com toda a casta de pequenos artigos. De Hespanha, metaes preciosos, estofos de lã, cêra e mel. Da Gallia, vinhos, apezar de os haver tambem na Italia, teias, azeite, animaes de talho, e ferro. Da Bretanha, obras de chumbo e d'estanho. Da região do Ponto Euxino, couros e pelliças. Da Germania, ambar amarello. Da Dalmacia, Dacia, Mesia, Styria e Norica (Austria actual), metaes.

Se Carthago, Alexandria, Athenas e Corintho concentraram em si a grande força do commercio dos respectivos Estados, Roma chegou a concentrar o commercio do mundo inteiro.

Podem contar-se tres épocas distinctas na historia d'esta cidade.

A primeira, desde a sua fundação, até que foi tomada e incendiada pelos Gaulezes, (388 anuos antes de Christo).

A segunda época, desde ahi, até que foi novamente incendiada por Nero.

E a terceira, desde Nero, até ao fim do imperio.

Durante a primeira época, foi uma cidade grosseira. Na segunda época, porém, começou a embellezar-se, nos governos de Mario e de Sylla; e, já no tempo de Augusto, devido sobretudo aos cuidados d'Aggrippa, que foi um outro Hausseman, era uma cidade importantissima, cheia de riquezas e preciosidades. As obras d'arte, importadas dos paizes conquistados, os thesouros amontoados nos cofres dos cidadãos, a ostentação dos edificios publicos e particulares, já então faziam d'ella a primeira cidade do mundo; e póde dizer-se que o imperio lhe gravitava em redor, da mesma fórma que os satellites em volta do sol.

Apezar d'isto, era uma cidade irregular, com ruas estreitas e tortuosas, embora calcetadas em parte e ladeadas de casas muito altas.

Depois do incendio de Nero, levantou-se ainda mais grandiosa. As ruas foram traçadas mais largas e direitas, e algumas d'ellas com as casas da mesma altura. Os edificios foram construidos mais elegantemente, e as thermas e amphitheatros, levantados com mais imponencia.

Estava dividida em quatorze bairros, e cada um se subdividia em muitos *vicos* (*vici*), que consistiam n'uma rua principal e n'outras mais pequenas [1].

Tinha duzentas e setenta e cinco praças, e quatrocentos e vinte e quatro templos, rodeados de bosques sagrados. A sua população regu-

---

[1] Nicolas Bergier, *obr. cit.*

lava por um milhão e meio de habitantes. E o seu movimento e riqueza continuou deslumbrando o mundo e assoberbando as provincias.

Como diz Desobry, parecia que o universo inteiro dera *rendez-vous* n'essa capital.

Depois de Roma, havia ainda na Italia muitas cidades importantes, pela sua situação, aspecto architectonico, opulencia, belleza e movimento; como Capua, que teve uma população de quinhentos mil habitantes, Rhegium, Benavente, Venusia, Nuceria, Arminium (Rimini), Hyponnium.

Além d'estas, havia ainda, na alta Italia ou Gallia Cisalpina, Milão, Verona, Padua, Ravenna, Apulia, Placencia, Cremona, Parma, Modena, Bolonha (Bolonium), Pavia (Ticinum), e Tortosa. Sobretudo Milão era tão notavel que foi, no consulado de Pompeo, honrada com o titulo de *segunda Roma.* E era, ao mesmo tempo, um centro, onde convergiam differentes estradas da peninsula e d'onde partiam outras que atravessavam os Alpes.

Havia tambem, na Italia média, Ocriculum e Assise. E, na baixa Italia, Parthenope (Napoles), Herculanum e Pompeia.

Algumas das cidades importantes figuravam egualmente no rol dos portos mais notaveis da peninsula, que eram: Ostia, Puzzuoli, Brindisi, Luna, Tarento, Misena, Ravenna, Rimini e Ancona.

Ostia, na embocadura do Tigre, foi, durante a republica e nos primeiros tempos do imperio, o ponto de chegada de todas as mercadorias do estrangeiro; mas, durante longos annos, esta cidade não teve porto abordavel. Por isso, os navios mercantes, com destino a Roma, tinham de ficar expostos ao perigo do mar, até que as barcaças fossem atracal-os e receber os respectivos carregamentos, para em seguida os transportarem pelo Tibre, que subiam com difficuldade.

É ao imperador Claudio, (41 annos da nossa era), que pertence a gloria de ter dotado Ostia d'um porto de commercio, e a Trajano a de lhe ter concedido tudo o que era indispensavel á importancia do seu trafico maritimo.

Como acontece quasi sempre, foi devido isso a um desastre imprevisto.

A cidade de Roma era principalmente provida dos trigos que vinham da Africa, para serem desembarcados em Ostia. Mas, além de ser perigosa a travessia do mar, por causa dos piratas e das tempestades, os Romanos eram pouco experimentados na arte nautica. Por isso, quando a frota do Egypto apparecia á vista das costas d'Italia, era grande a alegria da população.

Mas a travessia do Mediterraneo, por mais penosa que fosse, não era tão perigosa como o trajecto de Puzzuoli ao porto de Ostia, effectuado ao longo da costa, e sobretudo como a entrada do Tibre; porque a falta de molhes e diques tornava o accesso muitas vezes impossivel e sempre arriscado, na occasião de mau tempo.

Ora, n'uma d'essas vezes, houve um naufragio de duzentos navios, carregados de trigo; e esse facto, expondo a população á fome, despertou a attenção do governo imperial.

Por isso, Claudio preparou o porto, a alguma distancia da antiga cidade de Ostia, acima da embocadura do Tibre.

Estava fechado á direita e á esquerda por dois molhes solidos, que, na phrase de Gaston Boissier, assemelhavam dois braços estendidos no meio das ondas [1]. O da direita, que a sua situação punha ao abrigo das tempestades, era formado por arcos, por onde penetrava a agua

---

[1] Gaston Boissier, *Promenades archéologiques — Roma e Pompei.*

do mar. O outro era de alvenaria massiça.
Entre os dois molhes, tinha sido afundado um
enorme navio, carregado de pedras, em que
fôra transportado um dos maiores obeliscos do
Egypto, para adornar uma das praças de Roma ;
e esse navio tinha dado logar á formação d'uma
ilhota, que protegia o porto, e deixava apenas
de cada lado um estreito canal, guarnecido de
cadeias de ferro, por onde se podia entrar. Havia tambem um pharol, n'uma torre elevada,
semelhante ao d'Alexandria, para que os navios
podessem entrar e dirigir-se, durante a noite.

O porto media setenta hectares de superficie; mas, pelo accrescimo incessante das mercadorias, tornou-se insufficiente; e por isso Trajano tratou de o engrandecer. Em logar, porém,
d'alargar a bacia, fez abrir um novo porto, de
forma hexagona, tendo quasi quarenta hectares
de extensão, e ladeado de todos os lados por um
caes de doze metros de largura, com peões de
granito, destinados a amarrar os navios.

Este porto ligava-se ao antigo por um canal
de cento e dezoito metros de largura. Afim de o
pôr em communicação com o Tibre, e por este
rio com Roma, Trajano abriu outro canal (*fossa
trajana*), que, pelo tempo, se tornou tambem
n'um braço do rio.

Os navios entravam, pois, no canal de Claudio; de lá passavam ao de Trajano, e d'ahi para o Tibre. Quando a maior tonelagem lhes não permittia navegarem n'este rio, as mercadorias eram trasbordadas para bateis de menor importancia, que se designavam pelo nome de *naves caudicariœ*, para serem conduzidas ao seu destino.

Em todo o tempo do imperio, o porto de Ostia teve grande actividade. Os armadores construiram em redor da bacia de Trajano armazens de dois andares, muito vastos, destinados a servir d'entreposto aos trigos, vinhos, azeites, marmores, e a todos os generos importados. E estes armazens estendiam-se em volta da bacia, em longas filas regulares, parecendo ter sido projectados na mesma data e por um modelo egual [1].

Puzzuoli, perto de Napoles, mercê dos trabalhos dos habitantes e da puzzolana d'essa região, tão conveniente para as obras hydraulicas, tornou-se tambem um porto excellente.

Brindisi figurava egualmente entre os pri-

---

[1] Octave Noel, *obr. cit.*, vol. I. — E. Reclus, *obr. cit.*, *Europe Méridional*, pag. 332. — Nicolas Bergier, *obr. cit.*, vol. II.

meiros portos da peninsula, por sua grandeza e qualidade. Tinha um porto geral, que se dividia depois em outros mais pequenos, todos elles abrigados do vento; e para todos se entrava por uma bacia commum.

Assemelhava-se a uma cabeça de veado, com a respectiva armação; d'onde lhe veiu o nome de *Brundusium*, que, n'uma das velhas linguas da Italia, significava cabeça de veado [1].

O porto de Luna (*Lerici*), que já tinha fama no tempo dos Etruscos, era tambem muito grande, bello e profundo. E concorria, para o tornar mais apreciavel, o estar por todos os lados abrigado por montanhas, d'onde se descobria o mar largo [2].

O porto de Tarento, embora espaçoso, não era tanto como qualquer dos outros. E, apezar de possuir uma larga abertura, estava sujeito ás agitações do mar, e tinha muitos escolhos occultos e perigosos [3].

O de Misena, mandado abrir por Augusto, ou antes, reparado por seu genro Agrippa,

---

[1] Strabão, *Geogr.*, liv. vi: Locus enim cum urbe cervino capiti maxime est comparandum. Nam lingua Messapiorum Brundusium cervi caput nuncupatur.

[2] Nicolas Bergier, *obr. cit.*, vol. ii.

[3] Strabão, *obr. cit.*, liv. v.

junto da montanha do mesmo nome, era como um golfo inteiro, que se estendia até Baia, em forma de meia lua, separado do mar por um dique, de oito stadios de comprimento, e de largura sufficiente para passar um carro. Como ás vezes se não podia ir a pé até o golfo, por causa das aguas que trasbordavam d'elle e inundavam os terrenos, Aggrippa levantou mais as paredes d'esse porto, e tornou-o assim mais commodo, para os navios poderem ancorar com segurança. Depois d'isso, até n'elle podia ancorar qualquer armada.

Foi tambem Augusto que preparou o porto de Ravenna, e levantou ahi uma grande torre, á semelhança do pharol da Alexandria; construindo egualmente, em forma de pequena cidade, um acampamento para os soldados da armada [1].

A cidade de Ravenna augmentou consideravelmente com isso; e tanto que foi mais tarde escolhida por Honorio para capital do imperio, pela sua importancia e por causa das difficuldades das avenidas pantanosas, que a tornavam mais defensavel.

O porto de Ariminium (Rimini), construido

---

[1] Suetonio in Augusto, liv. IV, cap. XLIX annal.

egualmente por Augusto, com grandes pedras de marmore, era tambem muito amplo e magnifico [1].

Finalmente, o de Ancona foi construido pelo imperador Trajano, de tal modo que tem sido até hoje um dos mais bellos do mundo. Estava rodeado por todos os lados de encostos e columnas de marmore, a que se ligavam os navios; havendo em seguida alguns degraus, para se descer ao nivel da agua. E tinha um duplo renque de cadeias, que serviam para fechar a bocca do porto [2].

*   *

Como já dissemos, o movimento enorme da metropole reflectia-se nas provincias e colonias, apezar do modo como os Romanos as defraudavam e as faziam contribuir para as enormes despezas do Estado.

A principal verba d'essas despezas estava nas obras publicas: taes como a construcção de templos, basilicas, foruns (mercados), forta-

---

[1] Nicolas Bergier, *obr. cit.*, vol. II.
[2] Nicolas Bergier, *obr. cit.*

lezas, canaes, pontes, aqueductos, esgotos, etc.; e sobretudo nas estradas.

O soldo do exercito instituido, 340 annos antes de Christo, para os legionarios, e o equipamento, armamento e mais despezas militares, consumiam tambem uma boa parte dos rendimentos do thesouro. Mas o maior despendio era a das rações distribuidas pelo povo.

A receita principal do Estado consistia nos impostos aduaneiros; nas depredações das guerras; nos tributos dos povos conquistados; nas rendas dos bens nacionaes, incluindo os tomados pela conquista, supposto que uma grande parte d'essas rendas fossem usurpadas pelos senadores; no imposto das manumissões, isto é, no que era pago pelos escravos remidos; e na decima parte do trigo e quinta dos outros generos.

As multas judiciarias, o producto dos bens confiscados, as contribuições, a venda dos prisioneiros e das terras nacionaes (*agcr publicus*), constituiam egualmente recursos extraordinarios do Estado.

Mas a contribuição das provincias é que suppria o *deficit,* quando os seus bens lhes não eram arrancados na pilhagem e os seus habitantes mortos ou arrebanhados como escravos.

Paulo Emilio, por exemplo, como já dissemos, quando venceu os Macedonios, arrancou-
lhes duzentos e cincoenta carros d'ouro e prata
e outros objectos preciosos, que foram malha-
rateados pelos Romanos; e isto depois de ter
vendido como escravos cento e cincoenta mil
habitantes das setenta cidades que destruiu no
Epiro.

A conquista de Carthago produziu ao era-
rio o peso de setecentas mil libras d'ouro e
prata, a que Pompeo accrescentou, depois de
vencido Mitridates, vinte mil talentos. Até os
cidadãos e guerreiros mais importantes recorriam a taes espoliações, para saldarem as divi-
das e augmentarem a fortuna. Julio Cesar roubou enormemente na Hespanha, para pagar os
debitos da sua mocidade dissoluta, e propor-
cionar os jogos circenses ao povo. Sallustio roubou egualmente, para embellezar os seus jardins. E tudo isto, substituindo ao trabalho, á industria e licita acquisição da riqueza a defraudação e prodigalidade, ao passo que enervava
os vencedores, sugava os vencidos, e abafava a
natural expansão economica das provincias [1].

---

[1] Blanqui, *Histoire de l'Economie Politique en Europe,*
vol. I.

Mas, não obstante o que fica exposto, o consumo de Roma, a sua necessidade de se abastecer dos povos conquistados, e o seu luxo e civilisação, faziam desenvolver o commercio e a industria das provincias, que se desforravam da oppressão, pela agiotagem do seu trafico. As depredações e tributagem enorme que soffriam, eram depressa nivellados, como os vasios de um lago, por essa corrente economica.

Na Europa, a região conquistada que mais aproveitou com a dominação romana, foi a Gallia. Resultou isso da sua proximidade da Italia, da sua situação, banhada por tres mares, da respectiva rede fluvial, que dava como hoje facil accesso a todas as suas regiões, e que facilmente communicava o centro com a peripheria.

E, de toda a Gallia, a parte mediterranea, por estar, desde tempos remotos, em contacto com a civilisação antiga, foi a que mais se desenvolveu.

Já os Phenicios se tinham aventurado nas costas da Provença e de Languedoc, desde Monaco a Port-Vendres, onde se limitaram a ex-

plorar o ouro, prata, ferro e cobre. Depois,
600 annos antes de Christo, como já vimos [1],
os Gregos de Phocea vieram fundar Marselha,
que tomou um rapido incremento, e, por sua
vez, creou differentes colonias, occupando tambem os antigos estabelecimentos dos Phenicios [2].

E, ao passo que Marselha ia occupando taes
estabelecimentos, entabolava e apertava as relações mercantis com as colonias gregas de
Hespanha; e, atravessando as columnas de Hercules, aportava aos mares septentrionaes, chegando mesmo a tocar na Islandia.

m uanto subsistiu Carthago, a sua concorrencia prejudicou grandemente o progresso
commercial de Marselha; mas, depois, o trafico
d'esta cidade tomou um desenvolvimento enorme, e as suas frotas, entrando pelo Rhodano,
Sena, Garonna, Baixo Loire, Rheno, e correndo,
as costas do Oceano, levaram por toda a parte
os productos da sua labutação mercantil. De
modo que se tornou em senhora absoluta do
commercio mediterraneo, e os seus habitantes

---

[1] Pag. 316.
[2] Pag. 317.

em commissarios do imperio, para todos os productos da Gallia e Bretanha.

E os navegadores de Marselha, ao mesmo tempo que desembarcavam as mercadorias, ensinavam tambem os Gaullezes a plantarem a vide e oliveira, que o Oriente lhes tinha dado.

Esse progresso influiu por sua vez nas proprias cidades que Marselha tinha creado, a ponto de que Narbonna (*Narbo Martius*) lhe disputava o commercio do Mediterraneo, e os Narbonnenses, subindo o Garonna até Bordens (*Burdigala*), estabeleceram n'esta cidade um grande mercado. Vannes entretinha uma frota, para explorar os productos da Gran-Bretanha. Corbilo (Saint Nazaire), no Baixo Loire, e Vindana (Locmariaker), á entrada do golfo de Morbillan, tornaram-se tambem portos importantes.

Lyão (*Lugdunum*), fundada, 43 annos antes de Christo, e que Augusto fez capital da Gallia cabelluda, tornou-se tambem um dos grandes centros do imperio.

A par de Lyão, cresceu enormemente Reims, a ponto de lhe disputar a primazia. E as seguintes cidades: Treviros, d'onde os governadores da Belgica e baixa Germania vigiavam os

Barbaros, como de Lyão tinham por muito
tempo vigiado a Gallia, quando ella ainda os
ameaçava; Vienna, o logar do exilio dos reis de-
mittidos ou dos governadores criminosos; Au-
tum e Arras, com as suas manufacturas de
pannos vermelhos, que egualavam a purpura
do Oriente; Langres e Saintes, com a sua industria de caracallas (gabões de panno grosso
felpudo): tomaram tambem grande desenvolvimento [1].

Os productos que a Gallia produzia em
maior abundancia, eram cereaes, linho, canhamo, lã, queijo, presuntos, ferro, cobre, chumbo, estanho, prata, pannos de linho, tapetes da
Narbonnense, sedas de varias cores, e vinhos.
Havia corporações e associações para o desenvolvimento da agricultura, da industria e commercio, bem como, para fornecerem Roma e
seus alliados dos productos e artefactos da região. E, para a facilidade e actividade das
transações, o governo romano estabeleceu as
quatro grandes feiras de Lyão, Bordeus, Arles
e Narbonna [2].

---

[1] Duruy, *Histoire Romaine*, vol. II.
[2] Pigeonneau, *Histoire du Commerce de la France.* —
Perigot, *Histoire du Commerce de la France.*

A Iberia e a Lusitania (Hespanha e Portugal) não aproveitaram tanto como a Gallia com a dominação romana, excepto no sul da peninsula. Ahi os Turdetanos, já porque tinham por capital Cadiz (Gades), que recebera dos Phenicios e dos Gregos um impulso civilisador, superior a todas as regiões da peninsula, e já porque essa parte da Hespanha estava mais abrigada dos Barbaros do que a Gallia, foram tambem os que mais utilisaram da conquista romana; e de modo que, em poucos annos assimilaram os costumes, e a propria lingua dos vencedores. Ajudava-os egualmente a natureza e situação; porque, ao passo que os grossos navios d'então podiam subir o Guadalquivir até Sevilha e os barcos chegar até Cordova, a região era feracissima e o clima attraente.

Por isso mesmo, Cadiz, Sevilha, Cordova e Malaga, se tornaram grandes centros economicos.

Essa região exportava trigo, vinho, azeite, cera, mel, pez, kermes, cinabrio, plantas tinturiaes, carneiros, presuntos, cavallos da Cantabria e Asturias, esparto, lã bruta e pannos. Os principaes mercados onde se faziam as provisões, eram Cadiz e Cordova. Malaga e

Mellaria faziam muito commercio do peixe salgado [1].

A leste d'essa região, achava-se Carthagena,
fundada por Asdrubal, 227 annos antes de Christo, para a exploração argentifera do seu territorio; e tambem esta cidade teve um grande
movimento economico.

Da mesma fórma, Tarragona, onde se reuniam os deputados da Hespanha Citerior, constituia um grande centro economico [2].

As ilhas Britanicas foram frequentadas, desde tempos immemoriaes, pelos Phenicios, e
postas em relação com o continente por Py-
theas, celebre viajante marselhez, que figurou no
IV seculo antes de Christo. Os seus habitantes
viviam quasi exclusivamente da agricultura e
creação do gado, e da exploração das minas
de estanho.

Agricola poz esse paiz em relação com a capital do imperio; e, desde então, não só foi augmentando a exploração dos seus productos,
cujo excedente era exportado para a Gallia —

---

[1] Noel, *ob. cit.*, vol. I.
[2] Duruy, *ob. cit.*, vol. II. — Noel, *obr. cit.*, vol. I. —
Lafuente, *Historia Generale de España*. — Carlos Romey,
Historia de Hespanha.

cereaes, gados, pelles, prata, estanho; mas tambem actuando mais fortemente a acção civilisadora dos Romanos.

A toga substituiu o saio barbaro; ergueram-se templos, porticos e villas, nos logares onde outrora havia cabanas de colmo; e, em summa, esses Bretões, que, ainda no tempo de Cesar, não sabiam cultivar a terra, nem utilisar o leite, não só exportavam agora trigo para a Gallia, mas começaram a perder a sua rudeza selvagem. As escolas multiplicaram-se com as cidades, e a lingua celtica foi sendo substituida pela latina.

Londres tornou-se já então famosa pelo movimento commercial e affluencia de estrangeiros, prognosticando a sua grandeza futura [1].

A Italia, essa despovoava-se e empobrecia á custa de Roma; porque, por um lado, a população affluia á capital, e, por outro lado, como falhava a industria e commercio, e a agricultura definhara com o imperio, foram-se

---

[1] Duruy, *ob. cit.*, vol. II. — W. Cunningham, *The Growth of English Industry and Commerce, during the early and midde ages.* — W. J. Ashley, *An Introduction to English Economic History and Theory.* — E. Reclus, *Nouvelle Géographie Universelle*, vol. II, *l'Europe du Nord-Ouest.*

tambem estancando os recursos economicos da peninsula. Floresceram, ainda assim, os centros mercantis já apontados, mas, em compensação, declinaram e morreram as outras grandes cidades da Etruria e da Grande Grecia.

A região grega era ainda menos feliz. Augusto, para povoar Nicopolis, reuniu os habitantes de todas as cidades visinhas, de modo que a fundação d'esse unico centro arruinou duas provincias — a Acarnania e Etolia, que ficaram desertas. Em muitos logares, a creação de cavállos era a unica industria rural, indicio claro de que a população era pobre e pouco numerosa [1].

O Illyricum abrangia a região montanhosa que vae desde os Alpes até o Danubio, e estava dividida em cinco provincias: a Rœcia até o Inn; a Norica até o Kahlemberg; a Pannonia até o Save; a Illyria e a Dalmacia, da Arsia ao Lisso; a Mœsia, do Drina ao Ponto Euxino.

N'essa região entrou mais vagarosamente a civilisação romana. Os costumes eram ainda grosseiros e violentos, no tempo do imperio; o commercio e a industria, quasi nullos; e o ha-

---

[1] Duruy, *ob. cit.*, vol. II.

bito das armas, tornado necessario, pela visinhança do inimigo, prejudicava o desenvolvimento economico.

Mas a conquista da Dacia e a trasladação para este paiz d'uma numerosa população romana abriu uma era de prosperidade, que se reflectiu por todas as provincias.

Ainda assim, poucas cidades havia dignas de menção.

Augusto fundou Augusta Vindelicorum, á beira de Lech (Augsburgo), que se tornou a cidade principal da Rhecia.

Na Norica, sobresaiam Julia; Carnuntum (Petronell), grande praça d'armas, á beira do Danubio; Lariacum (Lorch); Noreia (Neumarck); Vindobona, (Vienna); Taurunum (Semlin); Sirmium (Mitrovic); Liscia (Sziszek); e Servitium (Gradiska).

Na Illyria e Dalmacia, destacavam-se as tres capitaes Scardona, Salonæ e Narona (Viddo) [1].

Na Africa, havia as seguintes provincias : o Egypto, a Cyrenaica, a Africa propriamente di-

---

[1] Duruy, *obr. cit.*, vol. II.

ta, a Numidia, e as duas Mauritanias, separadas pelo rio Malva (Malouya). E, em todas ellas, os Romanos desenvolveram a colonisação e as communicações.

É que essa região dava-lhe o principal contingente do seu consumo — os cereaes, e os cavallos; e a influencia dos Carthaginezes tinha-a já levado a um alto grau d'adiantamento. Por isso, Roma estendeu, n'essa parte do seu dominio, uma longa corrente de colonias e cidades.

As principaes foram, do occidente para oriente, as seguintes: Zilis (Arzilla); Lixus (el Araich, o Jardim das Flôres); Tingis (Tanger); Ryssadir (Melilla); Siga, a rica e populosa capital de Siphax, perto de Tafna, cujo porto fórma hoje o de Rachgun; Portus Magnus (Mers el Kebir), o melhor porto natural da Algeria; Portus divini (Arzew); Cartenna (Tenes), a capital do segundo Juba; Iol ou Cæzarca (Cherchell); Tipasa; Icosium (Alger); Rusgunia (Matifú); Rusucurru (Delli); Jomnium (Taksebt); Saldæ (Bugia); Igilgilis (Djigelli); Chullu (Collo); Ruicade (Philippeville); Hippo Regius (Bona), antiga residencia dos reis numidas e praça forte; Tabraca (Tabarka); Utica; Hippo-Zarytus (Biserta); Carthago; Neopolis (Nabel); Hadrumetum (Soura); Tacape (Gabes); Thenœ; Thapsus; Lepitis-Minor ou Pequena Leptis [1].

A Tintingana exportava gado para a Betica; mas os Romanos só tiravam de lá as mezas cortadas do tronco d'essas arvores gigantescas e seculares que havia nas florestas do sopé do Atlas. A Numidia exportava os seus bellos marmores; a Mauritania, os seus cavallos; a Bysacena, muito trigo, onde, segundo se diz, cada semente dava cem. Parte da Mauritania, a occidental, era tambem muito fertil em cereaes.

E, no Egypto, Alexandria não cessava de ser o grande emporio do commercio do oriente. O paiz continuava a ter colheitas muito ricas; as pedreiras de porphydo eram exportadas para todo o imperio; e era ainda por lá que o commercio da India tinha o principal desembocadouro.

As provincias asiaticas levantaram-se tambem, durante o imperio romano. Foi assim que, na Syria, Baalbek, Palmyra, Gerasa, Rahath-Ammon e Bostra, começaram a recobrar-se da sua ruina; e que, na Asia Menor, floresceram quinhentas cidades, onde os Romanos accordaram

---

[1] Duruy, *obr. cit.*, vol. II.

a vida civilisada, sem comtudo expungirem os seus costumes e caracter proprio. Entre essas, Antiochia tornou-se a metropole do oriente, nos primeiros seculos da era christã, e rival de Roma e Constantinopla.

As artes e industrias orientaes, os seus templos, as suas festas, os seus theatros, subsistiram a par da influencia romana: e mesmo o direito de cunhar moeda, retirado aos paizes latinos, foi conservado ás provincias orientaes.

Já antes da guerra dos Samnitas, se fabricava em Roma o *æs grave* ou *æs liberale,* moeda de cobre, muito pesada e incommoda, que tinha a figura d'uma ovelha, d'onde se derivou o nome de *pecunia,* da palavra *pecus* (o gado); e já se fabricava tambem dinheiro na Grande Grecia, Sicilia e Campania. Mas, só depois d'aquella guerra, (343 antes de Christo), é que o dinheiro começou a abundar entre os Romanos, em vista da grande quantidade de bronze e prata adquirida por essa guerra, e da que, vinte e tres annos depois, affluiu tambem a Roma, pela con-

quista da Grande Grecia e da cidade de Tarento.

A prata foi então o principal e verdadeiro
estalão dos valores. Usava-se tambem do bronze,
mas só para as pequenas transacções.

m uanto ao ouro, só começou a usar-se
no fim do periodo republicano, quando o maior
desenvolvimento da riqueza attraiu os metaes
preciosos, debaixo de todas as fórmas.

Foi Augusto Cezar que estabeleceu a unidade monetaria por todo o imperio. Reservou
para si o monopolio da fabricação das moedas
d'ouro ou prata; só permittiu ao senado que
fabricasse dinheiro de cobre ou bronze; e tambem, unicamente em casos muito raros e me-
diante a permissão do chefe do Estado, é que
as provincias tiveram o direito de levantar e
explorar casas de moeda.

Essa unidade estabelecida por Augusto foi o
asse, moeda de bronze ou cobre, que pesava
uma onça, e tinha por multiplos o *dispondius*
ou dois asses; o *tripondius* ou *tressis,* valendo
tres asses; e o *sestercio de bronze,* que valia
quatro asses, e foi, desde o fim da republica
até o seculo terceiro depois de Christo, a moeda
de conta ordinaria.

Os submultiplos do asse eram o *meio asse;* o

triens, sembella, ou *teruncius,* terço d'asse; o *qua-
drans,* quarto d'asse; o *sextans,* sexto d'asse; e
o *once,* asse e meio.

Cada asse valia quatro reaes.

As moedas de prata comprehendiam o *dinheiro,* que valia, a principio, dez asses, approximadamente, e mais tarde dezeseis; o *quinario*
ou meio dinheiro; o *sestercio* ou quarto de dinheiro; e o *victoriat,* que valia cinco asses,
assim como o duplo e o meio victoriat.

Em ouro, as moedas usadas eram o *escrupulo,* do valor de vinte sestercios, com os seus
multiplos, *duplo* e *triplo* escrupulo. O *aureo*
ou *dinheiro d'ouro,* que, foi, durante o imperio,
a principal moeda d'este metal. Valia na epoca
de Cesar 5$422 reis, approximadamente, mas,
o seu valor diminuiu successivamente, segundo as alterações do peso, até que, sob
Diocleciano, equivalia a 3$424 reis. O *quinarius
d'aureus,* valendo doze dinheiros e meio. E o
semis, o *triens,* e o *solidus,* pesando $\frac{1}{72}$ da li-
bra, que só appareceu no tempo de Constan-
tino, e cujo valor era de 3$013 reis, approxima-
damente.

Os imperadores, como recurso financeiro,
britavam moeda, isto é, recolhiam muitas vezes
a moeda em circulação, e fabricavam outra,

com novo titulo e nova composição, e com o mesmo valor das peças similares anteriores, mas com menor porção de metal precioso.

Entre o dinheiro assim fabricado, figuraram as chamadas *furadas*, compostas de metal ôco, de pouco valor — cobre, ferro, chumbo ou estanho — revestido, raras vezes, d'uma pequena camada de ouro.

Isto fez retrair o metal bom e decair a moeda assim fabricada; d'onde proveiu, no terceiro quartel do seculo III, uma crize e fome terrivel. O imperador Diocleciano, para ver se remediava o mal, taxou o preço das substancias, mas esse expediente foi inutil; e, só pela cunhagem do dinheiro legal e de bom quilate, é que o numerario escondido reappareceu no mercado, e as coisas se restabeleceram [1].

Houve tambem em Roma, como na Grecia, banqueiros, conhecidos pelo nome d'*argentarios* ou *mensarios,* que eram muito numerosos, no tempo do imperio. Estavam organisados em collegios ou corporações, com privilegios, direitos e obrigações definidas na lei, e eram considerados como funccionarios do Estado. De-

---

[1] Noel, *ob. cit.,* vol. I. — Ridegway, *ob. cit.* — Cesar Cantu, *Hist. dos Italianos,* vol. II, appendice VI.

viam ter escripturação bem arrumada, que fazia prova em certos casos; e gozavam do direito aos respectivos juros pelo dinheiro que emprestavam.

A taxa normal dos juros da lei foi de 8 por cento; mas, na pratica, illudia-se a lei, e as operações usurarias eram frequentes, a ponto de se emprestar a 20, e mesmo a 50 por cento.

Nos primeiros tempos da sua historia, pouco se importaram os Romanos das communicações. Só quando o seu dominio se estendeu pela Italia, é que trataram de dar todo o desenvolvimento á viação e de construir, com todo o esmero e cuidado, boas e largas estradas: umas *reaes* ou *militares,* costeadas pelo Estado; e outras *vicinaes* ou *communaes,* costeadas pelas respectivas localidades.

N'este sentido, a primeira estrada militar historica foi a *via Appia,* mandada fazer pelo consul Claudio Appio, 311 annos antes de Christo, que ia de Roma a Capua. A segunda foi a via *Aurelia,* mandada construir por Capus Aurelins Cotta, no anno 241 da mesma era, ao longo do mar Thyrreno. Depois, em 220, o consul Flaminio mandou abrir a estrada que teve o seu nome, desde Roma até Rimini; e seu filho a continuou, sob o nome de *Emilia,* até Bolonha e Aquilea.

Começaram d'ahi por diante a multiplicar-se as communicações.

Logo em seguida á ultima guerra punica, os Romanos, para poderem vigiar a Hespanha, abriram uma estrada militar, que ia desde o Ebro até Ampurias (1600 stadios); d'ahi ao Rhodano, atravez dos Pyrineos; e de lá, atravez da Gallia, Aquitanea e Narbonnense, e atravez dos Alpes, ia entroncar nos grandes caminhos d'Italia. Seguiu-se outra, que communicava com os povos da Savoia, Delfinado e Auvergne, feita, 124 annos antes de Christo, por Domitius Ahenobardus; e mais uma que ia communicar com a Allemanha.

Emquanto ás demais provincias, durante o periodo republicano, só houve uma outra via, chamada *Egnatia,* que se estendia desde a cidade d'Apolonia, no Epiro, até a de Cypselus e ao rio Hebro.

Mas, durante o imperio, a solicitude dos Romanos por todos os generos de communicações foi de uma actividade verdadeiramente assombrosa.

Logo o primeiro dos imperadores, Augusto Cesar, tratou de fazer communicar a capital com todas as provincias; e muitos dos seus successores, especialmente Vespasiano, Domiciano, Trajano, Hadriano, Antonino Pio e Septimo Severo, proseguiram afanosamente na mesma empreza.

Foi assim que os Romanos estabeleceram em todos os seus dominios uma vasta rede de estradas, construidas com a maxima perfeição.

O seu leito era calcetado de granito, e algumas vezes de marmore; ou então, feito de areia e cascalho, como as estradas dos Carthaginezes e o nosso moderno macadam. A largura das estradas militares, quando o seu leito sobresaia ao terreno contiguo, era de sessenta pés; e, mesmo onde ellas iam á flôr da terra, não tinham menos de vinte. Os caminhos vicinaes tambem não desciam de oito pés.

Havia tunneis em muita parte; e as pontes, profusamente espalhadas, algumas d'ellas verdadeiras obras d'arte, completavam o desenvolvimento das estradas.

Todas as grandes cidades do imperio estavam em correspondencia umas com as outras e com Roma, por estradas que juntavam a Hespanha á Gallia, a Gallia á Allemanha, a Allemanha á Hungria, a Hungria á Mesia, a Mesia á Scithya, a Scithya á Thracia, a Thracia á Asia Menor, a Asia Menor á Armenia, a Armenia á Syria, a Syria á Palestina, a Palestina ao Egypto, o Egypto a Carthago e a todas as provincias da Africa, até ás columnas de Hercules, correspondendo n'esse ponto á extremidade do grande caminho da Hespanha, do outro lado do mar.

No meio d'este circulo, estava Roma; e d'ahi partiam differentes estradas para todas as provincias, seguindo, quanto possivel, a direcção mais recta. O marco dourado, collocado no centro do *forum*, era o ponto de partida.

Uma d'essas estradas, por exemplo, ia de Roma a Cadiz, na Hespanha, passando pelos Alpes Maritimos, Lyão, Arles, Narbonna, Carthagena, Malaca (Malaga). Outra, tocando Milão, que era tambem um grande centro, onde convergiam muitos caminhos, ia dar á Galliza, atravez da Gallia Narbonnense, passando egualmente por Lyão. É, a partir d'esta cidade, tambem Aggrippa fez construir differentes vias, que atravessavam a Gallia em todas as direc-

ções, continuando algumas d'ellas nos Paizes-
Baixos.

As principaes foram quatro. Uma ia atravez
dos Auvergnes até o fundo d'Aquitania. Outra
prolongava-se, ao longo do Rheno, até Bolonha,
no oceano septentrional. A terceira seguia pela
Borgonha, Champagne e Picardia, até o oceano
occidental. E a quarta ia ao longo do Rhodano,
pelo territorio de Narbonna até Marselha.

Do porto de Bolonha, chamado *portus Ictius*
pelos Romanos, passava-se á Bretanha, atra-
cando nos portos de Sandwich (Portum Rutu-
pensem), e Dover (Duvris). E, quando elles
dominaram os Bretões, abriram um caminho,
desde esses portos até o extremo septentrional
do seu dominio. O imperador Septimo Severo
fez até construir um grande muro, para vedar
e separar a parte da provincia já conquistada,
d'aquella que estava ainda nas mãos dos Pictos [1].

Para seguir da Italia para as Gallias, já no
tempo de Palybio, havia quatro caminhos. Um
passava na Liguria, costeando o mar Thyrreno;
outro, no Piemonte, exactamente pelos atalhos
por onde passou Annibal; o terceiro ia pelo

---

[1] O porto de Calais ainda então não era explorado.

valle de Aoste; e o quarto pelos Grisões. Mas, depois do tempo de Palybio, augmentou muito o numero d'esses caminhos, construindo-se ou-tros novos, atravez dos Alpes Maritimos, Cottea-nos, Gregos, Penninos, Leponticos, Rheticos, Julianos, Carnicos e Noricos. O principal, po-rém, era o que ia, atravez dos Alpes Maritimos, até Arles.

Havia tambem muitas estradas, que da Ita-lia iam dar á Suissa e aos Grisões, atravez dos Alpes Rheticos. As mais celebres eram tres. A primeira, que se subdividia em differentes ra-maes, passava perto do lago Como (Larius La-cus), e ia direita a Clavenna e de lá a Curiam Bœtorum (Coire ou Chur). Outra passava pelo lago Como e pelo valle da Volterra, acima das fontes do Rheno, indo bater na Allemanha. A terceira atravessava os montes Rheticos, pas-sava em Trento, e, chegando ao Tyrol, subdi-vidia-se em differentes braços.

Havia egualmente estradas directas para a Hungria e para as regiões orientaes da Europa e do Eufrates e do Nilo, que faziam communi-car os pontos mais importantes das provincias da Asia e da Africa.

E, a par das estradas que partiam directa-mente de Roma, ou se prolongavam em continuação d'estas, havia muitas outras que eram transversaes e se ligavam áquellas.

Por exemplo, na peninsula hispanica, onde foram construidas tres mil oitocentas e cicoenta leguas de excellente viação, iam nove estradas bater a Medina (Emerita), oito a Saragoça (Cezar Augusta,) sete a Astorga (Asturicam). Partiam cinco de Cordova, quatro de Lisboa (Olisippo), quatro de Braga (Bracara Augusta), tres de Sevilha (Hispallis).

De Lyão e de Reims, seguiam tambem muitos caminhos transversaes. De Treves, na Gallia, partia um outro, que ia dar a Colonia e Strasburgo, e se prolongava pela Allemanha. A Gallia estava unida á Belgica, e esta á Allemanha e Pannonia (Hungria) por muitas estradas. Na Britania, além do caminho já referido, muitos outros foram abertos depois.

E, finalmente, nas provincias africanas e asiaticas, foi, da mesma forma, consideravel o movimento da viação [1].

[1] Nicolas Bergier, *Histoire des Grands Chemins de l'Empire Romain.*

Para olhar pela conservação e desenvolvimento de tão vasta rede de estradas, havia commissarios, cujo emprego era considerado como um dos mais honrosos do Estado; e tanto que o povo romano, lembrando-se de fazer uma grande manifestação a Augusto Cesar, elegeu-o commissario dos grandes caminhos de Roma e seus arredores; e o imperador, acceitando essa honra, tomou para subcommissarios os primeiros dignatarios do imperio.

Tambem os Romanos levantavam arcos de triumpho, e fabricavam medalhas, em honra dos imperadores que mais cuidavam das estradas.

N'este enorme desenvolvimento de viação, os Romanos tinham em vista: empregar, durante a paz, os soldados e a população das provincias, na reparação e construcção dos caminhos, para evitarem os tumultos e sedições que a ociosidade produz; fazerem chegar as ordens e noticias de Roma, em pouco tempo, a todos os recantos do imperio, e colherem com a mesma rapidez informações e participações de todas as provincias; transportar rapidamente os exercitos, sempre que as necessidades o exigissem; facultar as viagens a pé, a cavallo ou de carro; e, finalmente, receber promptamente os productos de toda a parte. Mas, embora, por esta forma, predominasse o pensamento politico, o movimento economico geral é que mais aproveitava.

*

A construcção e reparação dos grandes caminhos perderia grande parte da sua importancia, se não fosse auxiliada com um bom systema de correios; e tambem os Romanos se não esqueceram d'esse ponto. Por isso, embora os não houvesse regulares no tempo da republica, foram estabelecidos com toda a ordem no tempo do imperio. A principio, eram rapazes novos, bons corredores, que levavam as noticias ou as mensagens, d'estação em estação. Depois, estabeleceram-se os correios a cavallo, e mesmo de carruagem em muitas partes. E havia, d'espaço a espaço, estações de mudas, já adaptadas para esse destino com todos os precisos.

Tambem os Romanos olharam cuidadosamente pelas communicações fluviaes, alargando muitos rios e abrindo muitos canaes. N'este sentido, Augusto fez alargar o Tibre, nas visinhanças de Roma, e desobstruil-o dos entulhos que lhe tinham provindo da ruina das casas contiguas [1].

Entre as grandes linhas de navegação do imperio romano, são dignas de noticia a de Portus Augustus, perto de Ostia, a Carthago, colonisada novamente e conhecida pelo nome de Colonia Julia Carthago, e a Gades; de Puteoli, no golfo de Gaeta, á cidade d'Alexandria; de Berenice, no mar Vermelho, a Occalis (Moka), á ilha Dioscorida (Socotora), a Mangalora no Industão, e a Taprobana; e d'ahi a Singapura, ou mesmo a Cantão, na China [2].

E não foi menor o serviço que os Romanos prestaram ás communicações, dando caça aos piratas, e tornando por esse lado menos perigosa a navegação do Mediterraneo.

---

[1] Nicolas Bergier, *obr. cit.*
[1] Alberto Conrado, *obr. cit.*

Como se conclue do que temos exposto, o povo romano, reversamente ao deslumbramento da sua grandeza politica e da sua preponderancia guerreira, não teve, no desenvolvimento economico, a mesma amplitude.

A sombra da sua primazia e da sua civilisação pairava nos povos conquistados como as azas d'um abutre enorme. A exploração das suas conquistas sugava as provincias tributarias com a voracidade d'um cannibal. E a pressão militar, o egoismo dos governantes e o desprezo pelos vencidos, embaraçavam a livre iniciativa dos povos conquistados.

Internamente, as dissensões politicas; a oppressão e a arbitrariedade cesareana; a distribuição de rações gratuitas ao povo, alentando a preguiça e a vadiagem; e a relegação das artes do trabalho e do commercio aos degradados da sorte: prejudicavam egualmente o progresso economico.

Mas, por outro lado, a abertura das estradas em toda a parte, embora como recurso politico; a promulgação das leis, como gáran-

tia dos contractos e protecção dá propriedade; a necessidade de um consumo enorme que satisfizesse tambem um luxo enorme
e um desperdicio sem limites; a cultura das letras, apurando o gosto e lapidando o espirito:
isso tudo espalhou despercebidamente os seus
effeitos pelo mundo, e trouxe como resultante
o progresso, mesmo no campo economico. Se
este progresso não provinha da iniciativa especial dos Romanos ou do seu caracter commercial e industrial, resultava do impulso geral
da sua grandeza e civilisação.

RECAPITULAÇÃO

_____

Temos concluido assim o estudo economico da edade antiga.

Desde os primitivos tempos até á queda do imperio romano do occidente, vimos diante de nós reflectir como n'um prisma e ascender como n'uma espiral o movimento do progresso.

A agricultura foi saindo do involucro rotineiro, até ás innovações dos Gregos e Romanos; a industria transformou-se, principalmente nos laboratorios dos Chaldeos, Egypcios, Phenicios, Carthaginezes e Gregos; o commercio e a navegação, desde os Arabes até os Romanos, soffreram tambem uma transformação profunda. Abriram-se as communicações terrestres; alargaram-se os caminhos maritimos; desenvolveram-se as letras e as sciencias; e alguns Estados attingiram um brilho extraordinario.

Mas, no meio d'esse brilho e grandeza, como os uivos das feras e o grito dos condemnados, no meio d'um festim, os escravos e os opprimidos arrastavam as cadeias da suà ignominia, e sorviam as lagrimas da sua miseria; o archote sangrento da guerra e da conquista offuscava a luz das estrellas; a barreira do despotismo fechava o horizonte; e a oppressão de Roma comprimia as palpitações da humanidade.

Era necessario desinfectar o meio social, queimar a gangrena, desfazer os monturos d'essa oppressão, e sobretudo redimir os escravos e consolar os desgraçados.

Uma unica voz fez esta revolução. Foi a voz de Christo, que transformou a sociedade.

Quaes foram as correntes d'essa transformação, e por que forma ella chegou a vibrar unisonamente no coração da humanidade, vel-o-hemos no seguinte volume.

FIM DO PRIMEIRO VOLUME

INDICE

INTRODUCÇÃO

CAPITULO I

Idéa geral do movimento economico na edade antiga

CAPITULO II ·

Os Indios

- CAPITULO III .

Os Assyrios, Babylonios ou Chaldeus

CAPITULO IV

Medas e Persas

CAPITULO VII

Os Judeus

CAPITULO X

Os Gregos

CAPITULO XI

Os Romanos

ERRATAS PRINCIPAES

Pag.	Linhas	Onde se lê	Leia-se
XIII	-	outra balisa extrema que o feche	outra balisa extrema que a feche
	7 e 8	o mais commercial e desenvolvido d'esta epoca	o mais desenvolvido d'esta epoca
100		em barra	em barras
192	1	açafeiteira	açofeifeira
211	7 do summario	mollusco de purpura	mollusco da purpura
216	8	Corssyra	Cercina
260	14	Nem uns nem outros	Nem umas nem outros
270	13	e um quarto de drachma	e quartos de drachma
325	11 do summario	causas que determinaram	causas que o determ'naram
332	9	Até attr'bue-se	Até se attribue
344	5 e 6	depois de ter fe'to	depois de feito

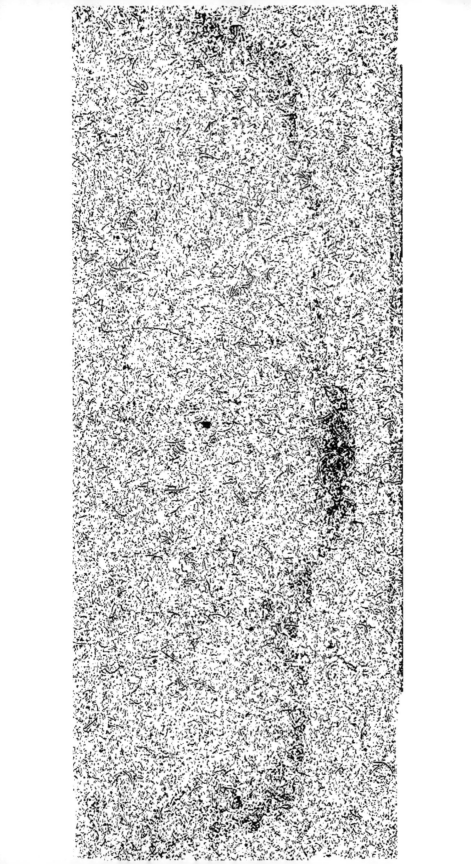

HC
21
A59
v.1

Anthero, Adriano
A historia economica

PLEASE DO NOT REMOVE
CARDS OR SLIPS FROM THIS POCKET

UNIVERSITY OF TORONTO LIBRARY

Lightning Source UK Ltd.
Milton Keynes UK
UKHW011205011218
333087UK00008BB/717/P